A Cécillon
Offert par Aimée Claud
ma fille 1999/2000

Mandrin,
Bandit des Lumières

Du même auteur

Avec tout ce qu'on a fait pour toi, Seuil, 1995 (Grand Prix SGDL 1996)
Sans honte et sans regret, Gallimard, « Frontières », 1998

Marie Brantôme

Mandrin, Bandit des Lumières

Flammarion

Le présent ouvrage est la réédition, remaniée par l'auteur, du roman *Belle Humeur*, de Chantal Villepontoux-Chastel, publié aux Éditions Alizés en 1988.

ISBN : 2-08067779-9

à Xavier, gentilhomme verrier, passeur de lumière.

AVANT-PROPOS

En 1750, à l'époque où se place ce récit, les impôts sont collectés par une entreprise privée : la Ferme générale. Cette formidable organisation comprend à sa tête quarante Fermiers généraux, deux cent cinquante Sous-Fermiers en province et une interminable cohorte de commis, receveurs, agents du fisc, gâpians* ; ajoutons à tous ceux-là, une milice, des lois d'exception et des tribunaux spéciaux dont les juges sont nommés par les Fermiers eux-mêmes.

Non seulement les produits du sol, le vin, le sel, le tabac, la fabrication et le transport des marchandises, les ventes et les transactions sont frappés de droits onéreux, mais ceux-ci sont prélevés arbitrairement, à la fantaisie des employés des Fermes, sans qu'aucun contrôle ou vérification soient possibles, car les Fermiers n'ont fait imprimer que ceux des édits qui leur sont favorables.

Le « brevet » de Fermier général auquel s'attache la fortune est vendu par le Roi. L'homme ainsi nommé n'est tenu qu'à une seule obligation, celle de remettre chaque année dans les coffres de l'État la redevance fixée par son bail. Cette somme ne représente qu'une infime partie de ce que le Fermier a prélevé sur ses contribuables, aucune surveillance n'étant exercée sur les recettes. Les escroqueries se trouvent aussi facilitées par le fait que seul le tiers état est imposable, les nobles et le clergé étant exemptés.

---

* Gâpians : oiseaux de mer toujours errant et furetant sur les côtes, dans les anfractuosités des roches. D'où le surnom donné aux commis des Fermes.

Milliardaires, corrompus, cupides, ces quarante rois plébéiens de la finance sont unanimement méprisés de la noblesse et haïs du peuple qui les surnomme les « Pillards généraux ». Les exactions commises par les financiers dont le luxe inouï vient confirmer les abus, laisseront Louis XV indifférent et sourd aux remontrances de ses parlements, de ses ministres et de ses intendants, et cela en dépit de leur très grande virulence :

« Votre Majesté bannira ces traités usuraires, ces marchés scandaleux qui ont couvert des dépouilles des peuples d'infâmes traitants (Fermiers) que la basse flatterie et la vile adulation osent nommer les soutiens de l'État et dont l'honneur de la nation, les mœurs et la bienséance demandent la punition. Le luxe et le faste de ces ennemis publics insultent à la misère des Peuples et sont déjà par avance une preuve de leurs malversations ! » (Remontrances des magistrats de Grenoble. Archives Isère B 2325.)

Valence, le 25 mai 1755

Mon cher gazetier,

Me voici parvenu au dernier rivage. Cette nuit, grande ouverte sur l'éternité des astres, sera mon ultime campement. Demain, l'aube, cette heure où tout conspire, ira chercher un nouveau jour, un autre homme qui s'étonne et prend les armes du refus.

Affaibli, mais non irrésolu, dévoré d'une passion inachevée, je me refuse à céder aux tourments du regret, presque aussi vains que ceux du remords mais assurément plus cruels. J'ai appris seul à me mesurer aux choses et aux hommes, à les commander, et je sais que dans le moins futile il y a encore trop de servitude. J'eus les miennes.

Jeune provincial naïf, à mes certitudes, il se mêla longtemps l'indécrottable respect des institutions qui me garda plié sous le joug de la souffrance anonyme puisqu'elle était, en somme, le bien le plus répandu ! J'étais alors de ces hommes timorés, fixés à leur glèbe, de cette sorte de serf, taillable et corvéable à merci, dont on dit en France qu'il n'en est plus qu'en Russie.

Trois ans à peine me séparent de cet autre moi-même, de ce jeune impétueux, désireux d'entreprendre, ardent à vaincre l'injustice, à dénoncer l'imposture. Changer le monde me paraissait être la seule entreprise à ma taille ! Mais par quels moyens ? Où courir, où ne pas courir ? Sans fortune et sans nom, tant de présomption fait sourire. Je pouvais tout au plus « faire quelque chose » mais « devenir quelqu'un », jamais !

Dès ma tendre enfance, on me trouva assez médiocrement disposé à porter le harnais de la soumission à laquelle est assujetti le moindre de nos laboureurs. Il est vrai que je n'étais pas accablé de vertus, mais la seule idée de trimer de l'aube au couchant pour engraisser les agents du fisc me semblait au-delà de mes forces.

Je ne sais, mon ami, si au hasard de vos promenades en campagne, vous avez comme moi, durant de longues heures, contemplé ces hommes et ces femmes au labeur, en songeant à l'infime parcelle de bénéfice que cet ouvrage leur rapportait.

J'arpentais les champs, les chemins, les sentiers de notre humble village, comme un pirate sillonne les mers, en quête d'un trésor. Je cherchais. Je me cherchais. On ne naît pas affublé d'une conscience, on se la forge soi-même.

Je me suis attaché, dans ces quelques feuilles, à me dire tout entier, bien et mal confondus. Il est des choses dont je suis peu fier et des hauts faits d'armes, des exploits, trop vantés par votre gazette.

Ce n'est pas parce que j'ai tenu les armées du roi en échec pendant deux ans, assujetti les receveurs des Fermes à mon vouloir, que le roi de Sardaigne aujourd'hui me réclame à Louis XV et m'honore de son soutien ; et ce n'est pas non plus que l'on craigne que je m'allie aux Anglais dans cette guerre prochaine. C'est vrai que je suis devenu redoutable en France et puissant en Savoie ; mais cette force et cette puissance se mesurent à l'aune des princes : l'or et la politique.

Libre, je n'avais pas de prix, car nul ne pouvait se vanter de m'acheter ; prisonnier, je ne suis désormais qu'une monnaie d'échange qui aura tôt fait de perdre sa valeur.

Je sais que l'on s'efforce par tous les moyens de mettre un terme à ma popularité, de peur que la jeunesse ne s'avise de prendre exemple sur moi. Ne vient-on pas, dans ce but, de confier à l'abbé Régley la mission d'écrire mon histoire où faits et gestes doivent être présentés sous le jour le plus odieux ? L'homme a accepté, avec d'autant plus d'empresse-

ment qu'on l'a assuré que son ouvrage serait tiré à des centaines de milliers d'exemplaires, répandus dans toute la France, et tout autre écrit interdit et poursuivi.

Ainsi, par le soin zélé des Fermes générales, qui se chargent de financer l'entreprise, la calomnie ne cessera d'être colportée, au cours des années, des siècles peut-être ! Alors jusque devant la postérité, les Pillards généraux auraient gagné leur cause ? Voilà ce que je ne puis accepter.

Tout n'est pas beau dans la vie de l'homme le plus honorable, ce que je ne prétends pas même avoir été, cependant je sens que je m'accommoderais mal de la débauche de mensonges, d'interprétations fielleuses, dont mes biographes vont noircir leurs feuillets, me prêtant leurs ambitions d'hommes ordinaires, jetant à la conscience du lecteur leur honnête vertu offensée, qui n'est que pharisaïsme ou pur stratagème politique.

Le ton et le contenu de ce qui suit vous surprendront peut-être, c'est un peu mon testament spirituel. Je m'y suis campé sans indulgence, avec ma part de responsabilité dans la laideur de ce monde et le désir irréductible d'y remédier.

Pour l'avoir parcouru à cheval, en tous sens, depuis trois années, je connais bien notre pays et ce n'est pas littérature de dire de la France qu'elle est épouvantée de misère, ses laboureurs réduits à la famine, ses champs incultes, ses terres épuisées. Je fus moi-même frappé d'effroi quand, au cours de mes campagnes, des hordes d'hommes affamés, en guenilles, hurlant mon nom comme celui du Sauveur, se jetaient à mes pieds en me demandant secours.

Qu'ai-je fait ? Rien. Ou presque. Je leur jetai de l'or. J'aurais pu, j'aurais dû lever une armée immense de ces malheureux. Pourquoi ne l'ai-je pas fait ? Respect des lois ? Crainte de Dieu ? Non ! L'un et l'autre m'avaient depuis longtemps abandonné. Je n'étais pas prêt. J'avais fondé ma cause sur la haine des Fermiers généraux. Je pensais qu'en détruisant ces rançonneurs je mettrais un terme à cette gangrène dont les grands eux-mêmes sont atteints, jusqu'au roi ! Mais je me trompais.

Lorsque je pris enfin la décision de lever cette armée et d'entrer en guerre ouverte, il était trop tard. Les politiques avaient compris avant moi que je n'avais plus d'autre recours que dans un soulèvement général et qu'il était à craindre que je ne réussisse.

J'ai gagné toutes mes batailles mais je n'ai pas remporté la victoire. D'autres me succéderont qui ramasseront les lauriers, car ce vent de révolte va se faire tempête. Je ne vois là aucune consolation car cela ne se fera alors que dans un fleuve de sang et de haine aveugle. Voltaire, qui m'honorait lorsque j'étais glorieux, l'a prédit mieux que moi : « Tout ce que je vois jette les semences d'une Révolution qui arrivera immanquablement et dont je n'aurai pas le plaisir d'être témoin. Les Français arrivent tard à tout, mais enfin ils arrivent. »

C'est à vous, mon ami, que je confie ce très véridique récit de ma vie. Qui, mieux que vous, en effet, en saurait faire l'usage qui convient ? Y sont consignés mes erreurs, mes fautes, mes amours, mes élans et jusqu'à la moindre de mes hésitations, mais il n'est rien dont j'aie à rougir.

Chacune de ces étapes, chacun de ces pas qui m'ont conduit jusqu'ici, ont été mûris en pleine et totale conscience des valeurs que j'ai faites miennes.

Je vous en fais le garant et le dépositaire, en vous saluant mon bien cher ami.

Louis Mandrin.

PREMIÈRE PARTIE

Les germes de la haine

1

On peut traverser les villes, les bourgs, les villages sans s'y attacher, indifférent ou aveugle aux beautés qu'ils recèlent. On peut courir de pays en pays, sans rien voir, entendre, toucher, sentir ni goûter, oublieux de ses sens. Il en est même qui traversent ainsi leur propre vie, voyageurs inattentifs, et parviennent au soir l'âme vide et le cœur sec. Ne leur tiendrait-on pas rigueur de la légèreté qui leur fit ignorer tant de choses, qu'on ne saurait leur pardonner de n'avoir pas même jeté un regard sur les êtres qui les entourent. Car enfin dans le moindre hameau ne se cache-t-il pas un mystère, quelque étrange légende, une vieille romance, un mets délicieux, un vin capiteux, une jolie femme, un parfum inconnu ?

Saint-Étienne-de-Saint-Geoirs n'est qu'un de ces gros bourgs du Dauphiné que le passant pressé peut ignorer. Un de ces villages discrets, tassés dans le creux de la plaine de Bièvre, dominés dans le lointain par les grands massifs alpins. Les maisons y sont basses et trapues et les gens lents et réfléchis, prudents et réservés, mais aussi gais et francs. C'est là que je naquis, le 11 février 1725. Mon père était maquignon et ma mère de bonne bourgeoisie. Notre maison s'élevait au centre du bourg, rue de la Grande-Charrière. C'était une vieille gentilhommière qui avait été tour à tour auditoire de châtellenie, maison de ville, résidence bourgeoise et maison de commerce. Les murs massifs, en cailloux roulés, s'élèvent sur trois étages. La construction portée sur des voûtes en arceaux forme au rez-de-chaussée une sorte de grande halle où l'on accède par quatre grandes portes en tiers-point, percées sur les quatre côtés et tenant la moitié de chacune des façades. C'est une belle demeure et nous y vécûmes heureux ou presque, jusqu'à la mort de mon père qui survint alors que j'atteignais ma dix-septième année. Fils aîné de cette famille de neuf enfants dont le dernier était à naître, je me trouvai soudain chargé de mes frères et sœurs et de ma mère.

Force me fut de marcher dans les traces de mon père. Je repris l'élevage et la vente des chevaux auxquels il m'avait initié. Je m'occupai aussi de la ferme, des récoltes et semailles et des vendanges et distribuai le travail de chacun. J'étais jeune, je dus apprendre à me faire obéir non seulement de mes frères cadets mais aussi des journaliers, des voisins et fournisseurs. Ainsi mes jeunes années s'évanouirent-elles dans la besogne quotidienne qui me réclamait à l'ouvrage avant l'aube et me gardait à la tâche tard dans la nuit. Mais j'étais heureux. La nature m'a pourvu d'un caractère joyeux, enthousiaste, prêt à rire de tout y compris des tracas, comme d'autres le sont à pleurnicher. On appréciait ma compagnie. Je trouvais les mains tendues pour m'aider dans le besoin et les cœurs tendres des filles grands ouverts aux feux de la Saint-Jean.

Les premières années furent honorables, puis survinrent les petites difficultés quotidiennes ; suivirent les tracas financiers qui allèrent s'aggravant, puis deux ou trois mauvaises récoltes, et, enfin, ce transport d'une centaine de mulets pour l'armée d'Italie, commandité par les Fermes générales, qui provoqua ma ruine.

J'étais encore un jeune homme crédule, impressionné par la puissance de ces grands financiers du roi, confiant dans leur parole, assuré que leur haute fonction m'était une garantie de sérieux. La route jusqu'en Italie fut longue et ardue avec cette caravane de cent bêtes peu disciplinées, mais je surmontai les pires difficultés car je savais qu'au bout du chemin m'attendait, sinon la fortune, la fin de la gêne et l'aboutissement de quelques-uns de mes projets. Quand je me présentai au rendez-vous, en Piémont, avec ma cohorte de mulets, épuisé mais heureux de toucher au but après des semaines de marche, la guerre prenait fin. On n'avait plus besoin de mulets : on me renvoya, moi et mon troupeau, sans discussion et sans aucun dédommagement.

Le voyage de retour fut terrible. Les bêtes harassées crevèrent comme des mouches sur les chemins rendus difficiles par la saison des pluies. Non seulement je rentrai au pays sans les quarante mille livres escomptées, mais la moitié du cheptel était morte en route. Les quelques amis ou voisins à qui j'avais emprunté refusèrent mes explications et me tournèrent le dos. Je les avais entraînés dans ma ruine. Si je ne pouvais guère leur en vouloir, la cruauté de l'expérience, jointe au mépris silencieux qui m'entoura désormais, changea certainement mon caractère. Cette légèreté heureuse qui avait fait le fond de mon humeur m'abandonna.

On a beaucoup dit que si je m'en étais pris avec tant d'acharnement aux Fermiers généraux, la raison en venait de là. Certes, c'est sûrement à l'issue de cette entreprise, dont ils étaient les commanditaires, que je compris à quelle bande de gredins nous avions affaire et surtout qu'aucun recours légal ne leur était opposable. Ils avaient « leurs tribunaux », « leurs juges » et « leurs gendarmes ». La loi, c'était eux.

L'hiver 1752 mit un terme à toute espérance. Dès la fin des vendanges, un vent glacé soufflant de la Grande-Chartreuse tomba sur la vallée, brisant les noyers, abattant les châtaigniers, soulevant les toits de chaume des fermes. Les cols-verts, les hirondelles s'étaient enfuis à la hâte, surpris par ces frimas précoces ; les énormes chutes de neige qui suivirent chassèrent le bétail des pacages, le parquant prématurément aux étables où les réserves de foin et de paille commencèrent très vite à manquer.

Les bêtes moururent d'abord ; les hommes, les femmes et les enfants suivirent par familles entières : il n'y eut bientôt plus assez de bras pour les enterrer. Alors les gâpians, sortant de leurs tanières, comme des loups affamés, vinrent parachever l'horreur. Ils se mirent à rôder dans le pays, en quête d'une saisie. Ils entraient chez vous sans crier gare, fouinant, fouillant, cassant, brisant et découvrant toujours quelque surplus que vous auriez omis de déclarer ! Les détrousseurs du fisc partaient toujours les mains pleines de votre dernière tranche de lard, du sac de blé des semailles, raflant au passage la médaille de baptême du bébé pour se « dédommager du déplacement ».

Les semaines et les mois passèrent se ressemblant étrangement quand enfin mars revint. Nous étions au septième jour de ce mois, mais le petit vent glacé qui s'engouffrait dans la rue de la Grande-Charrière n'était chargé d'aucun message printanier ; les bourgeons hésitaient encore à s'ouvrir au soleil timide, la nature hostile s'attardait dans ce gros hiver pesant.

Aussi n'étais-je pas le seul à me demander ce qui pouvait bien avoir conduit ces deux voyageurs étrangers jusqu'à l'auberge devant laquelle stationnait leur carrosse attelé de quatre chevaux bien nourris. Il était huit heures à peine quand le petit Antoine, le fils de l'aubergiste, vint me prévenir que les deux « Suisses de passage » désiraient acheter un cheval, l'un des leurs ayant été blessé.

Je conduisis les deux voyageurs jusqu'à mon écurie et leur montrai les quatre bêtes qui me restaient. Ils choisirent la moins efflanquée et acceptèrent sans discuter le prix que je leur proposais. Le marché conclu, je les invitai à partager mon maigre déjeuner de pain noir et de tomme fraîche que j'arrosai en leur honneur de notre petit vin de pays qui était désormais ma seule friandise.

Je les observais en silence tandis qu'ils s'efforçaient poliment de faire honneur à ce pauvre repas. Les deux hommes étaient aussi différents qu'on peut l'être. L'un, de forte taille, brun, la mine réservée, l'habit sobre et de bonne filature, pouvait avoir la quarantaine, c'était un riche marchand de draps de Genève, il s'appelait Divernois. L'autre, petit, rondouillard, la mine réjouie et curieuse, l'habit voyant, s'appelait Villars et faisait profession de gazetier. Cela m'impressionna fort, car je trouvais le métier dangereux. Mais il paraît qu'en Suisse il n'y a pas de Bastille et que l'on peut librement exercer ce genre de talent ! Villars m'assura, entre deux tartines, qu'il ne se gênait pas pour noircir sa feuille de tout le mal qu'il pensait des lois, du fisc, des intrigues de Cour, des malversations des financiers et des dessous des politiques.

Je ne sais comment, sans doute par une indiscrétion du gazetier, j'appris que Divernois était l'ami intime du philosophe Jean-Jacques Rousseau. La conversation s'anima, nous échangeâmes nos avis sur la bonté naturelle de l'homme et les thèses chères à ce philosophe, ami de la nature. J'oubliai pour une couple d'heures le tracas de ce jour. C'était un plaisir rare pour moi que la compagnie d'hommes intelligents et cultivés.

Divernois m'avait offert une carotte de ce bon tabac suisse au goût de miel, très répandu dans nos pays de contrebande traditionnelle. Nous tirions sur nos pipes avec délice tandis que Villars crayonnait avec ardeur sur un coin de la table, à l'écart.

Au bout de quelques minutes, tout fier, le gazetier me tendit un croquis qu'il venait de tirer de moi.

— Je suis flatté, monsieur ! Ce portrait est très avantageux ! le remerciai-je.

Et il l'était en effet. Il avait campé debout, un poing sur la hanche, un homme d'une trentaine d'années, au profil aigu, au menton volontaire, au nez puissant, à la chevelure gracieusement ondulée. En face des yeux, il avait griffonné : yeux et cheveux de même teinte blond-roux. Une notice en bas disait : « Un capitaine aventureux, naufragé sur une île déserte. »

Villars, qui avait décidément beaucoup d'esprit et de vivacité, m'offrit son dessin et entama, jovial :

— Un Dauphinois est aussi étranger à la France qu'un Savoyard ou un Suisse comme moi. Et pourquoi, me direz-vous ?

Il se leva et alla se frotter les mains devant le petit feu de cheminée.

— Cela tient à l'étrange façon dont cette province fut autrefois rattachée à la France. Savez-vous le détail de cette histoire, monsieur Mandrin, qui n'est autre que l'Histoire tout court ?

Je me levai à mon tour, fis quelques pas et ouvris la fenêtre. C'était jour de marché aujourd'hui, mais la halle était vide et la rue anormalement calme. Elles étaient loin ces grosses foires joyeuses dans le bruit des chevaux qui piaffent, des moutons qui bêlent, des veaux qui beuglent, des poules et des femmes qui caquettent... loin les criées et les encans des jours de marchés opulents où l'on venait empiler les sacs de blé, d'avoine, étaler les grands paniers pleins de volailles bruyantes.

— Pardon, monsieur, dis-je au volubile gazetier, je vous en prie, dites-moi l'histoire du Dauphiné, cela m'intéresse vivement.

Il reprit immédiatement son propos là où l'avait interrompu ma rêverie. Il parlait en se tortillant drôlement sur ses courtes pattes :

— Cela remonte à 1349 au dauphin Humbert II. Alors sans héritier, Humbert cède le Dauphiné à la France, mais il y joint une clause très précise : « ... *Ne sera ne puisse être uni le dit Dauphiné au Royaume de France fors tant comme l'Empire y serait uni.* » Et la France n'ayant pas été unie à l'Empire, le Dauphinois se considéra et continue de se considérer, avec acharnement, comme un citoyen libre de la tutelle de la France. Il le fait aujourd'hui par habitude, sans en connaître le fondement, mais avec raison !

Déchirant le matin trop calme, le tocsin se mit à vibrer dans l'air glacé. Villars, suspendant ses considérations historiques, me rejoignit à la fenêtre.

Tout au bout de la rue de la Grande-Charrière, une procession s'acheminait. Les chasubles noires des enfants de chœur et du curé annonçaient un service funèbre. Villars quitta son air guilleret et soudain, poliment attristé, interrogea :

— Pardonnez encore ma curiosité, mais qui enterre-t-on ? Je vous vois bien affecté ? Est-ce un parent, un ami à vous ?

Le cortège sinistre passait à cet instant sous mes fenêtres. Les enfants de chœur agitaient leurs clochettes ; le curé, la mine compassée, semblait enfermé dans un recueillement profond. Derrière lui, une vieille mule tirait une charrette vide qu'accompagnaient en silence, hommes, femmes et enfants du même pas lent. Le tocsin reprit, les cloches des villages alentour lui firent écho. Je refermai la fenêtre, me tournai vers le gazetier :

— Dans votre métier, la curiosité est une vertu. Au plaisir de vous revoir, messieurs ! Pardonnez-moi, j'ai à faire. Prenez tout votre temps, vous êtes ici chez vous.

2

Dehors le vent déplissait les robes des enfants de chœur et cinglait les visages. Le cortège funèbre s'arrêta devant la petite chaumine des Maclet. Paul, le maréchal-ferrant, et son fils Claude en sortirent, portant une civière, puis une autre et une autre et une autre encore, toute la famille. Le père, la mère et les deux jeunes enfants. Ils étaient horribles à voir tant leurs visages et leurs corps étaient décharnés.

Le spectacle était insoutenable et cependant tout le monde se pressait autour du corbillard tandis que les hommes y installaient une à une les civières. Les femmes se signaient en pleurant, les hommes faisaient les braves et détournaient leurs regards. C'est alors que Cotillon, le fils du boulanger, se détachant du groupe, s'approcha de la charrette et y accrocha sur le côté un panneau de bois sur lequel on pouvait lire :

« Famille MACLET, Morte de Faim »

Le curé regarda le panneau avec une sorte de désapprobation, puis il haussa les épaules, fataliste, fit le signe de la croix et reprit la tête de la procession, lentement, en direction du cimetière.

Monté sur ma jument Gavotte, je les rattrapai au moment où ils s'engageaient sur le petit chemin de terre bordé d'une haie d'arbustes qui longe la ferme des Tavel. Je dépassai vivement le cortège et m'arrêtai devant le curé qui en fut tout surpris dans ses prières. En me postant devant le panneau, je dis haut et fort :

— Bravo, Cotillon ! Voilà qui est bien observé ! Mais n'est-ce pas un peu court ?

Et, me saisissant d'une pierre crayeuse, j'ajoutai mon épigraphe à la sienne, en la signant rageusement.

Tous s'étaient approchés pour voir, mais la plupart ne sachant pas lire, chuchotaient inquiets en me regardant. Le curé faisait cette fois des signes évidents de protestation, puis quelqu'un osa enfin à voix haute :

— Qu'est-ce qui est écrit ?

Et, comme un chœur antique, les autres psalmodiaient à voix basse :

— Louis... C'est Louis... Qu'est-ce qu'il a écrit ?

— J'ai écrit : « Mort aux affameurs ». Y a-t-il quelqu'un qui ait quelque chose à redire à cela ? leur demandai-je en remontant en selle et prenant la suite du corbillard.

Mais déjà nous parvenaient comme en réponse des cris et des hurlements de détresse de la ferme Tavel où régnait une grande agitation. Les enfants de chœur, abandonnant leurs clochettes dans le chemin, se précipitèrent pour voir. En me dressant sur mes étriers j'aperçus la cour de la ferme : des gâpians à l'œuvre y opéraient, en toute impunité, un véritable carnage. Ils avaient entassé pêle-mêle dans des charrettes tous les biens de ces pauvres laboureurs : meubles, vêtements, ustensiles de cuisine et de labour, volailles... Certains couraient après les poules et les canards, d'autres avaient sorti la vache et son veau qu'ils traînaient derrière eux tandis que la mère Tavel, accrochée au cou du veau, hurlait :

— Non !... pas celui-ci... pitié... Non !...

Le gâpian continuait à tirer la bête sans lui prêter attention. Bientôt la femme, épuisée, se laissa traîner. Quand il s'en aperçut, le gâpian lui lança un coup de botte à tuer un âne. Elle lâcha prise et s'effondra dans la boue.

Le cortège funèbre assistait à la scène, médusé, immobile. Le curé, voyant la femme à terre qui ne bougeait plus, s'avança à petits pas vers elle.

La colère, une rage incontrôlable me submergea. J'éperonnai mon cheval et m'élançai comme la foudre dans la cour de la ferme. J'avais saisi au passage une faux, et l'arme haute, je me jetai sur l'homme qui venait de frapper la mère Tavel :

— Relève-la ou je te tue !

Je fus immédiatement cerné par une dizaine de gâpians qui tiraient leurs armes. Ma jument, bien que rendue nerveuse par toute cette agitation, m'obéissait promptement, de sorte que je parvins à les tenir en respect en me servant de ma faux comme d'un moulinet.

Martin, Court-toujours et Cotillon, trois garçons du village, se détachèrent du cortège et me rejoignirent pour me prêter main-forte. C'était courageux de leur part car l'issue de ce combat trop inégal était évidente.

Dans la mêlée, sans vraiment y prêter attention, j'aperçus, stationnant sur la route, le carrosse des deux voyageurs qui s'était arrêté à notre hauteur.

Villars avec son brin d'accent étranger tentait de parlementer avec l'exempt :

— Monsieur l'exempt ? Monsieur le sergent ? Pouvons-nous nous permettre d'intervenir en faveur de ces paysans ?

Soudain les enfants, abandonnant le lieu du drame, coururent sur la route où l'on ne distinguait encore qu'un nuage de poussière, mais la rumeur lointaine qui l'accompagnait se rapprochait au rythme d'un galop rapide de nombreux chevaux. Les enfants accoururent jusqu'au talus et se mirent à sauter de joie en criant :

— Les voilà !... Les voilà !

Alors l'espoir changea de camp.

Les cris de joie des nôtres semèrent la panique chez les gâpians. Ils s'éparpillèrent en tout sens, affolés. Certains cherchaient à fuir, d'autres à se cacher. Je me trouvai soudain dégagé comme par enchantement.

On apercevait maintenant très nettement une troupe d'une trentaine de cavaliers. Ils galopaient sans trop de hâte, en chantant. L'air était joyeux et des plus connus en Dauphiné :

Châteaux, maisons, cabanes
Nous sont ouverts, partout,
Si la loi nous condamne,
Le peuple est avec nous.

On nous chante dans nos campagnes,
Nous, dont le fusil redouté
En frappant l'écho des montagnes
Peut réveiller la liberté... *

En quelques secondes, les contrebandiers furent sur place.

Très brun, de forte stature, la barbe fournie, l'œil incisif, très droit sur sa monture, Bélissard conduisait sa troupe, le sourire aux lèvres. Quand les enfants l'aperçurent, leurs cris redoublèrent d'allégresse.

Originaire de Brion, à quelques lieues de Saint-Étienne-de-Saint-Geoirs, Jean Bélissard était l'homme le plus redouté des Fermes et conséquemment le plus aimé de tous en Dauphiné. Ancien soldat de l'armée d'Italie devenu contrebandier en 1746, il avait été condamné à la roue par le tribunal des Fermiers généraux en 1747. Emprisonné à Chambéry, il avait réussi à s'évader et à regagner la Savoie d'où il organisait ses campagnes de contrebande. Homme audacieux s'il en fut, Bélissard avait porté sa popularité à son comble en donnant l'assaut à une recette des Fermes pour libérer un de ses hommes qui y était retenu prisonnier par les gâpians. Il est vrai que l'exploit méritait l'admiration. On a vu peu de capitaines des armées régulières aller ainsi, au péril de leur vie, arracher leurs hommes à l'ennemi. L'action était d'autant plus admirable que, pour tout contrebandier, l'emprisonnement signifiait une mort horrible, précédée de tortures sanglantes, exercées par les hommes des tribunaux spéciaux.

En dépit de la condamnation à mort qui pesait sur lui en France, Bélissard venait souvent à Brion avec ses hommes, et quand il y était, les gâpians se terraient chez eux comme des rats, rasant les murs, fuyant les tavernes, évitant les carrefours.

À la vue des quatre civières flanquées sur la charrette, Bélissard s'était découvert. Le chapeau à la main, il avait pris son temps pour lire les inscriptions sur le panneau, puis il avait

* Chant des contrebandiers.

renfoncé son feutre et tourné la tête vers la cour de la ferme, le sourcil froncé, l'œil sombre. Puis, soudain, d'une voix terrible :

— Sergent ?... Vautour ? Où te caches-tu ? cria-t-il.

Déjà ses hommes, descendus de leurs montures, débusquaient les gâpians, les ramenaient un à un dans la cour. Un ou deux tentèrent de faire feu sur les contrebandiers, mais les villageois les ayant aperçus se mirent à crier, si bien qu'au lieu d'en tirer avantage, ils se virent immédiatement assaillis et, à coups de crosse, amenés, traînés, tirés sur les lieux de leur forfait. Bélissard se tenait au centre de la cour. Soudain j'entendis derrière moi la voix sautillante, joyeuse du gazetier.

— Bélissard en personne ! Je le croyais paisiblement à Carouge en Suisse. Comment est-il ici ?

De sa voix posée, Divernois, qui avait l'air d'en savoir beaucoup plus qu'il n'en disait, répondit :

— Bélissard était à Brion, pour affaires. Je l'y ai aperçu hier.

— Mais tout de même ! Brion est à plusieurs lieues... comment a-t-il pu venir si vite ?

— Le tocsin, Villars ! le tocsin.

— Quoi ? Le tocsin ?

— Une certaine manière de sonner le tocsin, un appel au secours que tout le monde connaît, y compris le curé. Mais n'allez pas révéler cela dans votre gazette.

Bélissard secouait l'exempt-chef comme une plume, en lui parlant fort, sous le nez.

— À quelle sale besogne te hâtes-tu donc ?

Il se mit à le traîner derrière lui comme un paquet. L'autre ne bronchait pas.

— Ce que je vois ici parle de soi-même ! Alors !... il ne t'a pas suffi d'affamer une famille entière, morbleu ! Tu venais encore en dépecer une autre ?

— J'ai reçu des ordres : confiscation. Cet homme a fait boire de l'eau salée à ses bêtes.

Un très mauvais sourire découvrit la bouche quelque peu édentée de Bélissard. Il lâcha le col de l'exempt et, plongeant sa main gauche dans la poche de l'homme, il en tira un sac de farine qu'il lui assena vigoureusement sur la tête en criant :

— De l'eau salée ?... quand il n'a pas lui-même de quoi saler sa soupe ? Et où l'allait-il quérir, hein ?

L'exempt-chef, couvert de farine, se secouait comme un chien mouillé, se tortillait en tout sens, si bien que le lapereau enfoui dans ses chausses sauta et prit la poudre d'escampette dans les éclats de rire de la foule qui s'était rapprochée pour ne rien perdre de ce délicieux régal. L'exempt, piteux, bredouillait :

— Je ne sais pas... je ne connais pas par ici.

Mais nous connaissions tous cet exempt. Ce triste sire avait exercé, sans pitié aucune, toutes les saisies du voisinage y compris celle de cette famille morte de faim que nous menions au cimetière.

— Tu mens, sergent ! dis-je à mon tour. Tu es d'Izeaux. Seulement voilà, tu t'es vendu aux Fermiers dont tu as pris l'uniforme et les sales manières ! C'est la cinquième famille que tu viens dépouiller de la sorte. L'une pour fraude sur le sel, l'autre parce qu'elle n'a pu payer l'impôt à temps, l'autre... par animosité personnelle.

Bélissard se tourna vers moi, me jaugeant de son œil perçant. Il pointa un doigt vers le panneau.

— Vous écrivez juste, jeune homme. Vous avez l'air de vous battre pas mal non plus !

Puis, jetant un coup d'œil vers ses hommes qui bloquaient les issues, leurs armes pointées sur les gâpians, il leur fit signe de s'approcher. Les contrebandiers s'exécutèrent, poussant les gâpians devant eux.

— Allez, gâpians ! Remettez-moi tout ça en ordre et vite ! J'ai peu de temps et encore moins de patience ! ordonna-t-il.

Tous riaient, même le curé, en voyant les gâpians décharger les charrettes qu'ils s'apprêtaient à emporter.

— Major ! Veille aux charrettes ! dit encore Bélissard à un grand blond qui se tenait à ses côtés.

Puis il se tourna vers un autre, très jeune, presque un adolescent, avec une figure d'angelot et un gros pistolet à la ceinture.

— Et toi, Jambon, vide les poches de ces rapaces.

Le Major souleva la bâche d'une charrette déjà pleine à craquer :

— Sangdieu ! Ils avaient même volé le grain des semailles !

C'est alors qu'une autre cavalcade se fit entendre. Les enfants toujours prompts allèrent et revinrent, jetant cette fois des cris de frayeur.

— Les gens d'armes !... La maréchaussée !...

Dans un mouvement très rapide, tous les contrebandiers se regroupèrent autour de Bélissard, en ordre de bataille. En un clin d'œil, ils furent tous à cheval, armes au poing.

— Ils seront trop nombreux, enfermons ceux-là dans la ferme, dis-je à Bélissard.

Il acquiesça, fit signe au Major et, en une seconde, les gâpians se retrouvèrent entassés dans l'étable dont on bloqua les deux issues avec les charrettes et tout ce qui traînait dehors.

Les paysans du cortège reculèrent, entraînant leur corbillard à distance. J'étais demeuré avec les contrebandiers. Bélissard m'aperçut et dit :

— Quel est votre nom, jeune homme ?

— Mandrin. Louis Mandrin.

— Eh bien ! Louis Mandrin, nous n'aurons peut-être pas le dessus, repliez-vous avec les autres ! Vous venez déjà de risquer votre vie, seul contre...

Le renfort de gens d'armes déboulait sur nous à vive allure, accueilli par une première rafale de coups de feu.

M'approchant du fameux chef contrebandier je lui répondis :

— Je me sens moins seul maintenant.

Bélissard me lança ses pistolets en souriant et sortit son espingole. L'homme qu'il visa s'effondra sur sa selle. Puis il cria fort en éperonnant sa monture :

— Chargeons !

La bataille fut tout de suite très dure et très violente. Les contrebandiers, inférieurs en nombre, semblaient avoir gagné le premier assaut mais, peu à peu, ils perdirent du terrain, l'un des leurs fut blessé et Bélissard, cible principale, se trouva bientôt cerné de toutes parts. C'est alors que je décidai d'intervenir par un autre moyen. Je parvins à me détacher de la mêlée, me précipitai vers une botte de paille à laquelle je mis le feu, montai sur le toit de l'étable, et de là, dominant cette scène épique, je criai, menaçant, mon flambeau à la main :

— Arrière, gens d'armes !... ou je mets le feu à cette tanière !

Les autres, toujours enfermés à l'intérieur, se mirent à hurler de plus belle. La paille flambait vite, les assaillants reculèrent, Bélissard put se dégager. Les gens d'armes, surpris, hésitèrent encore, trop longtemps ! Les contrebandiers s'étaient déjà jetés sur eux. En un rien de temps ils furent désarmés, puis pourchassés à coups de fusils tandis que les enfants y joignaient quelques pierres... la peur fit le reste.

Bélissard revint vers moi.

— Tu es un brave, Louis Mandrin. Eh bien ! Que proposes-tu pour nous débarrasser de ceux-là ? me demanda-t-il en montrant l'étable pleine de cette autre sorte de bétail.

Flatté de la confiance que l'on me faisait, je répondis :

— Laissez-moi faire. Ce ne sera pas long.

Bélissard se tourna vers son lieutenant dans un grand rire et je l'entendis dire :

— Major ! Que penses-tu de ce jeune Mandrin ?

— Mmm... du courage, de la vivacité... répondit l'autre sans circonlocution.

Bélissard renchérit :

— Et quel entrain ! Quelle belle humeur !

Le jeune angelot, tout près, termina l'oraison en suivant tous mes gestes :

— Un chef, en somme !

Je dégageai, avec l'aide de quelques hommes, l'entrée de l'étable, ne laissant qu'une charrette, puis j'enflammai un autre ballot de paille que j'allai jeter par le petit volet de côté. Revenant à la porte, je l'ouvris toute grande.

— Mmm... ça sent bon le rôti ! dit Jambon qui avait l'air porté sur la fine cuisine.

Les gâpians, toussant et crachant, se bousculaient à qui mieux mieux par la seule issue offerte de sorte que les contrebandiers n'avaient plus qu'à les cueillir à coups de pied et de poing, ce dont ils ne se privaient pas. Le spectacle des hommes des Fermes s'enfuyant, noirs de fumée, dépenaillés, vaincus, réjouissait les villageois qui avaient formé un cercle autour de la porte pour n'en rien manquer : cet instant les consolait-il des humiliations passées, présentes et à venir ?

Les Tavel restaient là, dans la cour, plantés devant les restes de leurs biens, ahuris, misérables. Avaient-ils vraiment gagné quelque chose ? Bien sûr, nous avions éteint le feu naissant dans la grange, mais leur ferme n'était plus qu'un champ de bataille où les bêtes erraient dans les débris renversés, brisés, informes.

Bélissard vint vers eux, sortit une bourse assez conséquente, la leur lança :

— Voici de quoi payer tes dettes, l'homme ! Un conseil : va t'installer ailleurs. Fais ton bagage et pars vite. Ici tu n'aurais qu'ennuis et misère !

L'homme avait pris la bourse qu'il soupesait instinctivement dans sa grosse poigne. Il salua le contrebandier en hochant la tête.

Les armes réquisitionnées aux gâpians furent rassemblées et chargées sur les montures. Je ne pris pour ma part que deux beaux fusils neufs et tendis ses pistolets à Bélissard qui les refusa en me disant :

— Garde-les ! Ils te porteront chance !

Le blessé pansé, la troupe plia bagage sous les acclamations des villageois. Le chef contrebandier, entouré du Major et de Jambon, fermaient la marche. Avant d'éperonner son cheval, il se pencha vers moi, me tapa chaleureusement l'épaule :

— Je suis content de te connaître, Belle Humeur !

Et, sortant de sa ceinture une très jolie corne de brume sculptée, il me la tendit :

— Tu seras le bienvenu parmi nous. Choisis ton jour et ton heure. Si tu es en détresse, sonne de cette corne... où que tu sois, l'un des nôtres t'entendra. Adieu Belle Humeur !

Avant que j'aie eu le temps de réaliser que je venais de me faire un ami et beaucoup d'ennemis, Bélissard avait rejoint le gros de sa troupe et disparaissait dans un nuage de poussière tout semblable à celui qui l'avait amené.

Le cortège funèbre, en bon ordre à nouveau, s'ébranla vers sa destination finale, tandis que là-haut, plantés sur le petit chemin, les deux voyageurs étrangers contemplaient, encore perplexes, la scène où venait de se jouer cette tragi-comédie bucolique.

Je sifflai Gavotte qui se récompensait de ses efforts en butinant quelques brins de paille abandonnés dans la tourmente, et levai mon chapeau en direction des voyageurs :

— Bonne route, et bonne écriture ! leur dis-je en manière d'adieu.

— À vous revoir bientôt, monsieur Mandrin.

Villars me lança encore un bon mot qui se perdit dans le vent tandis que je m'engageais sur la route du chemin des Serves, mes deux carabines sous le bras. Je m'étais fermé les portes de mon village, pour longtemps peut-être, mais au moins avais-je choisi ma cause.

Le soleil était haut dans le ciel. Des nuages moutonneux filaient aux crêtes des montagnes, l'air s'était radouci, mais qui pouvait dire si le temps ne se gâterait pas ?

3

À la nuit, Saint-Étienne-de-Saint-Geoirs s'enveloppe dans la douceur grave des grandes montagnes lointaines. Je parvins jusqu'à la porte de notre cour sans rencontrer quiconque. Je pénétrai à l'intérieur sans que les chiens ne se manifestent et me dirigeai vers la fenêtre de la cuisine encore éclairée. Le papier huilé qui tenait lieu de carreau ne permettait pas de voir à l'intérieur. Je tendis l'oreille, écoutai un instant puis me décidai à entrer dans cette maison où je m'étais interdit de revenir depuis deux longues semaines.

Comme je le pensais, il n'y avait que ma mère et mon frère Pierre, tous deux assis face à face autour de cette grande table qui accueillait autrefois toute la joyeuse maisonnée. J'étais très attaché à mes frères et sœurs, mais ce n'était un secret pour personne que j'affectionnais particulièrement Pierre, si proche et si différent de moi à la fois, et ma petite sœur Marianne, belle et délicate comme une porcelaine. Marianne avait d'abord beaucoup pleuré mon absence, puis ravalant courageusement ses larmes, elle s'était mise à courir par monts et par vaux à ma recherche et elle m'avait trouvé, dans une grotte, à quelques lieues du village. Elle avait parcouru seule tout ce chemin à pied, en se cachant, le tablier plein de pain et de fromage, certaine de me trouver. Il est vrai que c'était notre secret, cette grotte. En la promenant en croupe, aux jours heureux, nous en avions découvert ensemble l'entrée dans d'épais fourrés.

Épuisée et inquiète de se trouver si loin seule dans les bois, elle avait à plusieurs reprises hésité à poursuivre son chemin. Me sachant recherché, elle regardait sans cesse autour d'elle, se retournait cent fois, évitait les laboureurs dans les champs, faisait mille détours. Quand elle arriva, elle était à bout de forces. Je l'avais serrée très fort dans mes bras avant de la réprimander, puis elle m'avait parlé de Pierre et de ses récents ennuis et de la mère qui pleurait.

Nous avions attendu la tombée de la nuit puis nous étions repartis ensemble à travers bois et prés jusqu'aux abords du village.

Ma mère était donc prévenue de mon passage. Cependant, elle sursauta quand j'ouvris la porte, se leva, empressée, et me serra contre elle avec effusion. Pierre n'avait pas bougé. Il avait juste détourné son regard une seconde de sa chopine, puis s'était remis à boire, le dos voûté, les poings serrés sur la table, l'air accablé.

— Louis !... Mon fils ! Tu ne devrais pas te montrer encore.

Ma mère sanglotait dans mes bras, heureuse et malheureuse à la fois.

— Assieds-toi... tu dois avoir faim ? Comment as-tu fait tout ce temps ? Où es-tu caché ? Tu dois avoir faim... prends garde... Louis... ils te cherchent, les bougres... tu comprends... ils savent qu'ils n'attraperont pas Bélissard, alors ils veulent se venger sur toi.

Elle me servit un grand bol de soupe. Je m'assis face à Pierre qui ne disait mot, ne levait pas même la tête vers moi. Ma mère poursuivait ses lamentations.

— Ne viens pas grandir ma douleur, il y a bien assez de Pierre !

J'avais toujours courageusement supporté les jérémiades de notre mère, mais cette fois, la patience me manquait.

— Pierre, dis-je, en avançant la main vers son gobelet qu'il portait encore mécaniquement à ses lèvres, Pierre, qu'est-il arrivé ?

J'avais ôté mon feutre, ouvert mon manteau, retiré de ma ceinture les pistolets de Bélissard que j'avais posés délicatement à ma droite, sur la table, avant d'entamer mon repas.

Pierre leva un œil vide vers moi, haussa les épaules et ce fut encore ma mère qui répondit à sa place.

— Pierre est accusé de faux-monnayage par le brigadier des Fermes, Sigismond Moret.

L'accusation était si lourde, si grave de conséquences et si aberrante, que je faillis m'étouffer et reposai brusquement mon bol sur la table.

— Pierre ? Faux-monnayage ? Mais ce n'est pas possible !

Pierre venait à peine de sortir de la prison de Valence, acquitté de la fausse accusation de contrebande. Or ce tribunal, en vingt ans, n'avait jamais acquitté personne ! Ils n'avaient pu que se rendre à l'évidence : Pierre était incapable de mal faire. C'était un doux, un tendre garçon sans aucune méchanceté. Mais s'il se trouvait à nouveau entre leurs griffes, alors que l'on me recherchait, et sous le coup d'une accusation aussi terrible*... Je me passai la main sur les yeux. Que faire ? Ma mère continuait :

— C'est le curé Brisset qui a lancé toute l'affaire. Qu'il aille en enfer !

— Le curé Brisset ? Mais je croyais qu'il s'était assagi depuis l'an passé ?

— Il en avait l'air, oui ! Mais dès que tu as eu tourné les talons, il s'est précipité à nouveau chez notre tante pour lui refaire les mêmes avances honteuses... et elle m'a fait appeler à l'aide.

Je secouai le bras de Pierre, je voulais des explications de sa bouche, tout cela me semblait trop improbable.

— Pierre ? Que s'est-il passé vraiment ? lui demandai-je.

Il sembla s'éveiller d'un songe douloureux.

— Oui... C'est cela, Louis... Suzanne, notre tante, m'a demandé d'aller parler au curé Brisset, afin qu'il cesse de l'importuner. « Parlez-lui fermement », m'a-t-elle dit. J'y suis allé, mais il n'a rien voulu savoir. Hier, je l'ai croisé sur la route de la plaine, il m'a armé son pistolet contre la tempe et peut-être m'aurait-il tué si les Brissaud ne s'étaient approchés. Alors... il est devenu fou. Il hurlait qu'il n'avait pas d'ordre à recevoir

* Les faux-monnayeurs étaient très durement traités. Ils étaient d'abord torturés, pendus puis décapités, et leur tête fichée sur un piquet demeurait sur place, proie des corbeaux.

de moi... que je n'étais qu'un criminel et que cette fois j'étais perdu, qu'il y avait des témoins, qu'on m'avait vu faire de la fausse monnaie et que le brigadier des Fermes, Sigismond Moret, était témoin.

Pierre avait dit tout cela d'une voix morne, comme si l'envie de lutter, de vivre, l'avait quitté.

— Pierre, lui dis-je doucement, Pierre, tout ceci n'est qu'une histoire inventée ! Veux-tu que nous allions ensemble, maintenant, chez ce curé ? Nous lui ferons entendre raison.

Ma mère, affolée, s'interposa vivement.

— Non ! Non ! Il vous ferait prendre tous deux, trop content de faire d'une pierre deux coups ! Il y a chez lui, en permanence, le Sigismond Moret qui lui sert de gardien.

L'affaire me parut moins grave qu'à eux. Un vieux curé gâteux ne serait pas écouté, et puis tout le monde savait qu'il avait été autrefois amoureux de ma tante et qu'il revenait de temps en temps la solliciter. Cela ennuyait notre tante, mais faisait rire tout le monde. Personne ne prendrait cette histoire au sérieux.

— Pierre, dis-je, tu as été acquitté une fois sur une fausse dénonciation, tu le seras encore cette fois si l'affaire va aussi loin que tu le dis, ce qui me paraît peu probable !

Il se fit un bruit dans la rue, comme une course. Je me levai vivement, repassai mes pistolets à ma ceinture, soufflai la bougie, entrouvris la porte et disparus en chuchotant :

— Je reviendrai bientôt, Mère. Prenez soin de vous et d'eux tous. Je ne vous oublie pas.

4

Je ne savais toujours quel parti prendre quand survint un événement décisif : le tirage des milices*. Cet « impôt du sang » constituait chaque année un autre sujet d'inquiétude dans nos campagnes et bien davantage encore chez les plus démunis. En effet, cette contrainte odieuse était assortie d'une coutume barbare qui la surpassait dans le genre et aggravait encore les troubles que ce tirage ne manquait pas d'occasionner dans les campagnes : tout homme tiré au sort pouvait se libérer de ce service s'il parvenait à arrêter un déserteur et à le remettre entre les mains des autorités. Cette loi scélérate entraînait les plus grands désordres, engendrant une espèce de guerre civile entre paysans dont les uns se réfugiaient dans les bois où les autres allaient les pourchasser à main armée, dans le seul but de se soustraire au sort que les premiers avaient cherché à éviter.

La remarque en avait été faite au roi et à ses ministres, mais le sort des campagnes inquiétait décidément peu la couronne, et les festins royaux ne dénonçaient pas la misère du laboureur.

Le 29 mars 1753, Maucune de Beauregard, subdélégué, arriva donc en grand équipage dans la ville d'Izeaux pour pro-

---

* Le service des milices complétait celui de l'armée régulière. Les intendants fixaient, dans leurs provinces respectives, le nombre de miliciens que les communes devaient fournir. Le recrutement se faisait par tirage au sort. Tous les hommes, du tiers état s'entend, de dix-huit à quarante ans, pouvaient être soumis au tirage, les nobles et les bourgeois étaient exemptés. Les déserteurs, les réfractaires ou ceux qui prenaient la liberté de s'absenter, sans congé régulier, étaient passibles des galères et, le plus souvent, à perpétuité.

céder au tirage. Il s'installa sur la place où la foule se pressait. Il faisait encore très frais, et les « tirables », dans leur sarraus, dansaient d'un pied sur l'autre en se frottant les mains. Les plus dégourdis sortaient discrètement leur chopine, cachés par deux ou trois compères qui espéraient bien tirer profit de leur bonne action.

Puis soudain un roulement de tambour interrompit l'attente et le maire appela tous les hommes « tirables ». Au vrai, peu d'entre eux portaient la joie sur leur visage car pratiquement aucun ne souhaitait être « tiré ». La vie des champs avait repris avec intensité, et chaque paire de bras manquant signifiait plus de tâche pour les autres.

Un homme d'un certain âge, le vieux Brissaud, de chez nous, s'était avancé vers Beauregard, chapeau bas. Il se tenait là, sans bouger, depuis tout un moment, quand un sergent lui demanda brutalement :

— Eh bien ! L'homme ! Qui es-tu et que veux-tu ?

La foule s'était approchée pour entendre. Dans les rangs, fusaient les rires, les exclamations. L'homme tortillait son chapeau, mal à l'aise. Puis se tournant vers le subdélégué, il s'adressa directement à lui.

— Monseigneur ! Je suis Claude Brissaud, père de Pierre Brissaud de Saint-Étienne-de-Saint-Geoirs. Je désirerais vous soumettre des observations afin de dispenser mon fils du tirage.

Beauregard, sans lever la tête, l'interrogea :

— En quelle qualité ? Êtes-vous bourgeois ? Titré ?

Brissaud commença à bredouiller sous les rires moqueurs :

— Non. Monseigneur... Ce n'est pas... Je... Mon fils Pierre est malade, depuis deux ans déjà... il a reçu un mauvais coup de sabot dans les reins et, depuis ce temps, il est fort empêché de courir. Il se déplace même avec peine et dans son état, je ne vois pas qu'il puisse servir les milices, Excellence.

Le subdélégué releva enfin les yeux sur le requérant, le sourcil mécontent.

— Je ne puis accueillir votre requête, en sorte que tous les paresseux en prendraient exemple ! Procédons maintenant au tirage pour la commune de Beaucroissant.

Le père Brissaud remonta sur sa mule et s'en repartit l'air

accablé tandis que les hommes un à un plongeaient la main dans le récipient que leur tendait le maire. Le premier billet noir tomba sur un garçon de la famille Roux, du village voisin. Le subdélégué cria son nom :

— Pierre Roux !

Commune après commune, le tirage s'effectua, dans une atmosphère de plus en plus lourde.

— Commune de Saint-Étienne-de-Saint-Geoirs... Tous sont-ils présents, monsieur le maire ?

Le maire mit un temps à répondre.

— Votre Excellence, il manque Pierre Brissaud, dont le père s'est adressé à vous tout à l'heure. Mais il va sans doute arriver, il a du mal à se déplacer, cela est vrai.

Le subdélégué se redressa, furieux, sa perruque poudrée à frimas bascula dangereusement.

— Monsieur le Maire ! Il aura eu tout le temps ! Procédons ! Commune de Saint-Étienne-de-Saint-Geoirs, absent : Pierre Brissaud, fils du laboureur Claude Brissaud. Il est déclaré réfractaire et fugitif. Je rappelle que les nouvelles recrues, si elles parviennent à s'emparer du fugitif, seront de par la loi exemptées du service.

La foule se mit à hurler. Le jeune Guillaume Brissaud, un gamin de douze ans, se dégageant avec peine de la mêlée, se mit à courir à toutes jambes, sortit du village et s'engagea à travers champs. Il parvint à Saint-Étienne-de-Saint-Geoirs presque en même temps que son père sur sa mule. Celui-ci était en train de l'attacher dans la cour quand il aperçut son plus jeune fils tout essoufflé.

— Eh bien ! Guillaume ? demanda le père Brissaud au gamin.

— Ça y est, père ! Il l'ont déclaré fugitif. Vite ! Vite ! Les frères Roux vont lui courir après. Pierre Roux a été désigné !

Accablé, le vieil homme baissa les épaules, les bras ballants. Le petit s'approcha de lui.

— Père ! Je vais aller demander à Louis Mandrin son aide. Lui saura nous défendre.

Le père Brissaud entra chez lui, s'assit sur une chaise, le regard vague. Guillaume le suivit.

— J'y vais père. Je sais où le trouver et il est armé.

— Mon petit ! Dieu sait où est Louis ! Et puis nous sommes brouillés avec la famille Mandrin. Non... tout est perdu !

Guillaume avait filé avant d'entendre la fin. Il courait à perdre haleine, sautant comme un feu follet dans la campagne vidée de ses ouailles. Il me trouva effectivement et m'émut sans peine. Il est des causes auxquelles on ne résiste pas.

Le soir tombait presque quand il retrouva son frère Pierre Brissaud, caché dans une cabane à chèvres.

— Pierre ! appela-t-il à voix basse en s'approchant de la cabane, Pierre ! N'aie pas peur, c'est moi, Guillaume.

La porte de la petite bergerie s'entrouvrit, Guillaume se glissa à l'intérieur.

— Pierre, écoute ! J'ai vu Louis, et Court-toujours et Cotillon... ils te défendront et Benoît, notre frère, aussi.

Le lendemain matin, à l'aube, la nouvelle recrue Pierre Roux, assistée de ses quatre comparses, fouillait les buissons aux alentours du mas des Serves, bien décidé à échanger le fugitif contre la liberté.

Les Serves étaient des étangs périodiques, pratiqués dans des fonds de prairies en forme de cuves. On y retenait, à l'aide de barrages, l'eau qui descendait en ruisselets des collines. Dans ces sortes d'étangs artificiels, le poisson profitait à merveille ; on le récoltait durant le carême, en laissant s'écouler les eaux. Le chemin des Serves, joliment nommé « Vie profonde », se creuse en une cavée, resserrée entre des terrassements que surmontent des charmilles dominées par des chênes géants. Tout autour, les prairies sont closes de haies vives. Saules et châtaigniers y font une ombre fraîche aux amoureux aux chauds jours de l'été. C'est là que nous les guettions.

La bande des Roux se rapprochait de nous quand, soudain, nous débusquant de nos caches, nous leur barrâmes le chemin. Avant que la fusillade se déclenche, dans cet ultime instant suspendu où l'on hésite encore à faire feu, je criai :

— Roux ! Pars ! Rentre chez toi et emmène les tiens. Tu sais que tout ceci est honteux. Vous connaissez Brissaud, vous savez qu'il est empêché de servir.

Un coup de feu partit qui me rejeta vivement dans le buisson. Roux tirait. Sans doute tirait-il d'autant plus vaillamment sur moi qu'il me savait recherché par les gâpians et que ma prise lui rapporterait un supplément d'écus. Je ne sais comment est la misère dans les villes, mais dans les campagnes, la disette, la pauvreté, la peur ramènent très vite le paysan à la bête dont il est fort proche par la nature des choses. Il connaît mieux le comportement des animaux avec lesquels il vit, qu'il observe, soigne, entretient puis mange, que celui de ses congénères. Il s'opère, d'ailleurs, souvent une sorte de mimétisme entre l'homme et sa bête préférée à laquelle il finit par ressembler et dont il prend souvent plus grand soin que de sa femme ou de ses enfants. Il arrive assez fréquemment, je l'ai observé autour de moi, que tel cheval, tel chien, tel taureau fasse l'objet d'une attention que lui envierait la femme de son maître, si elle n'était convaincue par l'usage du bien-fondé de la chose ! Mais la morale du paysan veut qu'il ne soigne tant et si bien sa bête que pour son profit personnel et le bien qu'elle peut lui apporter. Ainsi verra-t-il saigner, sans regret aucun, la vache à laquelle il a prodigué tant de soins : bien grasse, bien grosse, elle lui rapporte davantage. Les sentiments des hommes et des femmes des campagnes à l'égard des individus me semblent très proches et comme dictés par ce rapport à l'animal. Le laboureur ne choisira pas sa compagne en fonction de sa joliesse ou de sa bonne tournure, et rarement de son cœur ; mais il saura très bien estimer la solidité, la bonne santé, la capacité au labeur, bref le profit qu'il tirera de celle qu'il mettra dans son lit et forcera, bon an mal an, après ou avant chopine le dimanche !

La bande des Roux faisait maintenant feu de toutes parts, un feu nourri qui plombait comme une mauvaise grêle de mars les buissons où nous étions fort mal dissimulés. Si bien qu'à la fin nos coups leur répondirent. Nous n'avions tiré qu'une fois mais les quatre balles qui étaient parties en atteignirent deux. L'un des frères Roux s'effondra, tué net ; un autre, touché au bras, ne bougeait guère ; les autres s'enfuirent.

Les moments de l'irréversible sont souvent les plus brefs, tant qu'à la fin on se demande si on ne les a pas rêvés ! Ce coup-là, que la balle mortelle ait été de mon fait ou pas, je ne sais, me jeta dans la file des condamnés à mort.

Le jour même, le procureur du parlement de Grenoble lança un mandat d'amener contre moi et « ma bande ». Mais sur la place de Saint-Étienne-de-Saint-Geoirs, le roulement de tambour enjoignant à la population de dénoncer « la retraite des coupables » n'eut guère d'écho. Nul, là, ne se serait risqué à entrer dans cette nouvelle chasse, d'autant que la plupart partageaient au fond nos sentiments. Cependant, la maréchaussée trouva très vite Cotillon et Court-toujours ainsi que Benoît Brissaud. Le fugitif impotent dut servir dix ans et son père fut condamné à payer une amende de 500 livres ; quant à mes trois compagnons, ils furent condamnés à être pendus. On me réserva à moi, l'absent, le plus odieux : jugé par contumace, je fus condamné à être roué vif.

La roue est la plus terrible des condamnations à mort, si toutefois il est permis d'établir une échelle des valeurs dans ce que l'homme a inventé de pire contre l'humanité : la peine de mort. Voilà un domaine dans lequel les peuples et les individus ont développé plus d'imagination qu'en nul autre*.

Depuis le jugement rendu contre ses deux frères et son père, Guillaume ne connaissait plus de repos. Il craignait en outre que je ne me fisse à mon tour prendre par les gens d'armes et les gâpians qui s'étaient alliés pour me capturer, jurant et pariant fort dans les tavernes qu'ils ne s'en laisseraient pas remontrer par un gibier de potence ! Je résistai avec peine à

* La roue était un supplice importé d'Allemagne, pratiqué depuis le XVIe siècle. Le condamné était attaché, les bras étendus et les jambes écartées sur deux morceaux de bois disposés en croix de Saint-André, en forme d'X. Sur chaque traverse, on avait pratiqué des entailles profondes, particulièrement à l'endroit où devaient se trouver les genoux et les coudes du condamné. On y fixait solidement la victime, le bourreau frappait à l'aide d'une lourde barre de fer, à tour de bras, de manière à briser les os des jambes, des bras et du bassin. Le supplicié ayant été rendu de la sorte suffisamment souple, on l'attachait, en repliant bras et jambes, sur une roue de carrosse, le dos posé à plat sur l'une des faces de la roue, qui était ensuite hissée avec son fardeau pantelant au haut d'un poteau élevé, de manière que le condamné y agonisât lentement, la face tournée vers le ciel, à regarder les vols de corbeaux guettant son dernier soupir. (F. Funck-Brentano, *Mandrin*.)

la folle envie d'aller narguer ces ventres mous, et sans doute Guillaume s'en doutait-il, car chaque soir le ramenait aux alentours de la cabane sur le chemin de la « Vie profonde » par où je devais passer pour rejoindre le village. À plusieurs reprises déjà je l'avais observé, il demeurait là, assis, des heures durant, sur le bord de la route.

Ce soir-là, il faisait plus doux, et le ciel étoilé semblait annoncer une belle journée de printemps. Guillaume, tout à ses songes tristes, ne m'entendit pas venir. J'avais décidé d'aller lui parler, son chagrin me faisait peine. Je m'étais approché à pas lents, il n'avait pas levé la tête, il continuait de chasser une pierre avec un bâton ; il la poussait de droite à gauche, comme un simple d'esprit.

J'étais parvenu jusqu'à lui et je me tenais là, au beau milieu de la route, quand il leva la tête.

— Bonsoir Guillaume, dis-je à voix basse.

Le gamin sursauta, effrayé d'abord, puis il me reconnut et hocha la tête, jeta un œil sur mes pistolets qui scintillaient un peu au hasard d'un rayon de lune. Enfin, lourdement, comme un vieillard, il se leva et d'une voix sourde, il dit :

— Bonsoir, Louis.

— Eh bien ! Que fais-tu là, tous les soirs ?

Il haussa les épaules sans répondre d'abord, puis :

— Louis ? N'y va pas !... Il n'y a que de mauvaises nouvelles.

J'avais une certaine affection pour ce gamin. Je lui trouvais de l'esprit, du courage et une sensibilité qui faisait écho à la mienne.

— Guillaume, je connais les nouvelles pour tes frères et mes compagnons. Crois bien que j'en suis attristé...

Il ne me regardait pas, chassait d'éventuels cailloux du pied, l'œil fixe.

— Louis... Il y a eu un malheur chez toi aussi.

— Un malheur ? Parle ! Quoi ?

Guillaume hésitait, tournait la tête en direction du village, observait la route. Enfin, il se rassit comme épuisé, le dos voûté :

— Voilà, Louis. Huit jours après le tirage des milices, ils

ont jugé ton frère Pierre, tu sais, à cause de cette dénonciation de Sigismond Moret et du curé amoureux de ta tante. Personne ne s'inquiétait vraiment et, même, l'histoire nous faisait plutôt rire. En plus, l'avocat l'a très bien défendu. Pierre ne pouvait pas être accusé de « faux-monnayage » sans aucune preuve puisqu'on n'avait pas trouvé de fausses pièces et qu'il n'y avait aucun témoin, ni rien du tout.

— Et alors ?

— Ils l'ont condamné quand même. C'était le tribunal des Fermes, et le juge était un parent du curé.

Je lui pris le bras vivement en me baissant jusqu'à lui. Je lui redressai le menton pour voir ses yeux :

— Condamné ? Pierre ? Mais comme quoi ?

— Comme faux-monnayeur.

— Sans preuve ? Sans aucune preuve ?

— Y a eu un témoin : Sigismond Moret. Et comme il est brigadier des Fermes, ça leur a suffi.

— Où est Pierre maintenant ?

— Louis... ils l'ont pendu. Torturé et pendu immédiatement. Mon frère Benoît aussi et toi, s'ils te trouvent... c'est la roue.

Je m'affalai près de Guillaume, la tête dans les mains, je restai là, laissant la douleur me submerger, m'envahir, m'étreindre. Là-bas, au village, un chien se mit à aboyer, un autre lui répondit. Guillaume se redressa le premier, me tendit sa petite main déjà caleuse pour m'aider à me relever. Je gardai cette main enfantine dans la mienne et tous deux nous nous acheminâmes.

Là-haut, sur la petite colline, fichée sur un pieux sanglant, j'aperçus la tête de mon frère Pierre, tranchée, livide. Un poids immense me plomba à terre tandis que la lune, complaisante, éclairait un instant les restes méconnaissables du doux visage de mon Pierre.

— Viens... Viens, Louis... Viens maintenant ! me disait Guillaume en me tirant de toutes ses forces.

La nuit se fit sombre et froide à nouveau. Au firmament, les étoiles voyageaient vers leurs inaccessibles rivages. Bientôt il faudrait prendre une décision : faire face ou fuir.

Je luttai pour ne pas voir, ne pas entendre, ne pas sentir

surtout le déchirement progressif de mes chairs à vif, revivre encore les derniers instants du passé, ce moment d'avant, quand tout n'est pas dit, où l'on peut encore hésiter dans un fatras de désirs contradictoires. J'aimais tant la vie ! Ma vie ici, avec les miens, dans les querelles de village, dans l'odeur des blés mûrs, des cerisiers en fleur. Je sentais mes entrailles dévorées de désespoir, ma poitrine martelée de coups. « Jusqu'à présent, tu n'en voyais que l'ombre, me disais-je, maintenant, tu la connais toute, ta misère ! »

J'ôtai mon manteau, l'étalai à terre, arrachai la tête de mon frère du pieux et l'enroulai doucement dans le gros drap rugueux. Guillaume, enveloppé dans son chagrin comme un enfant dans ses langes, se tenait toujours près de moi. Il me regardait, les yeux exorbités :

— Que vas-tu faire maintenant, Louis ?

— Je vais leur faire payer ça cher, très cher, Guillaume !

Je me penchai vers lui, le serrai fort dans une grande brassée d'adieu qui englobait tout mon passé, tout ce village, toute cette vie-là, et tournai brusquement les talons en direction de la Grande-Chartreuse, les restes de Pierre sous le bras.

DEUXIÈME PARTIE

Belle Humeur, le hors-la-loi

5

Je chevauchai sans forcer ma monture depuis l'aube, me dirigeant vers le village frontalier de Pont-de-Beauvoisin. Une fois franchi le pont, je serai en Savoie, en terre étrangère, à l'abri.

Je n'avais guère mangé depuis plusieurs jours, les forces commençaient à me manquer et les quelques lieues qu'il me fallait maintenant parcourir n'étaient pas les moins dangereuses. Par ailleurs, ma jument boitait de l'antérieur gauche de plus en plus sérieusement, elle aurait du mal à soutenir un galop si le besoin s'en faisait sentir. Or, je ne l'ignorais pas plus qu'un chacun, cette frontière entre France et Savoie était le point de mire des gâpians : ils montaient la garde nuit et jour, sur la rive française du pont, guettant le passage des colporteurs et des contrebandiers, soupçonnant et détroussant le moindre gauthier qui résistait à leur avenant questionnaire et leur non moins aimable fouille.

Méditant sur l'avenir que j'entrevoyais, pour lors, assez sombre, je n'entendis pas venir la troupe à cheval qui s'engageait à vive allure dans l'étroite route, face à moi. C'est le bruit des sabots qui m'éveilla de ma rêverie, juste à temps pour que je puisse me jeter dans un fourré sur le bas-côté du chemin.

Un bûcheron qui travaillait à une coupe de bois, non loin de là, aperçut mon manège, mais ne broncha pas. Il regarda passer la troupe puis reprit son ouvrage. Je m'approchai de lui en tenant Gavotte par la bride.

— Eh ! L'homme ? Bien le bonsoir ! Que se passe-t-il ? Les gâpians sont en chasse ?

L'homme s'interrompit dans son labeur, laissant sa cognée engagée dans le tronc de l'arbre ; il se redressa, prit son temps pour me regarder tout en passant le revers de sa main sur son visage inondé de sueur, puis enfin, quand il m'eut jaugé, il parla :

— Bonsoir, monsieur... Oui, sont en quête de Bélissard et sa troupe qui sont passés là, hier. Les gâpians les attendaient, ils leur ont tendu une embuscade, la bataille a été rude, trois gâpians sont morts et un des hommes de Bélissard a été fait prisonnier.

— Mais Bélissard a eu tout le temps de retraverser depuis hier soir ! Je ne comprends pas ce que les gâpians espèrent sur ce côté-ci de la frontière ?

— On sait que le chef contrebandier n'abandonne jamais un de ses hommes, alors ils pensent qu'il va revenir le chercher. Ça les rend nerveux, ils s'agitent, ils fouillent partout.

Il me jeta un coup d'œil en biais, comme s'il craignait d'en avoir trop dit, puis se remit à abattre son châtaignier avec acharnement. Mais à la fin, comme je ne bougeais pas, il se redressa à nouveau vers moi.

— ... l'a l'air bien en peine, votre jument ?

Il s'approcha de Gavotte, souleva l'antérieur, palpa doucement.

— ... mmm foulé, on dirait ! Mieux vaut y aller à pied.

— Où sont-ils ?

L'homme me regarda à nouveau, avec un dernier relent de méfiance auquel je répondis par un franc sourire. Il tendit le menton en direction du sud.

— Dans la Combe, à une toute petite lieue, en longeant la rivière.

J'ouvris mon manteau, les pistolets à ma ceinture fixèrent l'œil du bûcheron. Je pris à mon tour la jambe de mon cheval dans mes mains et entrepris de la masser délicatement.

— Est-ce que les gâpians surveillent la rive sur toute sa longueur ? lui demandai-je en continuant de m'occuper de ma bête.

— Vous pourrez y arriver en prenant par le petit chemin, là, à mi-bois. Les gâpians ne le connaissent pas mais...

Il continuait de m'observer, attentif, tandis qu'avec mon mouchoir je tentais un bandage de fortune. Quand j'eus terminé, je me redressai et, sortant une pièce de ma ceinture, je lui demandai :

— Mais... ?

Il prit la pièce et l'enfouit très vite au fond d'une poche.

— Mais il y a encore une chose, articula-t-il lentement. Le contrebandier prisonnier, ils l'ont changé de prison ! L'est plus à Beauvoisin.

— Où l'ont-ils mis ?

— Chez un des leurs, bien gardé, à Saint-Génix, et ils attendent Bélissard ici.

Je lui tendis une autre pièce qu'il engloutit avec la même dextérité, puis je le saluai et pris le chemin qu'il m'avait indiqué en tirant Gavotte derrière moi. Non seulement il fallait que je trouve Bélissard et les siens, mais il fallait que je réussisse à le prévenir à temps de ce piège tendu à Beauvoisin qui allait le jeter dans les filets des gâpians grossis de leurs renforts, sans aucune chance de libérer le prisonnier. Tout en forçant l'allure autant que ces lieux inconnus et mon cheval boiteux me le permettaient, je me demandais si, dans ces circonstances, l'accueil du grand chef contrebandier serait à la hauteur de sa promesse et s'il prendrait en compte l'information dont j'étais le messager.

La nuit tombait, fraîche, quand je parvins au lieu indiqué par le bûcheron. C'était une sorte de coteau boisé qui descendait en pente sur le Guiers*. J'avais eu du mal à me frayer un passage entre les branches que je voulais éviter de casser pour ne pas indiquer ma piste, et je craignais aussi, en m'approchant trop près, que les hommes de Bélissard rendus nerveux ne me tirent dessus sans sommation. J'embouchai ma corne de brume et soufflai. Presque dans l'instant, une voix sèche, derrière mon dos, m'interpella :

— Qui es-tu et que veux-tu ?

---

* Le Guiers est la rivière frontalière qui séparait autrefois la France de la Savoie.

— Je suis Louis Mandrin de Saint-Étienne-de-Saint-Geoirs, je désire parler à Bélissard.

La voix dans mon dos reprit, plus calme :

— Attends ici. Je vais voir. La prochaine fois, dis plutôt : capitaine Bélissard.

Sa remarque me fit sourire, mais il ne le vit pas, tant il faisait sombre dans ce sous-bois.

Quelques instants plus tard, les feuilles bruissant doucement derrière moi, je compris que l'homme était de retour. Je me tournai et lui adressai la parole le premier.

— Alors, le Camus ? Qu'a répondu ton capitaine ?

Le contrebandier se tenait maintenant face à moi, le visage fermé, une torche à la main.

— Comment savez-vous mon nom ?

— On retient toujours le nom des braves ! Je l'ai entendu à Saint-Étienne-de-Saint-Geoirs quand vous êtes passés par là, fort à propos d'ailleurs ! Sans vous, je ne m'en serais pas sorti vivant !

Le Camus, d'une façon inattendue, se mit à rire.

— Ah !... C'était vous sur le toit avec les gâpians enfermés dans l'étable ? Suivez-moi !

Il continuait à commenter ce moment, comme s'il s'agissait d'un délicieux souvenir. Je lui donnais la réplique tout en le suivant de mon mieux dans les fourrés et les taillis de plus en plus denses.

— Moi aussi je me souviens de vous, le Camus, quand vous avez complètement déchaussé un gâpian et qu'il s'est mis à courir en chemise en agitant les bras en tout sens comme un épouvantail !

Nous étions parvenus à une grotte s'ouvrant dans le rocher et masquée par une lourde végétation d'arbustes. Le Camus me fit signe de passer.

6

La grotte où s'étaient retranchés les contrebandiers était éclairée par des torches posées sur des barriques de vin. Deux grosses planches faisaient une manière de table sur laquelle les reliefs d'un repas indiquaient que, s'ils couchaient souvent à la dure, ils mangeaient à leur faim et buvaient à leur soif qui avaient tout l'air d'être conséquentes !

Quand j'entrai, suivi du Camus, il se fit un silence lourd. Tous les hommes connaissaient la corne de Bélissard, et beaucoup, pour ne pas dire tous, s'étaient étonnés qu'il en ait fait don à un inconnu. Cependant, chez ces êtres où la modération et la modestie n'étaient pas des vertus cardinales, il en était peu qui ne m'aient témoigné leur admiration pour avoir engagé seul le combat contre les gâpians armés de Saint-Geoirs. Mais de là à me voir avec plaisir débarquer en pleine nuit dans leur retranchement, le soir d'une défaite, et alors qu'ils se préparaient à un nouvel et fort dangereux assaut, il y avait un grand pas : je n'étais pas des leurs et ne se fait pas contrebandier qui veut. Les règles de la contrebande, pour n'être pas écrites, n'en étaient pas moins strictes et précises. Un homme, avant d'être incorporé, devait être mis à l'épreuve. Il lui fallait faire la démonstration de ses capacités : courage, endurance, ténacité, audace et discipline.

Un autre sujet de préoccupation les tenait renfrognés, si ce n'est inquiets : leur chef bien-aimé, le grand Bélissard, était blessé. Bélissard avait été atteint à la jambe d'une balle de mousquet, il grimaçait de douleur et parlait avec difficulté en dépit des soins d'urgence qui lui avaient été prodigués et de ceux dont ses hommes l'entouraient, à chaque instant, avec attention, presque avec tendresse.

Bélissard me fit signe de venir m'asseoir à ses côtés, sur la sorte de banquette que l'on avait confectionnée pour qu'il pût y étendre sa jambe. Je vis sur-le-champ que la blessure était grave. Le pansement sanguinolent indiquait qu'il perdait beaucoup trop de sang, il aurait fallu faire un garrot et le transporter au plus vite de l'autre côté de la frontière chez un médecin pour faire extraire la balle. Le visage de cet homme rude, endurci aux combats, était tiré, défait de douleur. Il s'efforça cependant de me faire un accueil chaleureux, m'offrit à boire et trinqua à ma santé.

Une des fameuses règles de la contrebande voulait que l'on n'interrogeât pas sur les raisons qui y amenaient ; c'est pourquoi la question que me fit Bélissard surprit tout le monde et imposa un nouveau silence :

— Eh bien ! Belle Humeur ! Bienvenue parmi nous ! Ton visage m'en dit long sur les tourments que tu viens d'endurer ! Va ! Que t'ont-ils fait ?

Peut-être les hommes s'attendaient-ils pour une fois à voir leur curiosité satisfaite. Ce malheur qu'on allait leur conter servirait de mesure à celui qui les avait conduits là, eux aussi. C'est un fait ordinaire que la douleur des autres, si elle n'émeut pas nécessairement, semble cependant adoucir celle que l'on éprouve et répand toujours quelque odeur de consolation.

Dans l'atmosphère enfumée de la grotte, je vis apparaître la tête de Pierre figée là-bas, sur son pieux sanglant. L'antre ne fut plus que l'immense proue noire d'un navire chavirant dans la nuit. Le temps s'évanouit. Je fermai les yeux sur l'obsédant cauchemar... L'équipage, tourné vers moi, demeurait là, en suspens. Les mots qui allaient être dits, ce secret partagé, comme une sorte de jugement dernier, tisseraient à jamais la haine ou l'amitié. Chez ces êtres aguerris, rompus à toutes les misères, le verbe, l'éloquence plus que l'alcool même, tenait lieu de viatique. Ils connaissaient aussi la force du silence. Les mots ne m'étaient pas venus.

Quand je rouvris les yeux, toujours muet, le visage crispé, les mâchoires serrées, l'un après l'autre, ils firent les gestes de l'amitié. Jambon déposa devant moi une énorme cuisse de poularde accompagnée d'une grosse tranche de pain aillé, on me tendit un autre gobelet plein, une pipe. Le Camus, maladroit, tenta une plaisanterie.

— Bon ! Nous voilà au fait ! Passons aux choses sérieuses !

Bélissard, qui se repentait déjà de sa question malvenue, me donna une bonne bourrade dans le dos, voulut se redresser, ce qui lui arracha un cri de douleur. Tout en mangeant, nous parlâmes ensemble, je lui contai ma rencontre avec le bûcheron et les renseignements qu'il avait donnés. Il hocha la tête, termina son gobelet et se tourna vers ses hommes :

— Compagnons, dit-il, la nuit est largement venue. Il est temps ! D'après les renseignements de Belle Humeur, les soldats de la Ferme nous attendent en grand renfort à Beauvoisin où se trouvait retenu Prêt-à-boire, mais sachant que nous viendrions le rechercher, ils l'ont transporté à Saint-Genix chez un des leurs, où les effectifs sont moins importants. Leur plan aurait bien réussi si Belle Humeur n'était tombé sur le bûcheron de la Croix qui lui a tout raconté. Nous allons donc aviser.

Le Major s'était assis près de Bélissard, une carte dépliée sur les genoux, Jambon l'éclairait d'une torche. Bélissard continua avec peine.

— Nous nous partagerons en deux groupes pour leur donner le change. Ainsi croiront-ils que nous ne sommes pas informés du transfert de Prêt-à-boire, et ne se méfieront-ils pas ! Le Major prendra la tête du premier groupe pour Beauvoisin, avec une dizaine d'hommes ; moi je prendrai le commandement du reste pour Saint-Genix. Deux hommes resteront ici pour garder les mulets et les marchandises.

Le Major, de son nom Saint-Pierre, était à peu près le seul à pouvoir discuter ouvertement une décision de Bélissard ; encore, me dit-on par la suite, ne le fit-il qu'à cette occasion.

Il se leva, posa la carte sur la table. C'était un bel homme, de forte stature, blond de cheveux, les yeux bleus, les traits fins. Tout en lui annonçait l'homme retenu, réservé jusqu'à la froideur.

— Capitaine, dit-il, vous êtes sérieusement blessé, ne

croyez-vous pas qu'il serait plus sûr que vous nous attendiez ici ?

Bélissard lui coupa la parole :

— Major ! Je n'ai jamais laissé un de mes hommes aux mains de l'ennemi s'il était en mon pouvoir de le secourir !

— Nous irons le chercher, capitaine, insista le Major.

— Je tiens à le libérer moi-même, répondit-il sèchement.

La discussion était close, mais chacun se demanda comment Bélissard allait trouver la force de donner l'assaut dans l'état où il était, d'autant qu'il s'affaiblissait de minute en minute. Cependant, sans plus attendre, tous s'affairaient déjà. Les uns vérifiaient leurs armes, les autres étaient sortis préparer les chevaux. Bélissard me fit signe :

— Belle Humeur, me dit-il, tu vas m'aider à me mettre debout et tu me hisseras sur mon cheval, puis tu m'y attacheras solidement. Fais en sorte que l'on ne nous voie pas.

Les dix hommes du Major et les vingt de Bélissard se trouvèrent bientôt rangés en deux groupes comme convenu. Tous, à l'exception du Major et de Bélissard, montaient leurs bêtes à cru, de grosses cordes leur tenant lieu d'étriers. Bélissard se tenait assez correctement sur son alezane et, dans le discret clair de lune, on ne voyait pas qu'il y était littéralement ficelé. Il m'avait fait donner un cheval, un de ces petits chevaux de montagne, extrêmement robuste et rapide, et je me tenais près de lui, prêt à intervenir au cas où il aurait une défaillance.

Le Major s'approcha pour prendre les derniers ordres, aperçut les cordes, fronça les sourcils, mais Bélissard lui fit signe de se taire et entama d'une voix voilée :

— Nous, nous prendrons par la traverse, et vous aussi d'ailleurs, jusqu'à la Croix qui est à une toute petite lieue de Beauvoisin. Il faudra marcher doucement, le passage est étroit, attention à ne pas glisser ; fais démonter, si c'est trop obscur. À la Croix nous nous séparerons. Nous nous poursuivrons à travers bois et champs jusqu'à Saint-Genix, tandis que toi et les tiens ferez diversion à Beauvoisin. Quand vous entendrez la corne, repliez-vous et rentrez, en les semant bien sûr !

Bélissard leva son chapeau. C'était le signal du départ, auquel tous répondirent en levant le leur. Le Major vint à moi :

— Monsieur, je vous confie notre capitaine. Vous fermerez la marche jusqu'à la Croix. Soyez vigilant !

Un peu surpris de cette soudaine connivence, je lui répondis fermement :

— Soyez sans crainte, je serai où il faut, au moment où il faut.

Il se tourna complètement vers moi, me regarda bien droit :

— J'ai le sentiment que je peux vous croire, monsieur !

Puis il me salua de la tête, je lui rendis son salut et nous prîmes chacun nos positions, le Major en tête et moi fermant la marche à l'extrême bout de la colonne.

Le premier tronçon du chemin parcouru sans encombre, malgré l'obscurité, nos deux groupes se séparèrent. Le nôtre s'engagea dans une gorge étroite, un tout petit chemin de chèvres très abrupt qui rejoignait la vallée en pente assez raide. Avant de disparaître, le Major me fit encore un signe.

À un moment, le passage devint si impraticable qu'il nous fallut descendre de nos montures. Seul Bélissard, qui s'était placé à l'arrière, demeura ficelé à sa bête tandis que Jambon le guidait par la bride, son propre cheval suivant docilement les autres. La nuit était passablement sombre, les nuages voilant la lune fréquemment, ce qui ralentissait sérieusement notre marche. Cependant, il nous fallait nous hâter, le Major ne pouvait retenir très longtemps les gâpians à Beauvoisin et nous avions encore deux bonnes lieues à parcourir.

Jambon faisait de son mieux pour guider le cheval de Bélissard, mais ce dernier était à bout. Soudain, il s'évanouit, et malgré ses cordes, glissa brusquement sur le côté. Ce mouvement brutal et imprévu déséquilibra l'alezane qui fit un écart, précipitant Jambon dans le ravin. Il fut heureusement arrêté dans sa chute par une touffe d'arbustes à laquelle il se cramponna en m'appelant à l'aide. L'ouïe aux aguets, j'avais compris qu'il se passait quelque chose. Mais à ce moment précis, la nuit noire comme de l'encre ne me permettait pas de distinguer d'où venait l'appel. Je recouchai Bélissard sur sa monture, puis tentai d'évaluer, d'après la position du cheval, l'endroit où pouvait être tombé Jambon. Je l'appelai à mon tour et sa réponse tout en me rassurant m'indiqua qu'il était assez bas. La pente, raide à souhait, ne me permettait pas de descendre sans assurance. Je m'arrimai solidement à mon tour à une corde dont je fixai l'autre bout à un robuste sapin et je descendis ainsi, sans trop de peine, jusqu'à Jambon qui me guida vers lui de la voix. Il n'était pas blessé, un peu honteux seulement de s'être laissé surprendre.

Il me remercia en m'interrogeant immédiatement sur l'état de Bélissard qui l'inquiétait plus que tout. J'essayai de le rassurer :

— Bélissard n'est qu'évanoui. Nous allons vite rattraper le reste de la troupe qui doit être parvenue en bas. Là nous donnerons une bonne gorgée d'alcool au capitaine et nous aviserons. Allons vite !

Parvenus au bas du col, les contrebandiers s'étaient regroupés, attendant leur chef. Personne n'avait remarqué l'incident et lorsque nous les rejoignîmes à notre tour, Jambon n'en dit rien ni moi non plus, ce qui scella notre amitié. Mais cependant tous virent immédiatement que leur capitaine n'était pas bien en point. Jambon lui fit avaler une gorgée de liqueur, puis une autre. Il réagissait à peine. Nous étions presque à découvert, dans une petite clairière. Les chevaux énervés commençaient à s'impatienter et les hommes à perdre leur sang-froid quand Bélissard ouvrit enfin les yeux. Il leur fit signe d'approcher. Il articula lentement, d'une voix très faible, presque solennelle :

— Compagnons... je ne pourrai pas aller avec vous jusqu'au bout, mais je veux que vous me rameniez Prêt-à-boire. Posez-moi au pied d'un arbre, là-bas, à couvert.

Nous nous dirigeâmes vers le bois et posâmes Bélissard comme il l'avait demandé au pied d'un grand chêne. Il fit signe à Jambon de lui ôter son manteau et son feutre et me les tendit :

— Mets cela, Belle Humeur, tu assureras le commandement de l'expédition. Dans la nuit, les gâpians te prendront pour moi, c'est-à-dire pour cible. Mais ils auront peur, crois-moi ! Allez ! Allez promptement ! Je vous ai déjà fait perdre beaucoup trop de temps.

En enfilant le manteau vert à parements rouges de Bélissard, et en me coiffant de son feutre, j'étais certes ému, mais ce qui m'animait allait bien au-delà de cette émotion momentanée. La confiance spontanée du grand chef contrebandier me surprenait moins que quiconque : il avait su voir en moi, mieux que je ne le voyais moi-même, cette détermination arrêtée qui avait guidé tous mes actes depuis notre première rencontre. Il avait lu en moi, à livre ouvert, la résolution que j'avais prise ce jour-là :

« Ne te retourne pas ! Avance droit sur l'ennemi ! »

Le dos appuyé à l'arbre, la jambe posée sur une couverture, il me regardait enfiler ses habits. Je me baissai jusqu'à lui. Son visage, désordonné de souffrance, essayait encore de m'assurer de quelque chose qu'il ne parvenait pas à articuler.

C'est là que je me pris à aimer cet homme. Quelle ne devait pas être sa tristesse de ne pouvoir remplir ce qu'il estimait être plus que son « devoir » ou son « honneur », car le lien qui l'unissait à ses compagnons dépassait de loin ce banal sens militaire qui veut que la guerre engrosse les hommes de qualités qui leur font défaut dans le quotidien ! Ni devoir ni honneur obligatoires commandités par l'uniforme dans le regard de Bélissard, mais plutôt une trace d'inquiétude paternelle, et le regret de ne pouvoir assumer la plus grosse part des risques.

— Capitaine ! Je vous le ramènerai dans deux heures au plus tôt, trois, au plus tard.

J'avais dit cela sans vraiment réfléchir au temps, mais avec l'assurance tranquille que je parviendrais à mes fins.

Je me relevai et donnai mes premiers ordres.

— Jambon, tu resteras avec ton capitaine. Refais-lui son pansement plus serré, après avoir nettoyé la plaie à l'alcool et fais-le boire de temps en temps. Couvre-le d'une autre couverture très chaude.

Je lui tendis la corne.

— Sonne, si tu es en danger, le Major est plus proche, il t'entendra.

Je remontai en selle et pris la tête de la troupe. Je ne prêtai aucune attention aux réactions de mes compagnons, je ne sais même pas s'il y en eut, cela m'intéressait peu. Je nous savais, pour lors, tous animés du même désir ; les problèmes, s'il y en avait, viendraient ensuite, après l'action.

Un train d'enfer nous mena jusqu'au bourg. Là, nous ne

cherchâmes plus à être discrets : sabre au clair nous fonçâmes en hurlant sur la maison du brigadier. Elle était bien gardée, par une dizaine d'hommes en armes bien éveillés, pas assez cependant pour nous arrêter.

Prêt-à-boire était enfermé dans la cave de la maison, où il nous attendait, paisible. Il ne fut surpris que d'une chose : sous le manteau et le chapeau de Bélissard, c'était le cavalier à la faux de Saint-Étienne-de-Saint-Geoirs ! Il n'eut pas le temps de poser de question, il enfourcha son cheval, la bouche encore béante de surprise et se jeta à notre côté dans la cavalcade frénétique qui nous ramena en un éclair au pied du chêne.

En cours de route, j'avais envoyé un homme s'enquérir d'un médecin. Il se laissa conduire, presque de bon gré, jusqu'au pied de l'arbre où gisait Bélissard à peine conscient.

Les autres nous rejoignirent très vite, ils avaient aussi un blessé : le Major. Une balle de gâpian lui avait traversé le bras.

Le médecin pansa les deux blessés et ne nous cacha pas que Bélissard ayant perdu beaucoup de sang, sa vie dépendait de la rapidité et de l'efficacité des soins qu'on pourrait lui prodiguer. Il fallait extraire la balle au plus vite, mais elle était trop profondément installée pour qu'il pût, là, dans la nuit, pratiquer, sans un gros risque, cette intervention délicate qui demandait une bonne heure. La blessure du Major était moins dangereuse du fait que la balle était ressortie, mais il ne pouvait plus tirer ni se battre si le besoin s'en faisait sentir.

C'est ainsi que je pris le commandement général de la troupe et la décision de ramener la nuit même tout le monde en Savoie. Ce que le Major approuva :

— Ce que vous venez d'accomplir est heureux, monsieur ! Mais ce qui vous reste à faire maintenant n'est pas une mince affaire ! Considérez que je suis à vos côtés dans la mesure où mes forces me le permettront.

Les hommes de Bélissard m'observaient, me jaugeaient. Tous considéraient, à juste titre, qu'ils avaient plus d'expérience que moi en matière de contrebande. Bien sûr, je leur avais rendu Prêt-à-boire, comme convenu, sur des indications que j'avais apportées à temps et qui s'étaient avérées utiles voire indispensables, mais la responsabilité qui m'incombait maintenant mettait leur vie à tous en jeu. Traverser seul une frontière clandestinement paraît assez simple, ça l'est moins avec trente hommes à cheval, suivis de vingt-cinq mulets ; et avant de parvenir à cette frontière nous avions quelques lieues à couvrir, en pleine nuit, avec deux blessés. Ces hommes avaient combattu une partie de la journée et de la nuit, il ne fallait pas abuser de leurs forces ni m'abuser sur mes compétences. Cependant, il était clair qu'il me fallait les ramener tous et tout de suite ! Demain matin, les gâpians se seraient fortifiés, auraient fait appel à des renforts, et ils nous traqueraient dans toute la région.

Je réunis les chefs et, d'une voix ferme, je leur exposai mon plan, tout en leur demandant de m'éclairer sur les points que je jugeais obscurs. Tous s'y employèrent de bonne grâce, Prêt-à-boire plus que tous. Maintenant qu'il était au fait du comment et du pourquoi, il me considérait avec des yeux d'enfant admiratif.

Le Major acquiesça à toutes mes décisions sauf la dernière. Si sa blessure à lui le faisait souffrir, elle ne l'empêchait pas de se tenir à cheval. Il n'en était pas de même pour Bélissard qu'il allait falloir prendre en croupe. À qui pouvais-je le confier sans faire de jaloux et sans avoir sans cesse le souci de sa personne ? Je décidai de m'en charger.

Le Major ne manifesta pas de critique ouverte et vint s'asseoir près de moi durant la petite heure de repos dont je nous avais gratifiés tandis que Jambon et Carnaval étaient retournés à la grotte pour chercher les hommes et les mulets.

— Si vous vous chargez d'un tel poids, me dit-il en s'asseyant à son tour contre le gros chêne, je vous céderai mon cheval qui est plus robuste que le vôtre.

— Merci, monsieur, l'interrompis-je. Il m'a semblé que vous n'approuviez pas que je me charge de votre chef ? Pourquoi ?

— C'est prendre beaucoup de risques en une seule soirée. S'il arrivait la moindre chose à Bélissard, que vous le vouliez ou non, les hommes vous en tiendraient pour responsable.

— Et moi aussi ! Nous voilà donc tous bien d'accord. Reposez-vous sur moi : nous passerons !

Je vis dans le clair de lune comme une sorte de sourire se dessiner sur le beau visage sombre de Saint-Pierre.

— Vous êtes assez convaincant, il faut bien l'avouer. Je me tiendrai près de vous, si vous le permettez, ainsi vous aurez deux éclopés au lieu d'un sous votre aile ! ajouta-t-il presque gaiement.

Je compris que son intention était surtout de partager avec moi, de son mieux, les risques de l'aventure. Le Major était un homme remarquable par la taille mais aussi par le caractère. Je ne connus que bien plus tard son histoire personnelle et la détresse qui l'avait amené à se joindre aux contrebandiers, alors qu'il était noble, ce qui ne me surprit pas. Il portait cela au-delà de son visage et de ses manières, jusque dans ses actes. Mes succès fulgurants auraient pu me valoir l'inimitié d'un moins grand caractère que le sien.

La brume envahissante annonçait une belle journée, il nous restait deux heures à peine avant le lever du soleil. Le passage de la frontière à Beauvoisin me parut d'aussi bon augure que celui des Thermopyles. Cependant, il n'y avait pas chez nous de traître Éphialtès et j'aurais parié que nos Perses dormaient sur leurs vieux lauriers ! À tout hasard, j'envoyai quand même cinq hommes en éclaireurs.

Le chemin ainsi ouvert, nous aurions pu passer sans encombre avec les éléphants d'Hannibal.

Le jour pointait quand les sabots de nos chevaux frappèrent le sol savoyard.

7

Au Lion d'Argent, on ne pleurait pas la chandelle. Dès la tombée du jour, l'auberge scintillait de mille feux, dorant les cuivres, éclairant d'une douce quiétude l'hospitalière maison de Gauthier. On n'économisait pas le bois non plus ; dans l'âtre de la grande salle, une flambée familiale réchauffait dès l'aube les os du plus frileux tandis que les fumets délicats des marmites de Nicole, la femme de l'aubergiste, alertaient les papilles les plus engourdies. Nicole m'avait alloué la chambre bleue, la plus belle du logis, qu'elle réservait aux « amis » ; entendez aux proches de Bélissard, pour qui le lieu était aussi un dépôt d'armes et de marchandises.

Allongé dans l'ottomane de velours bleu de nuit, je songeais, en aspirant la fumée délicate du bon tabac suisse, que mes débuts dans la contrebande prenaient des allures de conte de fées. Tout s'y prêtait : de la rencontre fortuite du bûcheron à mon arrivée ici, où l'on me traitait en prince. Ma chambre n'avait rien de modeste, elle était même du plus cossu : tapis de haute laine fine, d'un doux bleu pâle, lourdes tentures de velours sombre, murs couleur ciel, ornés de bonnes copies de Watteau, tout cela harmonieusement accordé à un mobilier de facture rustique mais fleurant bon l'abeille et la lavande. Il ne manquait que quelques livres que l'on me fit immédiatement porter ainsi qu'une écritoire, les gazettes de Hollande et d'Avignon et les feuilles de Paris.

Dans le cabinet de toilette attenant, agrémenté d'une cuve à bain, je m'étais décrotté de la boue de ces semaines d'errance, puis je m'étais contemplé dans le miroir. L'image renvoyée ne me ressemblait plus. Ces traits harmonieux, presque doux, ces yeux rêveurs s'étaient métamorphosés, figés, dans une expression presque farouche. C'est que je n'avais eu jusque-là que des vues modérées, au point qu'elles en étaient vagues, à force de vouloir ignorer mes sentiments intimes. Qu'avais-je gagné à me priver du goût de la révolte ? La mort de Pierre et la misère pour les miens.

De tous les plaisirs qui m'avaient abandonné, le sommeil était pour moi l'un des plus précieux. Chaque nuit solitaire me plongeait nu, désarmé, dans une houle de détresse que je craignis bientôt d'affronter. J'avais perdu ma gaieté, cette gaieté follement contagieuse qui faisait partie de mon arsenal de vie, j'allais sombrer dans la tristesse. Or, qui que l'on soit, triste, on vit mal. Le triste riche n'est qu'un pauvre homme, le puissant triste, un impuissant, et la somme des deux, accablante.

Il me fallait arrêter le dessein de ma vie. Porter des coups justes et foudroyants. Dominer, dominer surtout l'instant pour le vivre en homme de conséquence, peser son poids de conscience dans cette balance faussée. Mais d'abord il fallait survivre, survivre à cet abîme de fiel, à ce tourment de vengeance qui dévorait la minute à venir, m'assiégeait sans relâche, intraitable, et détruirait bientôt mon élan pour la vie même.

Dans ces nuits sans sommeil, j'entretenais avec moi-même un dialogue infernal. Je n'avais guère à définir ma cible, elle s'était désignée d'elle-même. Mais il me fallait maintenant l'atteindre, et sans cesse, et sans relâche. Éventrer ce nœud de vipères, détruire leurs forteresses, leurs temples, leurs demeures, briser leurs autels et s'emparer de leur veau d'or. Je n'avais guère en commun avec les contrebandiers que cette haine des Fermes, je me servirais de leurs forces, de leurs connaissances, de leur violence ; je crèverais cette hydre énorme de vampires, je les réduirais à néant. Tous les moyens me seraient justes et bons. Je tiendrais front aux foudres du ciel et ma révolte ébranlerait la terre qui les chérissait.

Je me relevais en sueur et passais le reste de la nuit, en veille, à déchiqueter en pensée mes ennemis, à leur faire rendre gorge, à extraire le vice de leurs entrailles.

La sauvagerie féroce qui avait immolé Pierre, avait réveillé en moi, corrosive, l'insupportable douleur de la soif, une soif de revanche que rien, je le savais, ne pourrait étancher. Dans les arènes ouvertes, comme un festin de roi, s'offrait à ma merci la horde sans scrupules des hommes des Fermes. Je me vis soudain responsable de leur présent et de leur futur. Je leur distillerais, à mon bon plaisir, tout le mal que je pourrais. J'exercerais sur eux la tyrannie des César et des Néron. Je leur imposerais mes crimes avec opportunité, je consommerais avec délice l'art de me faire redouter et respecter. Nul besoin désormais de repousser mes envies meurtrières dans le rêve, acculé à la souffrance et au gémissement ; et surtout je laisserais loin derrière moi cette idée de pardon dans laquelle la religion a enlisé les simples pour mieux les étouffer.

Pourtant je n'avais nulle intention velléitaire d'aller commettre un nombre illimité d'assassinats aveugles qui ne laissent que le regret de tous ceux que l'on n'a pu commettre.

On m'a souvent voulu sanguinaire : c'est en tout cas ce que braillent bien haut des plumes trop empressées à joindre leur chœur à celui des juges des Fermes dont la robe sanglante ne craint pas de s'enorgueillir de forfaits légaux. Non. Je n'ai aucun goût pour le sang, ni pour la mort, ne leur en déplaise ! Si la destruction de mes ennemis a dû passer par là, je me suis arrangé pour que ce fût le plus rarement possible. J'optai tout de suite pour le ridicule, la honte, le déshonneur affiché de mes ennemis. Je les voulais sous ma férule, les issues bloquées, leur pactole asséché.

À cette entreprise, j'allais consacrer à présent chacun de mes jours.

Cette décision prise, je libérai mes nuits, et il me fut loisible d'en jouir à nouveau à ma guise. L'homme qui se considérait aujourd'hui, dans ce miroir, était en pleine connaissance de lui-même. Il me restait à humer cet air nouveau, à m'en repaître. Je n'étais qu'à quelques dizaines de lieues de chez moi, au bout du monde, sur une terre d'asile où j'allais devoir réapprendre à vivre.

Je m'installai chez Gauthier comme en un repaire de flibuste, aux trois quarts sur le qui-vive et le reste au débotté ; mon intention n'étant pas de commencer par prendre des habitudes.

Quelques jours après mon introduction dans la place, Gauthier m'avait envoyé son marmiton pour me prévenir que j'avais de la visite et que l'on m'attendait en bas pour souper. Je m'étais harnaché de mes pistolets et de mon sabre, j'avais enfoncé profond sur mon crâne mon feutre noir à larges bords et j'étais descendu dans la grande salle tout en me demandant qui me voulait voir à cette heure. Je craignais que ce ne fût de mauvaises nouvelles de Bélissard que j'allais voir chaque jour depuis notre heureux retour. Mais, avec ce genre de blessure, on ne peut présumer de l'avenir, la convalescence est longue et les imprudences fatales.

Quelle ne fut pas ma surprise de retrouver là, attablés devant une belle chopine de pétillant, rasés de près, richement vêtus, le Camus, Carnaval et Prêt-à-boire, subitement transformés en bons pères de famille, sortant de demeures confortables où les attendaient femmes et enfants. Ils parlaient haut, gaiement, sans se soucier de la mine de leurs voisins qui, d'ailleurs, les saluaient courtoisement. De toute évidence, les contrebandiers menaient, en Savoie et en Suisse, une vie de bons bourgeois paisibles et respectables.

J'étais ébahi. Je restai là un instant au seuil de la porte, me demandant si mon goût pour la rêverie ne me jouait pas un tour ; s'il s'agissait bien des compagnons d'hier, de ces bandits armés jusqu'aux dents, avec lesquels j'avais donné un assaut furieux à Saint-Genix.

Le Camus s'étouffa de rire en me voyant si surpris ; la face rougeaude de Carnaval s'épanouit davantage, quant à Prêt-à-boire, il s'accrochait désespérément à son gobelet qu'il serrait entre ses deux poignes presque propres, le torse secoué de gros rires joyeux. Je ne pus que les rejoindre dans leur joie. Nous étions au fond tous très heureux d'être rentrés, ensemble, sains et saufs.

— Salut amis ! dis-je en m'asseyant à leurs côtés.

Le Camus sortit de son beau manteau de laine fourré une gazette qu'il lança sur la table en me disant :

— Belle Humeur ! Il paraît que vous aimez lire. Alors dites-nous ce que cela raconte. Les nouvelles vont vite de ce côté-ci des montagnes.

C'était la *Gazette de Hollande*. Je connaissais l'article signé de Villars, dans lequel notre expédition était effectivement relatée avec force éloges et descriptions pompeuses. Il s'en donnait à cœur joie et fixait rendez-vous prochainement à ses lecteurs pour la « suite des exploits du capitaine courageux, Louis Mandrin ». Suivait en bas un petit croquis qui ressemblait comme un frère à celui qu'il avait crayonné à Saint-Étienne-de-Saint-Geoirs, chez moi, il y avait à peine trois mois, une éternité déjà !

J'allais découvrir la Savoie avec la surprise, sans cesse renouvelée, de cet incroyable accueil que l'on y réservait aux contrebandiers français, à une portée de mousquet de notre frontière : les villageois nous acclamaient comme des héros de Fontenoy*, les femmes se précipitaient pour nous offrir à boire. En serait-il de même en Suisse ? Je pensais à mon jovial gazetier et à son cordial sourire. Peut-être le reverrais-je bientôt ?

Quelques jours plus tard, alors que j'étais au milieu des préparatifs de ma première campagne, fixée aux premiers jours de janvier, on m'annonça une autre visite, celle du magistrat Piolenc de Thoury. Cet homme, président du parlement de Grenoble, n'était autre que le fils de celui qui venait de me condamner à la roue quelques semaines auparavant.

Je le reçus poliment, dans la salle de l'auberge, mes pistolets sur la table. Mais sa démarche, loin d'être celle que l'on aurait pu lui prêter en de telles circonstances, était au contraire des plus amènes. Après m'avoir présenté ses vœux de bienvenue sur ce territoire étranger, il m'offrit de me prêter son château de Rochefort-en-Novalaise**, qui, disait-il, convenait fort bien

---

* Fontenoy : le 11 mai 1745, le maréchal de Saxe fut victorieux des troupes anglo-hollandaises commandées par le duc de Cumberland.

** Situé en Savoie à 2 lieues de la frontière.

à mes affaires en raison de sa proximité avec la frontière française ; puis avec force politesses et égards, abordant sans transition le terrain des affaires, il me proposa de financer partiellement ma campagne, moyennant un bénéfice sur les ventes qui restait à fixer. Décidément, j'étais persan !

J'acceptai tout de monsieur Piolenc de Thoury : son château, sa cave et ses deniers que je lui promis de faire prospérer aux dépens des Fermes. Quitte à passer pour démodé, ce serait ma façon à moi de lui cracher à la face en y prenant plaisir. L'humiliation et le déshonneur de tels hommes compenseraient un peu, sans jamais l'équilibrer, une partie des horreurs qu'ils faisaient subir aux autres.

Nous nous quittâmes fort civilement. Sa femme, la présidente, se tiendrait à ma disposition pour me faire visiter Rochefort quand je le souhaiterais ! Je lui donnai rendez-vous pour le mois suivant, il me fallait d'abord aller acheter des chevaux à Romont, puis sans doute, faire moi-même une visite de reconnaissance en France, jusqu'à Rodez, étape limite de ma campagne.

8

À la mi-octobre, quand Bélissard fut totalement remis de sa blessure, nous partîmes ensemble faire les achats de bêtes et de marchandises nécessaires à notre prochaine expédition pour laquelle il avait, lui-même, décidé de se mettre sous mon commandement général.

Cette randonnée à travers la Suisse et la Savoie me fut un enchantement. Je passai avec mon compagnon le temps délicieux de l'approfondissement d'une amitié spontanée.

Nous allions à petit train par les chemins sinueux de Savoie, bordés d'immenses rochers suspendus au-dessus de nos têtes ou de hautes et bruyantes cascades. Puis, nous nous perdions à nouveau dans l'obscurité d'un sous-bois ouvrant joyeusement sur une fraîche prairie. La nature, plus sauvage et plus dominée, formait un étonnant éventail de toutes saisons, climats, cultures.

Je sentais renaître en moi la sérénité dont j'avais besoin pour mener à bien mon projet. Bélissard, en dépit des apparences, avait l'âme grave sans mélancolie, paisible sans nonchalance, il était content d'être.

La variété, la beauté de ces montagnes, sans cesse renouvelée, me donnait à croire que je parcourais un monde nouveau. Les gens et leurs coutumes différentes, les plantes et les paysages inconnus, tout cela mêlé à l'air pur, subtil, qui avive les couleurs, efface les distances, concourait à la magie du moment.

Au matin du deuxième jour, nous quittâmes le relais avant l'aube pour parvenir à Romont dans la soirée. Les chevaux frais nous avaient conduits à bon train jusqu'au sommet d'un rocher où nous regardâmes le soleil se lever. Nous fîmes halte, sur cette hauteur, entre deux vallées, pour nous reposer et nous restaurer un peu.

Bélissard assis, les jambes repliées, semblait plongé dans une profonde méditation, les yeux perdus au loin vers la lumière naissante. À nos pieds, le village commençait à s'éveiller dans une rumeur confuse. J'éprouvais à me livrer ainsi, sans paroles, sans gestes, aux promesses de l'aube, une jouissance physique.

Tout en coupant un oignon sur sa tranche de pain, Bélissard se parlait à lui-même :

— Tout a un sens caché dans ce monde, hommes, animaux, arbres, oiseaux, montagnes, ravines et même cette aube. Tout est à déchiffrer. Mais nous n'arrivons souvent que trop tard à cette intelligence ; tout en serait tellement plus aisé. Toi, Louis, tu as fait ce grand pas.

Bélissard ne m'appelait jamais par mon prénom. Depuis que je vivais dans la certitude, j'avais renoncé, moi aussi, à mon identité légale.

Le souvenir m'empoigna. Une odeur de terre, pleine de fraîcheur, parfumait l'air. Je vidai ma poitrine d'un soupir long et douloureux. Il continua de parler et je l'écoutais, passif, douleurs, rêves et souvenirs enchevêtrés, comme si la tragédie qui se jouait en moi ne m'était plus accessible.

Nous étions attendus pour le dîner chez maître Henni, un riche marchand de draps qui commerçait avec les Indes. Nous devions prendre chez lui ces étoffes brodées d'or et d'argent en soie fine, des indiennes véritables, car il existait bien sûr de très bons ateliers d'imitation de ces toiles. Le port des unes et des autres était banni en France, les femmes n'en raffolaient que davantage ! Les mousselines, les flanelles et le tabac suisse constituaient le reste de notre cargaison de contrebande habituelle à laquelle nous adjoignions souvent des livres pour les réformés.

Ce me fut une grande joie enfantine d'entrer dans une maison suisse, à l'intérieur d'une famille. Les maisons helvétiques ressemblent à des églises un jour de Fête-Dieu. L'aspect austère, l'atmosphère recueillie, l'odeur de fleurs et de bois ciré, tout s'y conjugue pour en donner l'illusion.

Anne-Lise, la fille de la maison, nous fit asseoir autour d'une table bien garnie et nous servit elle-même. Elle avait un air direct et libre qui m'étonna fort. J'admirais sa spontanéité enjouée et toute son allure. Sa robe de siamoise rayée blanche et rose laissait à tout bout de champ apparaître le jupon de dessus, de coton fin à fleurs brodées, sous lequel on devinait le molleton douillet du jupon de dessous. Elle portait de jolis bas de laine blanche à coins rouges dans de mignons souliers garnis de faveurs roses dont le talon me parut bien haut. Et au-dessus de tout cela, un visage rond et rose auréolé d'une cornette de mousseline de dentelle bien plissée qui laissait, à dessein je crois, échapper quelques mèches de cheveux de couleur mirabelle, du plus agréable effet.

Chez nous, les paysannes ne portaient plus que pour les fêtes souliers et bas. Les étoffes étaient plutôt grossières et l'hygiène méconnue. La jeune fille la plus prometteuse se transformait vite en vieille femme cassée par les lourds travaux. Dans certains de nos villages reculés, le laboureur, qui n'avait qu'une vache, attelait ensemble sa vache et sa femme ; et pour s'entraîder, on prêtait au voisin aussi bien l'une que l'autre !

Le repas fut gai ; la jeune fille apprécia notre compagnie et son père, maître Henni, qui voyageait beaucoup, nous entretint des nouvelles de la capitale du monde, comme il disait, où il venait de séjourner.

— À Paris, on s'agite beaucoup ! Cette affaire des billets de confession affaiblit le pouvoir du parlement, sans cesse cassé de ses fonctions par le roi, ou plus précisément par le pouvoir occulte de l'Église qui cherche ainsi à distraire l'opinion de ses maux.

— Ne croyez-vous pas que, ce faisant, le clergé veut surtout éviter de se soumettre à l'impôt de Machault, soutenu en cela par les Jésuites et le Dauphin et la Reine ? demanda Bélissard dont la connaissance des affaires du royaume m'ébaubit.

— Bien sûr, reprit Henni. Savez-vous qu'un curé du diocèse d'Amiens s'avisa même de dire à son prône que « *ceux qui* *étaient jansénistes eussent à sortir de l'Église, et qu'il serait le premier à tremper ses mains dans leur sang* ». Il eut l'audace de désigner quelques-uns de ses paroissiens à qui les plus fervents constitutionnaires jetèrent des pierres pendant la procession* !

— Qu'en disent les philosophes, Voltaire ? Diderot ? demandai-je.

— Voltaire ? reprit maître Henni qui avait l'air fort bien informé de cela aussi, Voltaire semble avoir réussi à s'échapper des griffes du roi de Prusse. Il lui aurait renvoyé sa clé de chambellan et la croix de son ordre ! Frédéric** aurait tenté une réconciliation, mais le petit homme capricieux est resté intraitable ! Il s'est proprement sauvé puis s'est fait arrêter à Francfort, mais il a réussi à gagner l'Alsace et le voici de nouveau en errance. On dit qu'il va venir ici, en Suisse, bientôt.

Tout le temps que dura cet échange d'informations, je me demandais comment un homme de cette condition, un simple marchand, pouvait être au fait de toutes ces affaires. Sans doute laissai-je percer mon étonnement un peu trop à l'évidence, car Henni répondit sans que j'aie eu le loisir de formuler poliment ma question.

— Jeune homme, vous avez à Paris, en dépit des difficultés et des tracas qui les guettent, beaucoup de nouvellistes, de gazetiers. L'un de mes amis, et c'est à lui que je dois tout ce que je sais, Marmontel, est très introduit. C'est un homme de grand mérite, gazetier à ses heures. C'est par lui que j'ai connu Diderot, Helvétius, Grimm et Jean-Jacques Rousseau qui se fait de plus en plus sauvage. Ce fut à l'occasion d'un dîner de garçons chez le baron d'Holbach.

Anne-Lise nous apportait des cafés au fumet délicieux, dans de petites tasses de porcelaine de Chine dont chacune racontait une histoire.

— À ce dîner, poursuivait son père, régnait une liberté franche, mais c'est un mets dont Rousseau ne goûte que très sobrement ! Personne, mieux que lui, n'observe la triste

---

* Il s'agit du curé de Rosainvilliers, diocèse d'Amiens.
** Roi de Prusse. Il avait invité Voltaire à sa cour.

maxime : « *Vivre avec ses amis comme s'ils devaient être un jour ses ennemis.* » Il venait là de remporter le prix d'éloquence à l'académie de Dijon, avec ce beau sophisme où il a imputé aux Sciences et aux Arts les effets naturels de la prospérité et du luxe des nations. Nous débattîmes longuement aussi sur le thème suivant : « *Le rétablissement des Sciences et des Arts a-t-il contribué à épurer les mœurs ?* » D'après Marmontel, ce fut Diderot qui poussa Rousseau à répondre par la négative. Mais je vous ennuie...

— Comment était Rousseau ? demandai-je, me souvenant que j'allais bientôt revoir Divernois, dont il était l'ami.

Henni hésita un moment, étonné à son tour que je porte intérêt aux philosophes, ces hommes du royaume les plus lucides et donc les plus persécutés*.

— Il était d'une politesse timide, quelquefois même obséquieuse et tenant de l'humilité. Mais dans sa réserve craintive, on voyait de la défiance, une attention ombrageuse. Il se communiquait à peine et jamais ne se livrait complètement. Cependant, il était toujours amicalement accueilli. Comme on lui connaissait un amour-propre inquiet, chatouilleux, facile à blesser, il était choyé, ménagé avec la même attention et la même délicatesse dont on aurait usé à l'égard d'une jolie femme un peu capricieuse et vaine, à qui l'on aurait voulu plaire. Il travaillait alors à la musique du *Devin du village* et il nous chanta au clavecin les airs qu'il avait composés. Nous en fûmes charmés, c'est un grand musicien !

Nous quittâmes à regret la douce demeure de maître Henni que je revis toujours ensuite avec le même plaisir.

La liberté de pensée des philosophes, des protestants et de tout un chacun, me parut à ce jour la vertu primordiale d'une communauté humaine digne de ce nom, le bienfait le plus nécessaire, qui passait bien sûr par la connaissance, terre encore et toujours réservée à quelques rares élus.

J'emportai dans mon bagage, avec plaisir, les livres pour les réformés que me confia maître Henni à l'intention de ses frères

---

* Diderot, succédant à Voltaire et pour d'autres motifs, venait à peine d'être libéré de prison.

protestants. Cela fit désormais partie de ma contrebande et je m'en réjouis, bien que je n'aie moi-même aucun penchant pour aucune chapelle. Je vis là le moyen de creuser une sérieuse entaille dans le monolithisme archaïque imposé par la religion catholique et ses fanatiques.

Chemin faisant, Bélissard me plaisanta là-dessus.

— Je ne savais pas que tu penchais pour la Réforme ! me lança-t-il en manière de provocation.

— Et tu avais raison de ne pas le croire, car je ne suis ni pour ni contre ! Mais je suis hostile à l'autoritarisme aveugle, à tous les trafiquants de la conscience qui ne prennent appui sur la religion que pour mieux s'assurer le pouvoir temporel. Cela étant, il est vrai que l'on trouve bien souvent chez les protestants, et sans doute à cause des tracasseries qu'ils n'ont cessé d'endurer, une fraternité, une ouverture d'esprit, un sens de l'homme et de son intégrité que j'apprécie.

— En sorte que le service que nous leur rendons, nous nous le rendons à nous-mêmes ? interrogeait malicieusement Bélissard.

— À nous et à tous les hommes de bonne volonté ! conclus-je, moitié ironique, moitié réfléchi.

— Belle pensée, Belle Humeur ! Je ne te savais pas non plus tant porté sur la philosophie.

— Je ne suis qu'un gros curieux, rien de plus !

La préparation de cette campagne nous prit nuit et jour, pendant de longues semaines encore. Il fallut choisir les chevaux, les mulets de bât, les marchandises. Sous mes ordres, j'aurais cinq chefs : Bélissard, Piémontais, le Camus, Carnaval et le Major. Chacun d'entre eux choisirait à son tour dix hommes et des valets de bât pour conduire les mulets. Dans l'ensemble, j'aurais à conduire pour cette première expédition une centaine d'hommes et autant de bêtes. Il me faudrait pour cette fois me reposer sur les relais et les éclaireurs de mon illustre prédécesseur, car si j'avais bien préparé ma campagne, ses étapes, ses relais sur les cartes, je n'avais pas pu le faire complètement sur le terrain.

Ce n'est que dix jours à peine avant la fin de l'année que

nous regagnâmes l'auberge de Gauthier. Elle était envahie par les dragons suisses qui prenaient régulièrement table chez lui.

— Aucune importance, m'assura Bélissard, au contraire ! Ils se font un plaisir de nous entretenir nos espingoles et nos pistolets et parfois même de nous en fournir.

Je remarquai aussi que ces soldats cherchaient souvent à se lier d'amitié avec les contrebandiers, non pour s'approvisionner en tabac, car en Suisse ils n'en avaient pas besoin, mais par goût de l'aventure. Ils leur faisaient raconter leurs campagnes, disaient les leurs. « Une guerre est une guerre ! » concluaient-ils invariablement avec un raccourci admirable.

Dans la chambre bleue, que m'avait soigneusement réservée Nicole, m'attendaient quelques lettres, les gazettes et un billet de madame Piolenc de Thoury, la présidente. Le billet était parfumé et gracieux. Y étaient jointes les clés de Rochefort-en-Novalaise.

9

Situé à quelques lieues de Chambéry, dominant la vallée du Paluel, Rochefort-en-Novalaise est un solide château dressé sur un coteau parmi les vignes et les plants de tabac. Les murs massifs de grosses pierres sont égayés d'une toiture en tuiles rouges.

De la terrasse, à l'ouest, on découvre un magnifique point de vue sur deux lieues, jusqu'à la frontière française et, à l'est, séparée par un vallon, se dresse la puissante Chartreuse.

Une glorieuse allée de noyers conduit à une cour extérieure qui tient du verger avec ses cerisiers et ses pommiers bien entretenus. Le château se compose d'un corps de bâtiment, percé en son centre d'une porte charretière et agrémenté de deux tours massives et carrées. Celle de gauche abrite la chapelle et celle de droite constitue un logis tout à fait accueillant que je décidai d'adopter sur-le-champ, laissant au seigneur du domaine ses appartements situés dans le grand corps de bâtiment.

Le château me plut car il était bien protégé par une lourde grille en fer forgé, fermant une porte à claire-voie, renforcée de l'intérieur d'une lourde poutre que l'on faisait mouvoir en l'enfonçant dans un trou pratiqué dans l'épaisseur du mur ; à droite et à gauche de cette entrée, de petites fenêtres à grilles de fer, fermées intérieurement d'un volet de bois plein.

Mon logis était vaste, mais modeste. Les deux grandes pièces aux murs blanchis, aux grosses poutres apparentes, au lourd mobilier rustique, avaient quelque chose de monacal qui me convenait tout à fait. Les paysans, qui logeaient dans le grand corps de bâtiment, se mirent à mon service pour la cuisine et l'entretien de mes chevaux, si bien que je me trouvai désormais l'esprit libéré de toutes les contingences matérielles.

Cet hiver s'annonçait aussi rigoureux que le précédent. Pour ma prochaine et première campagne, l'épreuve serait rude et d'autant plus décisive.

J'étais à peine dans la place et à quelques jours de la date fixée pour notre départ, quand Jeannette, la fermière, vint m'apporter un pli cacheté du marquis de Saint-Albin-de-Vaulserre, mon très illustre et très proche voisin. Nous nous étions croisés à plusieurs reprises depuis mon installation au château, et le marquis m'avait toujours fort civilement salué, m'invitant à lui venir rendre visite « dès que mes affaires me le permettraient ». Je m'en étais ouvert à Bélissard qui s'amusa encore de ma naïveté :

— Le marquis investit souvent, et avec largesse, dans nos affaires contrebandières, et il est à cultiver pour une autre raison : son château de Saint-Albin se trouve à cheval sur la frontière, moitié en Savoie, moitié en France, ce qui permet un passage fort aisé des marchandises. Comprends-tu le fin mot de l'histoire, Belle Humeur ?

Le pli contenait une invitation à me rendre à la soirée que donnait la famille Vaulserre le 31 décembre. J'hésitai longuement à accepter cette invitation officielle et ce n'est que quand j'appris que Divernois et Villars seraient de la partie que je décidai de m'y rendre, non sans quelque inquiétude toutefois. Proscrit en mon pays, je me trouvais ici, subitement, en commerce avec la meilleure société, entouré, choyé par des gens qui auraient pu et dû me faire arrêter, puisque la Suisse et la Savoie entretenaient officiellement de bons rapports avec la France et avaient même, à maintes reprises, signé des accords pour la poursuite et l'arrestation des contrebandiers. Tout ceci me fut une judicieuse initiation à la science politique dans laquelle j'aurais aussi mon pion à jouer.

Le 31 décembre, je parvins à la tombée du jour aux abords du château de Saint-Albin, illuminé comme une crèche de Noël, encombré de toutes parts de carrosses et de voitures. Par précaution, je postai quand même mes six canonniers à l'entrée et le Major dans l'antichambre, puis je pénétrai vaillamment dans le salon de réception, éblouissant de mille chandelles.

La maîtresse de maison, une petite brunette enjouée, me fit beaucoup de grâces et me confia derechef à madame Piolenc de Thoury, ma logeuse. Au bras de ma présidente, qui m'entraînait dans son sillage fortement parfumé, je me fis immédiatement l'effet d'une sucrerie à consommer sur-le-champ.

Dans la grande salle bourdonnante du brouhaha des invités arrivant maintenant par groupes, avaient été dressées trois tables de vingt couverts, en demi-lune autour du gigantesque feu pétillant dans la cheminée ornée d'un superbe linteau de pierre sculpté aux armes de la famille. Les lustres aussi jetaient leurs feux, ployant sous des centaines de bougies, rehaussant la blancheur des nappes, faisant miroiter l'argenterie, le vermeil des couverts et le délicat ciselé des verres soufflés.

Les toilettes des femmes, toutes de soies, de dentelles et de mousselines venues de loin, ornées de diamants et de pierres précieuses, auxquelles les hommes conjugaient harmonieusement les velours et les satins délicats de leurs habits, donnaient à ce décor de conte un éclat qui me submergea, non de joie, mais d'une brusque amertume que j'eus peine à réprimer sur mon visage.

La présidente me lâcha enfin le bras, comme à regret, en me le serrant un peu plus qu'il ne convenait. Villars me sauta dessus à ce moment même, alors que je songeais à quitter ces lieux où je ne me sentais pas à l'aise.

— Mon cher Belle Humeur ! Si l'on ne m'avait averti de l'endroit où vous vous cachiez, je ne vous aurais pas trouvé et pas reconnu. Quelle élégance ! Décidément, vous portez aussi bien le satin saumon et la dentelle que la casaque de cuir ! Savez-vous que toutes les femmes demandent à vous être présentées, que les pères s'inquiètent pour leurs filles et les maris pour leurs femmes ?

Il me fit asseoir d'autorité à l'une des tables et prit place près de moi. J'aperçus alors, presque en face de nous, Divernois, qui me salua en souriant. Il était entouré à droite et à gauche de deux jeunes filles aussi belles que différentes. Avant même que je ne l'aie interrogé, Villars, qui prenait décidément son rôle de mentor très au sérieux, me dit :

— La jeune fille qui est à la gauche de notre ami est Odile Divernois, sa fille ; et l'autre, c'est Diane de Fleury. Les deux jeunes filles sont amies depuis leur plus tendre enfance. Dieu sait qu'elles n'ont rien d'autre en commun ! L'une est fille d'un gros marchand, riche et puissant certes, mais l'autre porte un grand nom de France et est reçue à la Cour.

Tandis qu'il me parlait sans même prendre sa respiration, je regardais Odile et sa compagne. Odile était une blonde très pâle, à l'air fragile, aux yeux d'un bleu liquide, au sourire timide, un peu las ; elle pouvait avoir dix-huit ans au plus ; l'autre, à l'inverse, était toute en couleurs : des joues roses dans une carnation mate, un regard bleu marine qui survolait avec désinvolture l'assemblée, une épaisse chevelure sombre rehaussée en boucles. Quand la petite présidente vint prendre place à mon côté, il me sembla que je faisais les frais des plaisanteries de ces deux jeunes pucelles. Je m'appliquai en vain à suivre leur conversation, sans en avoir l'air, quand madame Piolenc de Thoury, après avoir posé à plusieurs reprises sa main sur la mienne, s'enhardit jusqu'à me faire du pied, puis s'empara tout bonnement de ma jambe. Nous n'en étions qu'au potage !

La table était grandiose et la chère exquise. En me servant de bisque d'écrevisses, je fis un sourire à ma charmeuse et détaillai son visage qu'elle avait fort joli. Je jugeai qu'elle avait passé la trentaine, mais allègrement ; la mouche coquine au coin de la bouche, les bras et les épaules arrondis, toute une consistance potelée, annonçaient le goût du plaisir, son pied me disait le reste.

Nous en étions à peine au turbot à la crème qu'elle m'avait fixé rendez-vous. J'en fus heureux et presque soulagé, car je pus ainsi me consacrer aux autres invités.

Villars, qui devait avoir les yeux et les oreilles partout, me prit à partie tout bas :

— Dansez-vous ?

— Oui, mais après un aussi bon souper, je crains fort...

— Ne buvez pas trop, dégustez et gardez un peu de sens

pour l'après-souper, vous allez être assailli. Tenez ! Je vais vous dire une anecdote qui va vous distraire un peu de ces anguilles à la tartare dont vous vous allez étouffer.

— Villars, lui demandai-je, quel est le nom de cette amie d'Odile Divernois ? Il me semble qu'elle ne cesse de se moquer de moi.

Les carpes et les goujons succédaient aux anguilles et tout cela, fort arrosé des meilleurs vins de Bourgogne, si bien que la gaieté s'était mise de la partie, les rires fusaient de toutes parts. Villars s'amusa de ma gêne et de ma curiosité, il voulait me faire languir, le bougre !

— Écoutez-vous mon anecdote ? Lorsque nous nous quittâmes, à Saint-Étienne-de-Saint-Geoirs, lors de cette mémorable rencontre, je fus à Paris et j'allai comme tout le monde boire un café au *Procope* où je rencontrai quelques-uns de vos philosophes préférés, Diderot et Voltaire et un autre, moins connu mais non moins attachant : Helvétius.

— Celui qui travaille pour les Fermes ?... tout en refusant le bénéfice des saisies et qui conseille aux laboureurs de s'unir pour se révolter ?

— Exactement ! Je vois que vous vous tenez au fait de vos ennemis ! Mais pour en revenir à Helvétius, Diderot lui a confié, sans doute pour le punir, l'article de l'*Encyclopédie* sur la Ferme générale. Le soir même, je le trouvai à nouveau chez madame du Deffand*. La pauvre marquise, frappée de cécité depuis plusieurs mois déjà, s'est remise aux mains de mademoiselle de Lespinasse pour recevoir, ce qui amène la société qui les entoure à un certain rajeunissement.

Je ne voyais pas où il voulait en venir et l'impatience me gagnait d'autant que les donzelles continuaient leur manège et de plus en plus à mes dépens, me semblait-il. Rien n'exaspère autant qu'un rire que l'on ne peut partager. Les deux jeunes damoiseaux dont elles étaient flanquées me semblaient des plus pédants dans leurs habits framboise et moutarde, bouillonnants de dentelles et poudrés à frimas avec une élégance de cour qui me parut toute factice ; j'allais perdre mon sang-froid en dépit

* Qui tenait un salon littéraire.

du petit pied vigilant de la présidente qui ne cessait de me rappeler à l'ordre toujours plus impérativement. De l'autre côté, Villars m'assourdissait de son bavardage que je ne percevais plus. Qu'étais-je venu faire ici ? S'empiffrer les jours de fête a toujours été l'ambition naturelle du pauvre, un bien-être grossier qui venge des privations quotidiennes. Mais comme il m'a toujours déplu d'adhérer à quelque système que ce fût, non seulement je n'entrai pas dans la gaieté générale, mais bientôt les odeurs, les saveurs, les substances perdirent leur attrait. Villars, cette fois, me tapait sur le bras avec insistance :

— ... quand le jeune Dupin, qui lui tournait autour depuis tout un moment, l'invita à la chasse à Chenonceaux. Vous savez, ce château royal que son père le gros Fermier général vient d'acquérir ?

— Alors ? interrogea la présidente avec un air gourmand en me jetant son décolleté à la figure.

— Alors, continua Villars, la jeune personne, avec toute la malice de son sexe, versa délibérément son chocolat dans les chausses brodées d'or du jeune prétentieux, en lui répondant vertement : « Pardonnez-moi ! Chenonceaux ? Vraiment ? Qu'y ferez-vous ? Le roi ? Méfiez-vous, cela n'a guère réussi à monsieur Fouquet ! Non, si vous tenez à la propriété de cette résidence royale, utilisez-la comme il sied à des gens tels que vous. Un gros débarras, par exemple, où vous aurez loisir d'entasser tout ce que vous volez aux braves gens ! »

Les rires éclataient de toutes parts. Les demoiselles n'avaient pas suivi ou faisaient semblant de n'avoir pas suivi cette conversation, tout occupées qu'elles étaient à badiner avec leurs petits soupirants de comédie.

— Et comment se nomme cette jeune fille courageuse et spirituelle ? demandai-je dans un instant de silence qui tourna les regards de notre côté.

Villars me regarda en clignant des yeux, content de son effet ; il tenait enfin tout son auditoire. Le président Piolenc crut bon d'avancer :

— Il faut qu'elle ait un bien grand nom ou une bien grosse influence pour oser s'attaquer de front au plus riche serviteur de Louis XV, ou plutôt à sa maîtresse, la Pompadour.

Villars ne répondait pas. Il se faisait resservir à boire, attendant que la mousse déborde. On lançait des noms, presque tous les grands noms de France défilèrent :

— Madame d'Estrades ? Madame de Choiseul ? La princesse de Condé ?

Villars hochait la tête en s'amusant comme un fou. Enfin il décida :

— Vous l'avez là, à quelques pas de vous !

— Diane de Fleury ! s'exclama la première ma petite présidente émoustillée. Oh ! à une jeune étourdie si jolie, on pardonnera tout cela.

Diane qui avait écouté un instant, tout en ne me quittant pas des yeux, reprit sa conversation avec ses amis dès qu'elle eût entendu prononcer son nom. Villars continuait à donner des précisions :

— Je ne pense pas qu'elle cherche à se faire pardonner ! Je crois, au contraire, qu'elle a, d'elle-même, renoncé aux fastes de la Cour et à la vie parisienne et regagné ses terres de province.

Le festin tirait à sa fin et dans un remue-ménage de chaises où ma voisine me révéla les trois quarts de ses seins, qui valaient d'ailleurs la peine d'être admirés, on se leva pour aller danser. Villars me chuchota la fin de l'anecdote :

— En fait, la jeune impertinente n'a fait que précéder l'ordre de Sa Majesté. Car le Dupin n'a pas manqué de s'aller plaindre à son royal créancier qui ne peut rien lui refuser et a tout simplement banni Diane sur ses terres, temporairement, bien entendu.

— Où cela ? demandai-je d'un ton aussi neutre que ma curiosité tout en éveil me le permettait.

— À Belley.

Les violons que l'on percevait à peine durant le repas, tant l'ambiance était animée, reprirent le dessus comme une invitation à se rendre au bal sans tarder. Je me rapprochai insensiblement du groupe de l'impertinente demoiselle sous prétexte d'aller saluer Divernois. J'entendis quelques bribes de la conversation qui, comme je l'avais soupçonné dès le début, me concernait au premier chef :

— ... ce que je sais, moi, disait Odile doucement, du métier de contrebandier, a fort à voir avec celui de corsaire ; si ce n'est que ce sont les braves gens qui profitent de leurs marchandises, qu'ils vont vendre à moindre prix au grand désespoir des Fermes dont le profit se voit diminué d'autant.

— Une sorte d'épicier de grands chemins, conclut, méprisante, mademoiselle de Fleury, et il me sembla que l'impertinente avait haussé le ton à mon approche.

Divernois vint à mon devant, je le saluai profondément ce qui me permit de me reprendre. Décidément, je manquais par trop de contrôle pour affronter les demoiselles de salon. J'entendis encore, malgré moi et en dépit de Divernois qui me parlait :

— ... mais quelle élégance, ton pirate des bois, ma chère Odile, et de l'allure, du port ! et avec cela une figure passablement agréable. Un véritable héros de fables !

J'étouffais de rage. Je sortis voir mes canonniers et saluer le Major. L'air était frais, nous approchions à grands pas de minuit et de cette nouvelle année. J'avalai une grande gorgée de cet air nouveau pour me ressouder l'âme au corps. Une sorte de boule de feu tournoyait dans ma poitrine. Le Major s'approcha :

— Voulez-vous rentrer, capitaine ?

Depuis que Bélissard m'avait passé les pleins pouvoirs, tous mes compagnons et les étrangers ne m'appelaient plus qu'ainsi. J'étais à mon tour capitaine général des contrebandiers de France. Ici, cela sonnait encore plus cocassement qu'ailleurs.

— Non ! Je me dois encore d'honorer une certaine invitation de la présidente, un rendez-vous galant auquel je ne saurais me soustraire.

— Je vois, reprit pour une fois en riant le Major, une sorte de loyer en somme. Mais où et quand ?

— Ici même, dans le petit pavillon sur la droite, à l'entrée. Quand vous m'y verrez partir, suivez-moi discrètement et soyez vigilant.

— Craignez-vous une embûche ?

— Non ! Je crains le mari !

Nous nous mîmes à rire à gorge déployée et cela me fit le plus grand bien. Je retournai, rasséréné vers les salons où la petite présidente piétinait d'impatience. Dès qu'elle m'aperçut, elle se jeta littéralement dans mes bras sous prétexte que je me devais de lui faire danser son menuet favori. J'avais peu pratiqué cet art sensuel, aussi me laissai-je guider par ma cavalière tout en observant les autres danseurs autour de moi ; la musique aidant, je ne me sortis pas mal à mon avantage de ces premiers pas. À la fin de la danse, la présidente me coula un regard caressant.

— Vous dansez avec grâce et charme, madame, lui assurai-je. C'est un plaisir de vous servir de cavalier.

— J'aimerais vous parler en détail de ce point, dit-elle finement, dans une heure... une demi-heure plutôt, je ne saurais vous faire attendre davantage, murmura-t-elle.

L'affaire conclue, je me dirigeai vers la fille de Divernois qui se tenait calme et discrète près de son père. Sa robe de mousseline vaporeuse, d'un vert d'eau, la rendait encore plus diaphane. Elle ressemblait à la reine des fleurs de ce vieux conte dont raffolait ma petite Marianne.

Le menuet cadencé interrompit mes réflexions mais sans doute pas assez vite car la demoiselle qui m'observait, silencieuse d'abord, se mit à m'interroger :

— Vous sentez-vous triste, monsieur, vous que l'on surnomme Belle Humeur ? Est-ce moi qui vous chagrine ?

Elle avait lancé sa question sur un petit ton de coquetterie aimable. Je lui souris, en observant, à quelques pas de nous, sa compagne qui ne nous quittait pas des yeux, toujours avec cette pointe de provocation qui m'incita à me faire plus galant que je n'en avais l'intention avec la petite fée.

— Bien au contraire ! J'apprécie votre retenue et son mystère. J'aime peu les filles osées dont l'audace ne cache bien souvent qu'une faiblesse de caractère.

Elle sourit encore, à demi, sachant pertinemment à qui la pique était destinée.

— Savez-vous, lui dis-je, à qui vous me faites penser ? C'est sans doute cela qui vous aura fait croire à ma mélancolie.

— Comment pourrais-je percer un cerveau comme le vôtre, monsieur ? Il me paraît tout aussi inaccessible que ces grands monts qui nous entourent !

— Connaissez-vous ce conte de la reine des fleurs ? C'est à cette histoire que je songeais en vous regardant évoluer dans votre robe irréelle.

Elle me regarda, étonnée sans doute qu'un brigand pût avoir de tels songes ou de telles lectures ou de pareils souvenirs. Je pris la voix suave et mystérieuse des conteurs, tout comme je le faisais autrefois pour endormir les petits :

— Aucun savant n'a pu fixer de façon exacte la situation géographique du palais de la fée aux fleurs. Les uns le placent dans le royaume de Cachemire, les autres au sud-est de l'Inde ; ceux-ci sur les plateaux de l'Himalaya, ceux-là dans l'île de Java, au milieu d'une de ces forêts inextricables où la profonde végétation le protège contre les regards et les recherches des curieux. Dans ce jardin magique se trouvent réunies les fleurs de tous les climats et de tous les pays : la fleur éclatante des tropiques voisine avec la violette, l'aloès auprès de la pervenche ; des palmiers déploient leurs éventails au-dessus des massifs d'acacias aux fleurs blanches lavées d'une teinte vermillon, des jasmins et des grenadiers confondent leurs étoiles argentées et leurs flammes pourpres ; la rose, l'œillet, le lis, mille fleurs que l'œil aperçoit se groupent en un tapis harmonieux ou décrivent les plus heureuses arabesques. Toutes ces fleurs vivent, respirent et se parlent en échangeant leurs parfums... Une multitude de ruisseaux fuient en capricieux méandres au pied des arbres, l'onde coule sur des diamants où vient se briser et chatoyer la lumière en reflets d'or, d'azur et d'opale ; des papillons de toutes formes et de toutes couleurs se croisent, se poursuivent, se posent ou s'élèvent sur leurs ailes d'améthyste, d'émeraude, d'onyx, de turquoise et de saphir... On se sent enveloppé comme d'une harmonie universelle qui ressemble à ces musiques que l'on entend en rêve : c'est la brise qui soupire, murmure, joue et chante sa mélodie à chaque fleur. Le palais qu'habite la fée est digne de ces merveilles. Un génie de ses amis a ramassé ces fils d'argent et d'or qui voltigent, aux premières matinées de printemps, d'une plante à l'autre ; il les a tressés, enroulés, façonnés en festons élégants. Les murs du palais sont bâtis de ce filigrane enchanté ; des feuilles de rose forment les toits, des liserons bleus comblent les interstices du léger treillis en un rideau derrière lequel la fée se laisse mollement bercer sur son hamac de lianes entrelacées, tout en contemplant paresseusement ces autres fleurs mystérieuses que l'on nomme les étoiles...

La danse terminée, une autre lui succéda ; je tenais toujours Odile en haleine. Elle me regardait comme une enfant, de ses grands yeux pâles.

— Et qu'arriva-t-il ? me demanda-t-elle.

— Il arriva que ces fleurs vinrent réclamer à leur reine ce qu'elles appelaient : la liberté.

— Et cette liberté consistait en quoi ? N'étaient-elles pas totalement libres déjà ?

— Voyez comme on peut se tromper sur ce sujet ! Car leur liberté à elles consistait en tout autre chose : elles voulaient revêtir la forme humaine afin de pouvoir juger par elles-mêmes de l'exactitude des vices et des qualités que leur prêtaient les hommes.

— Que fit alors la reine de ces ingrates créatures ? interrogea encore Odile alors que je la raccompagnais près de son père.

— Elle laissa ces fleurs abusées monter sur la terre et se réveilla le lendemain matin dans un jardin désert. Une fleur cependant était restée, savez-vous laquelle ? demandai-je aux yeux étonnés de Divernois qui cherchait vainement à saisir le sens caché de mes dernières paroles.

— Ma foi non, monsieur le conteur ! et comment la connaîtrions-nous puisqu'elle n'est pas venue jusqu'à nous ?

— C'est la bruyère, symbole de l'amour éternel.

D'autres invités nous avaient rejoints et, parmi eux, Diane qui se retrouva près de son amie, comme par enchantement.

— Ainsi pour vous, nous sommes toutes plus ou moins ces fleurs velléitaires qui n'ont pas su apprécier le bonheur d'exister dans un monde parfait et lui ont préféré celui-ci ? Votre conte est triste. Je suis sûre qu'il ne se termine pas ainsi.

— Mon Dieu, mademoiselle, chacun de nous peut lui donner la fin qui lui convient !

Divernois m'avait pris le bras, il voulait me présenter à quelque homme d'importance, mais Odile ne lui en laissa pas le temps.

— Monsieur Mandrin, voici mon amie Diane de Fleury, ma chère et plus ancienne compagne, nous nous connaissons depuis le berceau.

Je saluai la très jolie amie d'Odile légèrement, non sans remarquer l'air maussade des deux cavaliers à talons rouges qui faisaient mine de m'ignorer. Ils m'amusaient fort avec leurs manies précieuses, leur air suffisant de petits marquis de cour, qui pratiquent le parler redoublé des petits maîtres, cette sorte de bégaiement distingué qui cache, trop souvent, une grande calvitie intérieure, tandis que la perruque poudrée ruisselle de boucles et de rubans !

J'invitai Diane de Fleury pour la prochaine danse, mais je crus qu'elle allait refuser tant mon rire l'avait vexée. La bienséance, piquée de quelque curiosité, l'emporta. Elle se laissa conduire et virevolta dans mes bras tandis que je prenais mon temps pour l'observer. Sa poitrine gracieuse de jeune fille palpitait de plus en plus vite, ses joues se coloraient au fur et à mesure de mon examen. C'est elle qui perdit pied la première, gênée par l'indiscrétion de mon regard :

— Vous ne dansez pas trop mal pour...

—... pour un épicier ?

Elle rougit jusqu'aux yeux, ce qui leur ajouta encore de la vivacité. Ses mains s'étaient crispées dans les miennes et j'en profitai pour resserrer mon étreinte. Le jeu m'amusait. Je forçai le barrage :

— Quel âge avez-vous, mademoiselle ?

— Cela ne se demande pas ! me lança-t-elle, vraiment scandalisée cette fois.

— Dans l'épicerie, tout est permis !

Je tenais mon poisson à l'hameçon.

— Décidément, les épices vous portent à la tête, se moqua-t-elle maladroitement.

Son embarras me toucha. J'avais été sensible plus qu'il n'y

paraissait à l'anecdote de Villars, et Diane était magnifiquement belle. Je la sentais frémir dans mes bras quand par hasard mon souffle l'effleurait. Enfin j'arrêtai mon regard dans le sien, sans rire, plusieurs secondes, la danse allait finir et je lui dis :

— Au diable les épices et votre âge ! Laissons cela aux gens qui n'ont rien à se dire !

Elle devint brusquement d'une pâleur de cire et sa main chercha à échapper à la mienne. Je la serrai doucement avec une envie folle d'y poser mes lèvres.

— Ne soyez pas choquée, lui dis-je, vous espériez bien qu'étant brigand, j'étais audacieux ? Vous avez passé votre souper à vous moquer de moi de loin. Croyez-vous que je ne sache pourquoi ?

— Vous me serrez trop, monsieur ! On nous regarde !

La musique cessa, j'entraînai Diane jusqu'aux rafraîchissements. Nous prîmes un sirop d'orgeat et je la guidai jusqu'à la terrasse où je savais que nous serions plus à l'aise, moins soumis aux regards des curieux.

La nuit était claire, étoilée, mais il faisait froid maintenant. Sa robe de délicate soie grège voletait au vent. Elle buvait sensuellement, en tendant ses lèvres pleines, bien ourlées, vers son verre. Elle faisait cela mollement, se délectant du plaisir avec attention. Son cou frêle et pur, un peu tendu, se détachait de la poitrine qu'une mouche insolente faisait apparaître plus blanche encore. L'aréole des seins était presque visible et je la devinais très bistre.

Sentant mon regard s'alourdir, elle se ressaisit et me détailla à son tour en frissonnant, de froid peut-être. Je pris les verres, les posai, ôtai ma veste et lui en couvris les épaules en y laissant un peu peser mes mains.

— Audacieux et pressé ! Où allez-vous exactement et par quel chemin comptez-vous y parvenir ? me lança-t-elle sans sourire.

La question était à double ou triple sens, mais comme un contrebandier n'indique jamais sa route à l'avance, je choisis celui qui m'intéressait. Faire la cour à une petite péronnelle est toujours piquant quand on sait que des bras amoureux vous attendent et je disposais encore d'un moment avant l'heure galante.

— Je vais où je l'entends et toujours par le plus court chemin, c'est ma devise !

— Vraiment ? me jeta-t-elle en me défiant.

— Définitivement ! Je ne puis m'offrir autre chose. Mes chances de mourir dans mon lit, de vieillesse ou de maladie, sont infimes ! Fort de cette certitude, j'ai franchi sans peine cette marge de flottement, que l'on appelle l'espérance, et que tout homme traîne après lui.

Nous regardions la nuit en parlant à voix basse, comme en confidence.

— J'aperçois clairement le rivage, repris-je en pointant le doigt à l'horizon, et je sais exactement ce qui m'y attend. Je tire avantage de cette connaissance de moi-même et des autres ; elle m'a donné une intelligence des êtres et des situations qui en compense la douleur... Le bonheur de vivre prend tout son poids chaque seconde.

Diane fixait le lointain sans bouger, son visage s'était presque figé. Elle ressemblait de profil à une statue antique. Sa main qui pendait le long de sa robe se trouva tout naturellement dans la mienne. Je la portai à mes lèvres délicatement et parlai encore. Chaque syllabe effleurait sa peau délicate, la faisait frémir. Je dis, comme un serment :

— Je pousserai jusqu'à la limite de la raison ma soif de vengeance et mon goût immodéré des êtres.

Il se mit à neiger à petits flocons épars. Diane me retira sa main ou plutôt son bras que j'avais accaparé tout entier contre moi.

— Quand partez-vous ? me demanda-t-elle d'une voix lointaine.

— Dans deux jours. Pourquoi ? Me regretteriez-vous déjà ?

Elle haussa les épaules un peu agacée, voulut passer sa main dans ses cheveux en un geste familier, se retint. Puis elle se tourna vers moi, bien franchement, avec ce que je jugeai être son vrai visage, grave et doux. La voix profonde, bien timbrée, n'était plus celle d'une jeune évaporée. J'avais en face de moi une femme ; j'en fus ébloui et jaloux. Qui l'avait faite ? Qu'avait-elle vécu ? Avec qui ? Comment ?

Les flocons plus épais, plus serrés, rejoignaient la blancheur poudrée de sa gorge. Demain la campagne serait enneigée et les cols rudes à franchir.

Je craignis qu'elle ne prît froid, mais je ne voulais pas rompre le charme du moment. Comme si elle avait percé ma pensée, elle reprit :

— Écoutez-moi ! Je reviens de la Cour, où l'on peut apprendre beaucoup de futilités et quelques rares choses d'utilité. J'en sais une qui vous concerne, la voulez-vous connaître, ou vous êtes-vous déjà placé si haut que...

— Peut-être, mais je ne vois pas d'assez haut pour tout confondre.

— Si vous êtes déjà si populaire ici pour votre coup d'éclat, sachez que vous ne l'êtes pas moins à Paris où la *Gazette de Hollande* et le portrait que Villars a fait de vous circulent dans tous les cafés et salons à la mode.

— Vous connaissez la maladie, y a-t-il un remède ?

— Ne vous flattez pas d'être devenu si populaire. Un coup d'éclat, s'il n'est suivi de beaucoup d'autres et d'une victoire éclatante, ne peut vous mener qu'au pire ! Or, le comte d'Argenson, le ministre de la Guerre...

— Oh ! Les ministres ne m'intéressent guère, mademoiselle, surtout quand ils soutiennent ou organisent le pillage des campagnes.

— Mais vous êtes monstrueux d'orgueil ! Laissez-moi terminer.

— Seul un monstre peut se permettre de voir les choses telles qu'elles sont et entreprendre d'y remédier.

— Comment se fait-il qu'avec une telle clairvoyance, vous soyez aussi insensible aux évidences politiques ? Ce que vous avez réussi on ne vous le pardonnera pas, tôt ou tard vous serez pris, ou utilisé, ou les deux. Vous n'aurez pas le temps d'accomplir la tâche que vous vous êtes fixée et qui n'est pas la contrebande, je le sais !

— Aussi insensible, dites-vous ? C'est qu'apparemment il y a un sens que je n'ai pas, une fibre qui me manque.

Je voulais m'approcher d'elle, la toucher, en dépit de toute convenance.

— Diane ? repris-je. Votre conversation me plaît et je sens bien que nous n'aurons pas le loisir de la terminer en paix ici ! Voyons-nous demain matin à onze heures au moulin de Saint-Georges.

Un valet vint alors vers nous et s'adressa à Diane :

— Madame la comtesse, monsieur de Saint-André vous fait dire qu'il se tient à votre disposition si vous désirez vous retirer.

Elle fit non de la tête et se retourna vers moi avec un demi-sourire de complicité. La protection lointaine de son cousin, son hostilité à peine voilée, tout cela ajoutait du piment à l'entretien.

— Êtes-vous mariée, comtesse ? interrogeai-je plus que cavalièrement, je le reconnais.

Diane se contenta de hausser les épaules à nouveau en me riant au nez, puis elle reprit là où je l'avais interrompue et je craignis qu'elle n'eût pas entendu l'heure et le lieu du rendez-vous.

— Le ministre, donc, va dégager des fonds avec le concours des Fermiers, bien sûr, mettre tout un système en place contre les contrebandiers et acheter des espions supplémentaires.

Assis sur la balustrade, lui faisant face, je la regardai de ce moment comme un être peu ordinaire. Une fulgurante question me traversa l'esprit, tandis qu'elle m'expliquait avec des gestes retenus, des mots simples, qu'il me fallait prendre garde, faire attention à moi... Mon sort ne lui était donc pas indifférent ? Mais pourquoi ? Elle n'avait aucun intérêt dans mes affaires ! Peut-être avait-elle alors quelque compte à régler avec ce ministre de la Guerre ou avec quelque autre Fermier général ? Ou, peut-être, n'étais-je qu'un pion pour elle comme pour les autres sur l'échiquier des idées qu'il est de bon ton d'avancer ?

Je me tenais tous ces discours pour retenir l'élan aussi puissant qu'inexplicable qui me poussait vers elle, ma spontanéité m'avait joué trop de mauvais tours.

Le vent se mit à souffler en rafales, elle se blottit dans ma veste, puis me fixa en reculant, les yeux brillants de colère soudaine. Avait-elle lu dans mon expression ce que je ressentais ? Il est vrai que j'étais encore un homme simple, sans artifice, auquel il était aisé de lancer à la figure toute cette armée de « mouches » et de « grains de beauté » factices, taillés en cœur, en lune, en carré, en croissant ou en comète ! Tous ces trompe-l'œil, tous ces appâts frelatés, qui vous disent : suis-je assez bon menteur pour parvenir à vous donner l'illusion d'être ce que je ne suis pas ?

— M'avez-vous entendue, monsieur ? me demanda-t-elle d'une voix brève.

Je lui saisis la main doucement, la retournai, l'embrassai fort dans la paume. Je pris tout mon temps pour en respirer le parfum léger, un peu citronné. Elle se troubla, chercha à se dégager. Je l'en empêchai un instant encore, puis relâchai mon étreinte en relevant la tête et en plantant mes yeux dans les siens. Les petits tressaillements qui les parcouraient et qu'elle essayait de contrôler en serrant un peu la mâchoire me dirent qu'elle n'était pas insensible à mon baiser.

— Tout un système contre moi, dites-vous ? Diable ! Cela est bien sot, en effet. Comment se fait-il que l'on se soit privé de vos services ? Une seule femme eût suffi.

Diane me jeta pratiquement ma veste à la figure, tourna sur ses petits talons de soie dans un grand froufrou parfumé et me lança sa pique sans se retourner :

— Dépêchez-vous ! Votre présidente s'impatiente.

À peine eut-elle disparu que je regrettai ma stupide plaisanterie. Je l'avais blessée, elle ne viendrait pas au rendez-vous. Je tentai de la retrouver dans la foule, ce fut peine perdue, elle avait dû partir sur-le-champ.

J'allais me retirer à mon tour, pensant qu'il était temps de me rendre à mon rendez-vous galant, quand maître Henni vint à moi bras tendus. Nous échangeâmes de fort bonnes paroles, il me fit présent d'un petit recueil des écrits de Vauvenargues qu'il avait apporté tout exprès à mon intention. J'en fus touché.

— Il a quelque chose de vous, vous avez quelque chose de lui, me dit-il en manière de dédicace.

Flatté et surpris, j'ouvris le petit livre relié de cuir doré sur tranche, et tombai par hasard sur une maxime qui devait me servir de viatique : « [...] *quand on a fait courageusement et jusqu'au bout ce que l'on a jugé bon de faire, on peut se passer de la réputation, de la gloire et même du succès. Mais la gloire et le succès viendront tôt ou tard à ceux qui seront supérieurs à la gloire et au succès.* »

Je glissai les maximes du grand moraliste dans ma poche et invitai la jolie petite Henni à danser.

Quelques instants plus tard, je quittai à mon tour le salon toujours très illuminé, pour rejoindre madame Piolenc de Thoury dans le petit boudoir attenant à la chambre d'invités que les Vaulserre avaient mis à sa disposition.

La petite présidente m'attendait dans un déshabillé de gaze blanche qui s'accordait à merveille avec le satin rose rayé de blanc, fleuri de petits bouquets de pervenches, du boudoir. Elle s'approcha de moi et les volants de ses manches en point de Bruxelles s'affolèrent comme des oiseaux apeurés, voltigeant en tout sens.

Avant que je n'aie pu placer une politesse, la servante m'avait installé dans une bergère à oreilles du même satin fleuri et servi un verre de liqueur de la Côte-Saint-André dont je raffolais. Tandis que je me demandais comment elle avait bien pu se procurer cette liqueur de mon pays et de mon goût, la présidente finissait sans gêne aucune sa toilette, brossant ses longs cheveux avec volupté tout en me regardant malicieusement dans le miroir. J'avançai mon fauteuil jusqu'à la toucher et entamai ma cour. Abandonnant sa brosse et faisant signe à sa servante de disparaître, elle vint s'asseoir sans vergogne sur mes genoux et me caressa en roucoulant :

— Vous avez vraiment une belle crinière bouclée, et ce blond roux de même teinte que vos yeux fait un ensemble irrésistible.

La matinée était déjà avancée quand le Major vint frapper à la porte ; un jour gris se levait. Les monts les plus hauts disparaissaient au loin dans un nuage d'épais brouillard qui ne se dissiperait pas.

Je me revêtis à la hâte, essayant de ne pas éveiller ma petite présidente. Ma première pensée avait été pour Diane. En enfilant mes bottes, je me demandais si elle viendrait au petit moulin. Comment pourrais-je alors me faire pardonner ma stupide plaisanterie ? Il me semblait avoir oublié de lui dire l'essentiel et ma campagne allait me retenir au loin de longues semaines, plusieurs mois peut-être !

Un joli petit rire m'interrompit : la présidente s'était éveillée et elle me regardait faire, mollement accoudée sur ses coussins, l'œil moqueur :

— À quoi pensez-vous, mon ami ? Ou plutôt à qui, avec cet air soucieux ? Voyons, laissez-moi deviner... Ne serait-ce pas à cette jolie impertinente à laquelle vous n'avez cessé de faire la cour sous mes yeux hier soir ? Ne me dites pas non, vous avez prononcé son nom en vous endormant dans mes bras tout à l'heure !

Bien que la question ait été posée sans l'ombre d'une intonation jalouse, je me souciais comme d'une guigne d'entrer en confidence avec la femme d'un magistrat. Je l'avais prise comme un étalon prend une pouliche en chaleur, mon intimité n'irait pas plus loin.

— Que dit monsieur le magistrat des frasques de sa femme ? lui demandai-je, en guise de réponse.

Au lieu de l'émouvoir, ma question indiscrète et que je voulais embarrassante la fit s'étouffer de rire. Elle comprit qu'elle était tombée juste.

— Oh ! C'est un homme qui ne voit que ce qu'il doit voir ! En ce qui concerne la petite Diane de Fleury, on dit qu'elle a du caractère, ce qui veut dire mauvais caractère. Mais c'est une fille droite et je la crois tout à fait capable de s'éprendre de n'importe quel mauvais garçon de votre espèce !

Elle bâilla avec désinvolture, en m'observant, amusée. Ou elle jouait à merveille la comédie, ou elle avait vraiment un naturel débonnaire. Je penchais plutôt pour la première proposition.

— Aimez-vous les bandits, madame ? Que leur trouvez-vous ?

— Je leur trouve de la hardiesse, de la force, le mépris des convenances... en amour c'est délicieux, indispensable même !

Était-ce un compliment ? Une invitation en tous cas. Je manquais de temps pour honorer l'un et l'autre, mais je me promis de récompenser sa sincérité le plus tôt possible. Je lui baisai la main et tournai les talons rapidement.

À la porte, je trouvai le Major et les cannoniers mûrs pour un bon et lourd sommeil. Je les renvoyai à Rochefort et pris la route du petit moulin.

J'avais à peine une lieue à parcourir, mais dans l'épaisseur blanche du brouillard flottant au ras du sol accompagné d'une bise glacée, la route me parut soudain hostile. Je ne parvenais à fixer mon esprit sur rien. Rien si ce n'est l'unique question qui s'y présentait sans cesse comme pour me décourager de poursuivre : serait-elle quand même au rendez-vous ? Viendrait-elle ? Quelle raison aurait pu la pousser à venir ? Si elle ne venait pas, c'est que je m'étais trompé. Ce n'était qu'une fille ordinaire, un peu osée, un peu coquette, qui aimait se faire remarquer dans les salons, faire la roue dans les soirées, bien entourée de ses gardes du corps, mais une fois seule, elle aurait pris peur. Un brigand, même honoré, n'est qu'un brigand ! Non seulement elle aurait pris peur, mais elle se serait raisonnée puis réfugiée dans les convenances, et au fond qui pourrait l'en blâmer ? Qu'avais-je à lui offrir, moi, un proscrit, à la merci du premier délateur venu ? Je ralentis mon allure. La neige rendait le chemin glissant. Il était inutile de poursuivre, Diane de Fleury ne viendrait pas et le contraire eût été pure folie, enfantillage ! Je mis Gavotte au pas, j'étais arrivé aux alentours du petit bois de sapins qui entourait le moulin. La couche de neige était épaisse et poudreuse et le petit chemin effacé dessous. Je me laissai envahir par l'irréalité de ce paysage, de ces immenses sapins aux formes étranges ployant sous la neige bleutée.

Je n'entendis pas venir le cavalier qui déboula sur ma droite, me frôlant à vive allure. Il me dépassa, fit volte-face, me barrant la route. Ma jument, aussi surprise que moi, fit un léger écart sur le côté. J'appréciais peu ce genre de manière qui préludait toujours à quelque échauffourée. Mais je n'avais ce matin ni le goût ni le temps de me fâcher. Je portai machinalement la main à mon pistolet, après tout ma tête valait aussi cher ici qu'ailleurs et bien mal acquis profite plus qu'on ne le dit !

Le cavalier revint au pas vers moi. J'attendais, en observant ses gestes, qu'il m'adressât la parole le premier. Je ne voyais rien de son visage qu'il cachait sous un feutre noir à grands bords et dans le col relevé de son manteau. C'était un bon cavalier, leste, rapide, qui maîtrisait parfaitement sa monture.

— Alors, capitaine, on se promène sans escorte ? C'est une imprudence de débutant !

La voix, moqueuse, me cingla au visage, me réveillant brutalement de mes songes. C'était Diane. Une Diane méconnaissable, habillée en homme, chaussée de grosses bottes de cuir. Elle releva un peu la visière de son feutre, ses yeux riaient. J'étais sans voix. Je piquai un peu vers elle, nos montures se touchèrent et je lui tendis la main. Elle hésita une seconde, y posa la sienne que je baisai. J'avais la gorge serrée, j'articulai avec peine :

— Merci d'être venue.

Elle retira vivement sa main, éperonna sa bête en direction du moulin et nous nous trouvâmes bientôt à l'orée du bois, près d'une petite remise qui servait de fromagerie. Elle s'arrêta, descendit de cheval et me fit signe de la suivre.

— Entrons là un instant. Nous pourrons faire du feu et nous réchauffer un peu. Chossat et Saint-André que j'ai semés ne vont pas tarder. J'ai peu de temps !

La fromagerie ne comprenait que deux petites pièces très simples dont le sol était en terre battue et les murs blanchis à la chaux, recouverts d'étagères où s'entassaient les seaux, les pots, les passoires et toutes sortes d'ustensiles de bois. Dans la première pièce, il y avait une grande cheminée entourée de deux petits bancs de bois. Tout cela sentait fort la tomme. J'attrapai une brassée de bois et allumai un feu qui crépita joyeusement. Diane avait ôté son chapeau et ses gants, ouvert son manteau et se tenait assise sur le petit banc, jambes allongées jusqu'à toucher l'âtre du bout de ses bottes. Elle portait sous son manteau une chemise à grosses broderies dont le flot de dentelles s'échappait sous le gilet de laine bleu. Ses cheveux retombaient maintenant en lourdes boucles retenues par un ruban sur la nuque. Elle se frottait les mains en regardant les flammes. Ses gestes étaient amples et gracieux, la lumière s'accrochait à sa chevelure. Appuyé au linteau, tournant les yeux vers les flammes, je lui dis d'une voix sourde :

— Diane, j'aurais été très malheureux de passer toutes ces semaines à venir sans m'être excusé.

— Vraiment ? Mais si j'ai bonne mémoire, ce n'est pas le but de ce rendez-vous, car vous me l'aviez donné avant même de m'insulter. Ou aviez-vous l'intention de m'être désagréable de toute façon ?

Elle tentait une raillerie, mais je voyais à son air grave, presque triste, que je l'avais meurtrie plus que je ne l'imaginais. Je m'étais vengé un peu lourdement de ce long dîner où les deux jeunes filles m'avaient pris pour cible de leurs plaisanteries.

Comme tout homme, de quelque condition et quelque âge qu'il soit, je prétendais bien connaître les femmes. Je les avais beaucoup pratiquées, de tous caractères et de toutes sortes : paysannes, bourgeoises, jeunes filles, femmes, courtisanes, prudes ou coquettes. Elles me semblaient toutes coulées dans le même moule, aguicheuses et séductrices, mais bien vite affolées par les réalités de l'amour.

Les femmes étaient des êtres faibles qu'il fallait gouverner fermement, nourrir et protéger, à coup sûr plus d'elles-mêmes que de tout autre. Leur état de dépendance en faisait bien souvent des êtres exaltés, hypocrites, velléitaires, hardis ou timides, qui se cachaient derrière leur sexe ou le mettaient en avant, mais toujours pour les mêmes raisons et dans le même but : séduire. Souvent plus perspicaces que les hommes, elles n'utilisaient leur intelligence qu'à ramener ceux-ci à leurs vues ou à leurs jupes. En cela, je partageais un peu l'avis des philosophes à qui l'arbre cachait sans doute la forêt.

Si la femme était la douceur de ce monde, c'était au prix d'une infinité de complications qui rendaient à la fin la friandise bien amère. J'avais donc prétendu, jusqu'alors, me passer de l'une et de l'autre. Bref, j'avais consommé les plaisirs de la chair comme ceux de la table, goulûment, sans les savourer, en m'empiffrant les jours fastes, palliant ainsi les disettes passées et futures.

Cette fois, j'étais dérouté. Diane n'entrait dans aucun des cadres que j'avais préparés pour elle. Elle n'avait usé d'aucun des artifices qui composent l'attirail classique de la coquette. Elle s'était rendue à mon rendez-vous, contre toute attente et sachant que je sortais du lit d'une autre. Elle ne cherchait pas à me séduire. J'attendais des sarcasmes qui ne venaient pas. Elle était là, assise, me considérant de ses magnifiques yeux de mer houleuse, mais le visage calme. Qu'attendait-elle de moi ? Je ne pouvais croire qu'elle fût venue vers moi, pour moi, en toute confiance, comme on va vers un vieil ami. Je cherchais mes mots, prenant soudain conscience que j'étais ému. Une poigne de fer m'étreignit les entrailles : quelque chose d'inconnu était en train de s'accomplir. Si j'avais cru en Dieu, je lui aurais demandé d'arrêter là son énorme pendule pour l'éternité.

Je fis un pas en avant, posai un genou à même le sol, devant elle, quittai mon chapeau et, très cérémonieusement, je lui demandai d'oublier tout ce qui lui avait déplu de moi et de mes propos. Elle me regarda, surprise de la vivacité de mon geste et peut-être émue à son tour par la sincérité de mon intonation. Elle posa sa main sur mon épaule et dit aussi légèrement qu'elle put :

— C'est bon ! Mais ne recommencez plus ! et écoutez-moi à votre tour. Je suis venue pour vous avertir de choses bien précises. Je crains que vous ne m'ayez écoutée que d'une oreille distraite hier soir.

— Ne vous méprenez pas à mon air et à mon ton badin, je ne suis pas un homme léger.

Elle allait ôter sa main, je l'attrapai au vol et la gardai serrée dans la mienne, tout en continuant :

— Je n'ai perdu aucune de vos paroles, je connais déjà beaucoup de vos gestes et je commence à lire sur votre visage.

— Relevez-vous, ne restez pas ainsi !

— Je suis très bien. Je puis vous contempler à mon aise, boire vos paroles. Je vous écoute, Diane.

— À votre guise ! Par où comptez-vous pénétrer en France demain ?

— Par Pont-de-Beauvoisin, mais nul n'est censé le savoir, répondis-je sans l'ombre d'une hésitation.

— Eh bien ! C'est pure folie, monsieur ! Je ne sais si vos éclaireurs sont déjà revenus vous en informer, mais vous êtes attendu là plus encore qu'ailleurs.

— Je passerai quand même ! Je passerai partout !

J'avais élevé la voix. Elle dégagea sa main, se leva brusquement et je fis de même.

— Et comment cela ? Prétendez-vous échapper aux balles des gâpians qui n'attendent que vous ? Je vous croyais plus intelligent. Qui vous dit que parmi vos hommes quelqu'un n'a pas été acheté, et fort cher ?

— La trahison fait partie du combat, elle en est le revers le plus sale et le plus probant.

— Reculez ce départ, étudiez une autre sortie. Remettez-le, il sera toujours temps dans une semaine.

— Non ! Je ne transigerai sur rien et personne ne me fera reculer d'une heure, ni même d'une minute. Je n'ai que trop tardé.

Mon impuissance à résoudre le nouveau dilemme qui se présentait à moi m'envahit de colère. Cette femme allait m'affaiblir, il me fallait l'éloigner immédiatement de moi. Mais déjà je sentais monter la crainte, presque la douleur, de ne plus la voir. Je devais la rejeter vite à l'extérieur des limites infranchissables que je m'étais fixées, fermer la route, définitivement, à cette ultime faiblesse. Cependant je ne voulais à aucun prix lui faire mal.

Je me repris et avec fermeté lui expliquai mon projet : détruire les Fermes en les rançonnant jusqu'à la moelle comme ces charognards avaient rançonné le peuple de France. C'était suffisamment clair pour qu'elle comprît, ce qu'elle fit d'ailleurs très exactement. J'avais évité de parler de vengeance, d'employer des termes qui eussent pu la choquer, mais je m'étais sans doute laissé emporter par cette violence qui me dominait depuis quelque temps déjà. Elle garda son sang-froid jusqu'au bout, puis d'une autre voix, voilée, me dit en se dirigeant vers la porte :

— Monsieur, croyez bien que je ne cherche pas à empiéter sur vos malheurs, ils doivent être bien conséquents, je le sens, et bien que vous m'ayez tu la raison qui vous donne une telle soif de revanche, je conçois qu'elle ne souffre aucun retard ni aucune discussion. Je suis de votre côté, monsieur, et c'est en cela que j'ai voulu vous être utile. Pardonnez-moi de vous avoir indisposé. Je vois que je ne saurais rien adoucir mais tout aggraver. Toutes les sociétés sont mauvaises, mais il faut savoir dans le pire distinguer les nuances : vous avez choisi l'enfer et moi... ce paradis désolant ! Allons donc chacun notre chemin !

Elle franchit le seuil d'un pas rapide en refermant son manteau. Ses bottes martelaient le sol gelé. Sur le pas de la porte, je la regardai encore enfourcher sa monture avec souplesse, enfoncer son feutre, prendre ses brides dans sa main gauche tandis qu'elle me saluait de la droite sans sourire.

La seule femme que j'eusse pu aimer me venait trop tard.

10

Comme j'en avais décidé, j'entamai ma première campagne le 2 janvier de cette année 1754, à l'aube, entouré de mes cinq chefs et suivi de nos cent hommes à cheval et des valets chargés des mulets de bât. J'étais sûr de mes chefs, sauf peut-être du Piémontais qui était une forte tête : Prêt-à-boire qui ne me quittait plus que pour s'aller désaltérer quand l'occasion s'en présentait, le Camus, toujours vaillant et drôle sous ses apparences rustres, et Carnaval, affichant mieux que jamais son surnom dans un de ses nouveaux déguisements de bouffon empanaché dont il avait le secret. Le Major m'assistait comme lieutenant et son petit frère, Jambon, pour lequel je m'étais pris bien vite d'une réelle affection, comme philosophe, car il raisonnait sur tout et de manière sensée. Il lisait avec avidité quand il ne courait pas les grands chemins sur les traces de son frère, le sérieux Saint-Pierre, qui appréciait peu que son cadet l'ait rejoint dans la contrebande.

Jambon avait déserté les armées à Grenoble, l'année précédente, et s'était tout naturellement réfugié en Savoie. Mais il n'avait aucun goût pour les armes ni d'ailleurs pour la guerre. Si ce n'est l'indigence dans laquelle se trouvait sa famille, il eut sûrement été plus à son aise en quelque autre position. Ses grands yeux bleus, ses boucles blondes qui encadraient un visage pâle et délicat, sa stature frêle, toute son apparence de fragilité me fit d'abord hésiter à l'emmener avec nous. Mais il avait retourné à son avantage tous les arguments que je lui avançai et, s'il ne m'avait guère persuadé, il avait réussi, à force d'amitié, à me convaincre qu'il me serait indispensable.

Je n'aurais pas dû l'écouter. Mais il me rappelait ma petite Marianne, avec laquelle il avait quelque ressemblance et en commun ce don de persuasion.

Le 2 janvier au matin, Piémontais, le Camus et leurs hommes tombèrent sur la brigade des Fermes qui gardait le pont frontalier de Beauvoisin, les dépouillèrent de leurs armes, lacérèrent leurs registres et nous ouvrirent le chemin. Nous pénétrâmes ensuite en France fort tranquillement avec armes et bagages en dépit des renforts signalés par Diane.

Nous étions très chargés, les mulets ployaient sous les marchandises de toutes sortes : la poudre de chasse, que l'on nommait « poudre des princes », les étoffes précieuses, telles ces mousselines, indiennes, toiles peintes ou imprimées de Mulhouse, flanelles, les vins en barils et en bouteilles, quelques montres et bijoux suisses et, surtout, du tabac à fumer à priser et à chiquer, sans omettre quelques armes et quelques livres pour les réformés.

Encadrée par nos hommes à cheval, notre caravane composée de cent mules guidées par les valets de bât s'égrenait comme un interminable chapelet serpentant aux flancs des monts enneigés, souvent ralentie dans des passes étroites qu'il fallait faire garder par quelques bons tireurs, une embuscade étant toujours possible. Cependant, nous parvînmes sans encombre à Curson, près de Romans, à quinze lieues de chez moi. Je décidai d'y déposer les marchandises, car on nous avait informés que les employés des Fermes, enfin réveillés, s'apprêtaient à nous attaquer. Je ne leur en laissai pas le temps.

Confiant à Bélissard le reste de la troupe, je fonçai à leur rencontre avec mes six canonniers et une poignée d'hommes. Entre Romans et Curson, la route est prise dans un étau entre de hautes collines ; puis, brusquement, elle tourne pour franchir un pont sur le torrent de l'Herbasse. Nous les attendîmes là, avec une bonne décharge de mousquets qui en tua quelques-uns, dont le brigadier, et en blessa plusieurs autres. Tout cela fut vite accompli et convaincant, si bien que le reste des vautours s'envola à tire-d'aile.

Cette première bataille, puis quelques autres qui la suivirent de près, me montra une face de la victoire en me consacrant dans la douceur fiévreuse de la popularité naissante, qui, en se répandant, chasse la peur sournoise de déplaire.

Partout où nous nous présentions, nous étions acclamés, accueillis, aidés, renseignés, sans même le demander et non seulement par le pauvre laboureur dont, à l'évidence, nous défendions l'intérêt ; mais aussi par les bourgeois, les châtelains qui nous facilitaient le passage sur leurs terres, les prêtres de pauvres paroisses, et, je l'ai déjà mentionné, par tous les protestants que nous soutenions. C'était un bel exemple de minorité et de majorité opprimées qui s'assemblent contre le despote.

C'est aussi à cette époque que je mis dans mon vêtement une certaine recherche provocante. J'arborai le feutre noir galonné d'or du brigadier, comme un trophée, changeai ma ceinture de cuir contre une éclatante ceinture de soie rouge et verte et m'enveloppai d'un manteau écarlate. C'était voyant, mais je voulais être vu, je cherchais à être reconnu, cela faisait partie de ma revanche.

J'avoue cependant avoir cédé trop souvent aux jugements tout faits que l'on ne manque jamais de vous proposer, surtout quand on atteint la popularité, mais je m'efforçais d'y adhérer le moins possible. Je me contraignis à l'observation de moi-même, ne fût-ce que pour ne pas rompre le fil de la continuité de ma vie, et aussi parce que je me savais mon pire ennemi. Je me forçai dans l'intimité de cet autre moi qui vivait à mes côtés et que je serais contraint, jusqu'au bout, d'accompagner. Je me refusai à résumer ma vie dans une formule de complaisance qui m'aurait fabriqué une existence explicable et claire.

J'ai assez peu profité de ma jeunesse, brutalement interrompue à dix-sept ans par la mort de mon père. Elle reste pour moi une époque ambiguë, sans forme, sans cesse tiraillée par mes instincts, sans cesse réprimée par le devoir à accomplir, cette ligne tracée d'avance qui me voulait exactement ce qu'avait été mon père : un gros maquignon assez aisé pour ne pas se poser trop de questions.

Pris dans ces rets contraignants de l'image obligatoire, tout n'était pas mauvais en moi, mais tout aurait pu l'être. Ce qui advint pensent d'aucuns. Ce qui est faux tout autant.

Ce sont les actions qui disent la nature d'un homme, non les palabres de tavernes où se refont chaque soir, après boire, les mondes idéaux. Oh ! bien sûr, on m'alléguera qu'il y a la pression des circonstances, et la fatalité, et le caractère de chacun que se présentent, trop souvent, comme excuses, le faible ou le timoré. Non ! Les actes sont les preuves qui demeurent au-delà de la mort. J'étais devenu le seul juge des miens. Je n'avais plus désormais de comptes à en rendre à personne et là était le vrai danger.

Plus les rumeurs m'étaient favorables, plus les gazettes répandaient mes victoires, plus les salons m'encensaient de louanges, plus j'éprouvais le besoin de me juger.

La masse de mes désirs de jeunesse, de mes projets d'autrefois, pesait autant qu'une aune de soie dans mon souvenir. La seule question qui m'importât désormais étant de me donner les moyens d'atteindre mon objectif.

J'allais de victoire en victoire, je ne rencontrai que peu, si ce n'est pas du tout, de résistance sur mon passage, les employés des Fermes et leurs milices prenant peur à notre approche.

De Curson, j'arrivai sur Saint-Étienne-de-Saint-Geoirs les armes hautes, à grand fracas. Je fis chercher les ennemis de ma famille, qui avaient si bruyamment applaudi à ma ruine, mais ils avaient déjà fui. Ils se cachaient ! Même mon oncle, le puissant consul exacteur des deniers royaux et entreposeur de tabac.

Louis Veyron-Churlet, mon parrain et oncle, était aussi un personnage d'importance, dix fois consul, représentant des Fermes, il avait sans affection et sans générosité aucune, prétendu m'aider de « ses conseils » à la tête de ma nombreuse famille. Curieusement, à chaque fois que je m'étais trouvé dans le souci ou dans la peine, il n'avait cru bon de me réconforter que de ses sarcasmes ou de son mépris. Du moment où elle tomba dans l'indigence, notre famille lui devint un poids, et quand le malheur s'abattit sur Pierre, il ne leva pas le petit doigt. Les cœurs secs me font décidément plus horreur que pitié. Pour comble de lâcheté, à l'annonce de mon retour, il s'était enfui en laissant ma cousine seule à la maison.

Je décidai de lui faire payer ce vilain tour par une mauvaise farce, car je n'en voulais pas à sa vie. Je priai ma cousine d'évaluer la somme qu'il avait soutirée aux contribuables et je le fis chercher pour signer un billet de quatre cents livres. Il s'exécuta sans résistance.

Puis je m'en fus, content, voir les miens pour quelques heures, tandis que mes hommes allaient se désaltérer à l'auberge de l'Antoine. Je ne gardai avec moi que le Major et mes canonniers en poste devant la porte. Jambon voulut m'accompagner.

Marianne me fit une grande fête et se vêtit immédiatement du jupon de fines dentelles dont je lui avais fait présent. Ma mère me parut lasse et lointaine. Je savais qu'elle ne manquait de rien, car je m'y employais de manière régulière et détournée afin qu'elle ne pût être inquiétée. Mais, comme ces femmes transplantées d'une classe dans une autre, elle récoltait les fruits de l'éducation boiteuse qu'elle avait donnée à ses enfants : mi-bourgeoise, mi-paysanne, et nul ne s'y retrouvait, ni dans l'une ni dans l'autre.

Mon frère Claude, du haut de ses vingt ans, prétendait maintenant gouverner la maison. Il n'était bon ni de sa tête ni de ses mains. Sa seule ambition, disait-il, était de s'enrichir le plus et le plus vite, peut-être par la contrebande.

C'était effectivement le but de la plupart de mes compagnons. La contrebande était le « métier » le plus répandu dans nos régions, où il se transmettait de père en fils, et n'enrichissait qu'à grands risques. En somme, cela n'était qu'un travail, qui n'avait rien à voir avec le vol, mais menait bien souvent, à plus ou moins longue échéance comme lui, aux galères ou à la roue. Je n'avais guère d'affinités avec mon frère Claude, je craignais que, quoi qu'il fît, il ne le fît mal. Aussi tentai-je, sans grande illusion, de lui faire comprendre que l'argent n'est pas un but en soi et que, s'il garantit des biens matériels, une vie agréable, il assure aussi trop souvent un esprit médiocre. Il se contenta de sourire finement à mes propos en me regardant par en dessous. Je serrai dans mes bras, une dernière fois, ma petite Marianne, et quittai ma famille avec le désir et la promesse de les revenir voir bientôt.

Je savais déjà que la prochaine campagne me reconduirait par là, qu'elles m'y reconduiraient toutes, jusqu'à ce que j'aie réglé le sort de Sigismond Moret. Ce brigadier des Fermes responsable de la mort ignominieuse de mon jeune frère ne perdait rien pour attendre. À l'annonce de mon approche, le misérable s'était enfui à tire-d'aile, mais nul ne l'ignorait désormais, car je le proclamai haut et fort : il n'échapperait pas à ma justice, il serait à son tour exécuté pour son crime et chacune de ses nuits, chacun de ses jours, chaque pas, chaque souffle le rapprochaient de son échéance.

Nous quittâmes Saint-Étienne-de-Saint-Geoirs au crépuscule, en direction de la Bresse et du Bugey, où nous continuâmes à débiter ouvertement nos marchandises de contrebande avec succès.

Nous établissions généralement notre camp sur de fortes positions, sur des hauteurs, où les marchandises étaient étalées et le marché se tenait le plus régulièrement et le plus gaiement du monde, au son des fifres et des tambours, sous la protection dissuasive de nos mousquets. Les employés des Fermes et de la maréchaussée se tenaient à distance, tout marris de ne pouvoir profiter des bonnes occasions, et notamment de notre « faux tabac » comme ils l'appelaient !

Chemin faisant, alors que nous nous dirigions vers Rodez, nous avions croisé notre bon Villars, qui me conseilla de rendre visite au comte de Bournazel qui souhaitait me rencontrer. Villars nous laissa quelques-unes de ses dernières gazettes qui faisaient la joie des veillées de Jambon, car je n'avais, quant à moi, hélas, plus guère le temps de lire ; si ce n'est çà et là quelques maximes de mon Vauvenargues qui ne m'avait pas quitté.

Bournazel me reçut avec mille grâces et alla même jusqu'à m'inviter à lui rendre visite à nouveau si l'occasion s'en présentait. Un de ses amis qui arrivait de Paris nous donna de bien mauvaises nouvelles de la capitale :

— Le roi fait les yeux doux au parlement qu'il leurre de bonnes paroles après l'avoir exilé et maltraité à maintes reprises, dit-il.

— Il ne faut pas être de la Faculté, commenta Bournazel, pour comprendre que Louis XV a besoin de son parlement sans lequel il ne pourrait faire enregistrer l'impôt !

— Impôt qui devient une nécessité urgente, poursuivit son ami, quand on sait que l'Anglais vient d'enlever trois cents vaisseaux marchands à la France. La guerre se livre sur les fleuves intérieurs de l'Amérique que nous croyions naïvement à nous ! Mais il y aura tôt ou tard un conflit, le roi a besoin de fonds.

— Et comme Machault* n'a pas eu gain de cause, je vous laisse à deviner qui va payer.

— Le tiers état, les pauvres bougres, nos laboureurs, nos malheureux paysans qui n'ont plus rien à se mettre sous la dent, qui mangent du pain de racines...

— Savez-vous, monsieur Mandrin, me dit Bournazel, que je viens d'apprendre que plusieurs de mes amis d'Auvergne ont fait publier à coups de tambour que quiconque s'enrôlerait dans les faux-saulniers** se verrait, par eux, attribuer un cheval et soixante livres ?

Je laissai à ce gentilhomme, avec mes remerciements, un couteau de chasse et l'assurance de ma considération.

Deux semaines plus tard, alors que nous nous trouvions en Vivarais, chez les réformés, Jambon insista pour me lire la *Gazette de Hollande* qui contenait des nouvelles d'importance, affirmait-il.

— Voilà, capitaine ! Elle est datée de février 1754, quelques jours à peine.

Il lut de sa voix appliquée : « *Le procureur général du parlement de Grenoble s'est mis officiellement en rapport avec les autorités savoyardes pour demander l'extradition de Mandrin,*

* Le ministre des Finances, Machault, voulait lever le vingtième sur les biens de l'Église.

** Faux-saulniers : contrebandiers du sel.

au cas où celui-ci rentrerait en Savoie. Mais il paraît que ces poursuites n'inquiètent guère le capitaine général des contrebandiers de France qui s'est rapidement acquis la faveur des populations, ce qu'il doit non seulement à sa prestance et à sa belle humeur, mais surtout à son extrême courage qui fait l'admiration de tous et y compris de certaines de ces hautes personnalités du parlement... Il est fort à craindre que si le roi ne se l'allie, quelqu'autre puissance ne se l'attache... » « Par ailleurs Mandrin sait fort bien qu'il n'a rien à craindre de la Suisse et de la Savoie, où il est attendu à bras ouverts. »

Bélissard avait froncé le sourcil sur ces deux dernières phrases.

— Prends garde, Belle Humeur ! Villars devrait tremper sa plume sept fois dans son encrier avant de te désigner, de manière si délibérée, comme cible politique. Le roi est faible, mal entouré, mal conseillé, et tout cela ne fera que renforcer sa crainte d'être supplanté en popularité, dans une partie de son royaume, par un brigand.

— Bah ! Je ne crois ni en Dieu ni au roi ; j'ai des croyances plus offensives ! dis-je un peu légèrement pour le rassurer peut-être.

Les mises en garde de Bélissard se firent plus fréquentes au fur et à mesure que nous nous rapprochions de la frontière : il craignait que nous ne soyons attendus. Mais nous franchîmes la frontière le 5 avril sans encombre, après trois mois pleins de campagne en France !

11

Je m'étais laissé étourdir, je l'avoue, par l'accueil chaleureux que nous avions reçu partout, les bons vins et les bonnes tables ouvertes, sans parler des yeux de pécheresses des demoiselles qui lisaient sans doute trop de gazettes ! Tant que j'avais rossé et estourbi du gâpian, je n'avais guère pensé à autre chose, m'efforçant surtout de chasser de ma mémoire Diane de Fleury. Mais à peine de retour en Savoie, je cherchai sans cesse par quel détour avoir de ses nouvelles, ce qui ne fut guère difficile car nous avions beaucoup de connaissances communes. Notamment Divernois et sa fille Odile avec lesquels j'étais en amitié et en affaire.

Comme je me trouvais à souper chez eux, quelques jours après mon retour, savourant les délices d'un repos bien mérité, Odile engagea la conversation sur elle :

— J'ai reçu des nouvelles de Diane de Fleury, dit-elle en me souriant, nous correspondons régulièrement. Elle est retournée à Paris dont elle me parle très en détail. Voulez-vous que je vous lise un peu de sa prose ?

J'étais suspendu au sourire énigmatique de la petite fée, je ne parvenais pas à cacher mon trouble : au seul nom de Diane, une poigne de fer m'avait saisi les entrailles. Sans vergogne, j'engloutis d'un trait mon verre de liqueur de la Côte-Saint-André que Divernois ne manquait jamais de m'offrir, en souvenir de notre première rencontre. Odile était partie chercher la lettre. Je me levai pour faire quelques pas jusqu'à la porte-fenêtre ouvrant sur le lac du Bourget. Divernois avait plusieurs demeures, dont celle-ci à quelques lieues au nord de Chambéry, sur le lac, séjour très agréable et salutaire, disait-il, à la santé précaire de sa fille qui lui était très chère.

— Pourquoi retourne-t-on à la cour d'un roi qui vous a chassé ? demandai-je quelque peu échauffé.

Divernois tenta de me calmer. Il me prit le bras et m'entraîna jusqu'au fumoir.

La petite pièce carrée, assombrie par une boiserie de chêne sculpté, inspirait le recueillement. Divernois me fit asseoir dans un des gros fauteuils de cuir où l'on s'engloutissait tout entier.

— Mon cher Louis, ne vous mettez pas dans cet état, me dit-il, quelque peu moqueur. Diane, je ne sais pourquoi au juste, est tenue depuis toujours à passer plusieurs mois à Paris et parfois à la Cour. Elle demeure très réservée sur ses obligations, j'ignore même si Odile est dans la confidence. Mais en tout cas, permettez-moi de vous donner mon avis : il n'est pas mauvais que vous ayez une oreille à Versailles, ce ne peut que vous être utile le moment venu et je suis sûr que mademoiselle de Fleury, à qui vous n'êtes pas indifférent, s'emploiera à vous y servir !

— C'est son fiancé qui lui a donné de si bonnes idées ?

Divernois, cette fois, ne put s'empêcher de rire de ma jalousie à gorge déployée, ce qui m'irrita davantage. Je n'avais jamais été très patient, mon sentiment ainsi affiché me sembla des plus ridicules, bref, j'étais dans le rôle du sot, ce qui ne me plut que modérément.

— Laissez, Louis, me dit-il, je vous comprends. Mais permettez-moi de vous dire tout de même que vous êtes foncièrement injuste ! Monsieur de Chossat, qui n'est qu'un soupirant pour l'instant, et je doute qu'il aille jamais plus avant, est au demeurant un bon jeune homme et un gentil compagnon, n'y voyez rien d'autre et parlons d'autre chose.

Odile tardait, alors Divernois me fit raconter les bons moments de ma campagne. Ce bilan me porta à réfléchir et me permit de préciser ma pensée. Comme j'exprimais avec beaucoup de retenue mon succès, Divernois me demanda :

— En somme, le profit n'est pas tout à fait ce que vous attendez de la contrebande. Qu'est-ce donc qui vous mène ?

— Certes, je ne renonce pas à m'enrichir sur le dos des

Fermes ! Mais il est vrai que ce n'est pas mon but réel, je veux surtout et avant tout appauvrir mes ennemis.

— Mais vendre des marchandises de contrebande est un pas vers cela ?

— Un pas, certes, mais un trop petit pas ! Le temps me presse, je cherche le vrai moyen, le plus court, le plus radical.

Divernois tirait sur sa pipe, lâchait ses volutes en réfléchissant.

— Comment appauvrir un homme comme Dupin qui a fait repeindre son hôtel par Lebrun pour des milliers de livres et cet autre dont les chevaux dégustent leur avoine dans des mangeoires d'argent ?

Odile entra, sa lettre à la main, et commença tout de suite :

— Voilà ce passage sur la capitale, aussi divertissant qu'instructif :

Ma chère Odile, pour te décrire l'embarras de la capitale, il y faudrait la plume et le talent d'un Villars... Nous sommes entrés dans Paris ce matin par le faubourg Saint-Antoine que je ne me souvenais pas d'avoir trouvé si agité l'an dernier. Il me sembla que les crieurs et les crieuses des rues avaient la voix plus perçante, plus aigre et comme s'élançant au-dessus des toits ; leurs gosiers surmontent le bruit et le tapage des carrefours les plus agités. Il est impossible à l'étranger de pouvoir saisir le sens des cris ; le porteur d'eau, la crieuse de vieux chapeaux, le marchand de ferraille, de peaux de lapins, la marchande de poissons, la bouquetière, c'est à celui qui vantera sa marchandise sur le mode le plus haut et le plus déchirant... Tous ces cris discordants, ajoutés au fracas des chevaux et des voitures, ne sont compréhensibles qu'aux Parisiens. Ils se précipitent hors de leurs maisons, de leurs étages, pour chercher les légumes et les lisettes... Mais toute cette affluence inconcevable qui a de quoi étonner les yeux les moins innocents semblait en proie à une effervescence dont nous demandâmes la cause. Notre voiture restait bloquée derrière vingt ou trente autres, Saint-André s'en fut aux nouvelles et revint accompagné d'une bonne dizaine de grenouilles en colère ! C'est ainsi que la Cour nomme les Parisiens : gre-

nouilles... eh bien, ce matin, les grenouilles coassaient plus haut et plus fort qu'à l'accoutumée ! Il faut avouer qu'il y avait de quoi ! Figure-toi que ces enlèvements d'enfants, que l'on prenait pour légendes de vieilles femmes, ont repris de plus belle ! Ces enlèvements d'enfants que l'on faisait pour le Mississippi, ces véritables razzias ne sont pas nouvelles ; depuis 1749 on avait vu des filles enlevées par la police. Filles publiques, d'abord, puis pauvres servantes ou jeunes ouvrières et même nouveau-nés que l'on destinait, ceux-là, à toute autre fin ; des enlèvements, eh bien, l'on venait d'en découvrir les auteurs : des exempts déguisés, des archers du roi !*

Le matin même, dans le faubourg très encombré, des archers en uniforme s'étaient emparés d'une fillette de douze ans, une petite marchande de fleurs. La voilà qui hurle. Tout le monde la connaît : on se précipite sur les soldats qui sortent leurs armes et font mine de tirer sur la population. Les grenouilles, d'abord interdites, se ruent sur les voleurs et leur cassent bras et jambes. On les fouille, on trouve sur eux les ordres du chef de la police, Bérier en personne ! Pour chaque vol d'enfant, la prime est de quinze écus. La foule hurle vengeance. D'autres archers se présentent en renfort. On tend des chaînes. Une barricade est rapidement élevée. L'affrontement est violent, les archers tirent sur la foule qui ne veut pas rendre les deux voleurs d'enfants. On crie : À Versailles ! Brûlons Versailles ! Le combat se répand au moment même dans Paris comme une traînée de poudre, mais au soir il n'y paraissait plus. Le parlement devait entendre Bérier sur l'affaire !

Quand on sait combien peu de ces hauts magistrats sont intègres, on peut augurer de la conclusion ! Je veux rapporter ici l'anecdote que l'on m'a contée sur l'un d'entre eux, elle est de monsieur de Montesquieu, que l'on ne peut soupçonner de légèreté.

Alors qu'il se trouvait chez un magistrat du parlement, il lui demanda :

— Monsieur, il me paraît que votre métier est bien pénible ?

---

* Le sang des nouveau-nés servait à « rajeunir » les organismes fatigués ou atteints de maladies incurables des « roués ».

— Pas tant que vous l'imaginez, répond l'autre, de la manière dont nous le faisons, ce n'est qu'un amusement.

— Monsieur, je n'ai point vu votre bibliothèque ?

— Je le crois, car je n'en ai point ! Quand je pris cette charge, j'eus besoin d'argent pour la payer ; je vendis ma bibliothèque et le libraire qui la prit, d'un nombre prodigieux de volumes, ne me laissa que mon livre de raison. Ce n'est pas que je le regrette : nous autres juges, ne nous enflons point d'une vaine science.

*On comprend pourquoi le parlement est si peu de chose en ces jours de colère royale ! Ces deux cents exilés que le roi vient de chasser tiennent leur charge de lui et non du peuple dont ils prétendent être les défenseurs. Finis les espoirs de justice fiscale, l'*Encyclopédie *est définitivement condamnée et les philosophes mis au ban de la société...*

Il y a eu ce soir, à l'Opéra, une mascarade ridiculisant ces parlementaires de comédie. Nous vîmes soudain entrer douze masques, douze polissons, en robe de Palais et abondamment poudrés. Ils font le tour de la salle, embrassant et enfarinant tout le monde. Et chacun complimente ces faux parlementaires « sur leur heureux retour ». C'est dire le respect qu'on leur accorde ! Mais plus insultante fut cette estampe parue dans une gazette qui montrait le premier président en vendeur d'orvétian, vendant des pilules qu'il fait piler par les présidents à mortier, dorer par les avocats généraux et gober par les conseillers ! Les conseillers sont montés sur des ânes rouges, le plus riche d'entre eux fait les poches des autres !

Il paraît que Paris rapporte cent millions par an au roi, en y comprenant tout : les entrées, les dixièmes, les capitations, les impositions fiscales qui feraient à elles seules un dictionnaire ! Je comprends qu'on l'appelle « notre bonne ville de Paris » : c'est une bonne vache à lait !

À ce moment, on frappa à la porte du fumoir où nous nous tenions et notre magistral Villars fit son entrée le doigt pointé en l'air, déclamant, théâtral :

— Mais s'il y a dans Persépolis quarante rois plébéiens qui

tiennent à bail l'empire des Perses, comme le dit Montesquieu, il y a deux cent cinquante Sous-Fermiers généraux, dont l'opulence heurte encore davantage parce qu'elle se répand en province.

Il rit aux éclats, content de son effet et heureux de nous voir. Il portait son éternel manteau de voyage de lourd drap voyant, ses bottes crottées et son pince-nez sur sa face rubiconde et joviale.

Odile le salua et sortit, emportant sa lettre. Avant de refermer la porte, elle me fit un petit signe qui voulait dire : « à plus tard ».

Villars vint à moi, bras tendus, me serra fort et fit de même à Divernois. Il dégrafa son manteau, se posa lourdement sur une chaise et se remplit le gosier d'un premier verre de liqueur, puis il reprit immédiatement la parole en m'observant comme un chirurgien qui va administrer son clystère :

— Ainsi vous êtes rentré avant moi ? Sais-tu, Divernois, que nous nous sommes croisés, ce cher Belle Humeur et moi-même ? Et sais-tu seulement en quelle circonstance ? Ne te l'a-t-il pas conté ?

— Non.

— Non ?... Oh ! Oh ! déjà la modestie des grands hommes ?

Il savourait maintenant son deuxième verre. Nous l'observions à notre tour. Qu'avait-il encore en tête ? D'où venait-il ? Quelles nouvelles apportait-il dans sa besace ? Villars avait une curiosité communicative. Nous nous y laissions toujours prendre. Il reprit :

— Vous savez que j'étais parti avec l'intention de me rendre à Paris après un assez long détour par l'Auvergne, où j'avais à faire. Or donc, il y a de cela quelque temps, je passais à cheval dans un petit village près de Mende, au matin d'un jour fort frileux de janvier, quand j'aperçus sur la place, tout en larmes, une famille défendant contre les huissiers les haillons qui la couvrent. Ces messieurs ont déjà chargé une voiture de tous les meubles et une autre d'une vingtaine de gerbes de blé glanées par les enfants et destinées à leur subsistance de l'hiver. On les dépouille de leurs manteaux et chapeaux. Eh oui ! ces malheureux n'ont pas été assez opulents pour saler leur soupe et l'on venait de décerner contre eux une contrainte pour « la quantité de sel qu'on a jugé qu'ils auraient dû consommer » !

— Il me semble reconnaître notre aventure de Saint-Étienne-de-Saint-Geoirs ? coupa Divernois, dans l'espoir d'abréger sans doute.

— Certes ! mais un spectacle plus édifiant m'arrêta quelques pas plus loin : des juges ont quitté leurs robes et, mêlés à leurs greffiers, receveurs, commis, je les vois tous travailler avidement à répartir entre eux un monceau de sel. C'est ce que l'on appelle « un bon de masse ».

Divernois relevait les sourcils, rebourrait sa pipe, servait de la sublime liqueur.

— Mais encore ? interrogea-t-il, à la grande joie de notre conteur qui continua.

— On nomme ainsi tout ce que les préposés à la distribution du sel ont eu l'adresse de retrancher sur la portion de chacun : sous prétexte de marquer le sel, ils y joignent plusieurs mesures de terre. Quant à la mesure de sel, ils ne la remplissent jamais et autres précautions frauduleuses dont ces honorables serviteurs des Fermes se partageaient là, sous mes yeux, les bénéfices. En quelques instants, toutes les rumeurs sur les escroqueries des Fermes concernant le trafic du sel prenaient corps. C'était un pillage organisé, une réalité quotidienne, contre laquelle les malheureux n'ont aucun recours.

— Que fîtes-vous mon ami, contre cet impôt inique* qui déshonore la France ? Auriez-vous trouvé un remède ou quelque alchimie magique pour transformer l'eau en sel ? interrogea Divernois.

— J'ai trouvé un remède, oui ! C'est exactement cela. Et le plus inattendu ! Je reprenais ma route, sombre, me promettant d'en parler avec les gens que j'allais rencontrer à Paris, lorsque, au détour d'un petit sentier fort étroit, couvert de neige, je me trouvai nez à nez avec une troupe d'hommes à cheval, armés jusqu'aux dents et qui me barraient le passage : des

* La gabelle : impôt indirect le plus exécré des paysans. Il était variable selon la province : dans certaines, on adjugeait même une consommation obligatoire de sel par famille.

contrebandiers ! Je ne voyais pas leurs visages cachés par leurs chapeaux à larges bords : « Vous tombez à pic, messieurs ! », leur lançai-je. « Et comment cela, monsieur le gazetier, s'il vous plaît ? », me répondit une voix moqueuse que je reconnus immédiatement pour celle de Belle Humeur, que je croyais par ailleurs à cent lieues de là ! Je narrai rapidement les deux scènes auxquelles je venais d'assister, et Belle Humeur entraîna les siens en criant, joyeux, comme d'un heureux festin de mi-carême : « En route ! Nous allons régler cela en passant ! Si le cœur vous en dit, voyageur, suivez-nous et observez ! »

En quelques instants, à bride abattue, nous arrivâmes au village que je venais de quitter. À ma surprise, là aussi, les villageois, loin d'être affolés, accoururent en acclamant joyeusement les contrebandiers. Mandrin et ses hommes se jetèrent sur les charrettes réquisitionnées, égratignèrent quelques employés des Fermes, rossèrent juges et huissiers, mirent le feu à leurs registres, puis disparurent dans un tourbillon de poussière en abandonnant quelques pièces et carottes de tabac.

Comme je restais là, ébahi, incrédule, tout cela ayant à peine duré quelques minutes, je fus happé par la foule hurlant encore de joie. On m'entraîna de force à l'auberge où je dus m'abreuver et me nourrir aux frais de la communauté ! Dans leur euphorie, ces hommes et ces femmes m'associaient à leurs libérateurs ! Je leur fis cadeau de votre nom, Mandrin. Ils ne jureront plus que par vous !

Divernois s'était beaucoup diverti, tandis que je marchais de long en large songeant à ces deux cent cinquante Sous-Fermiers. Quel plan fallait-il concevoir pour en venir à bout ?

— Ces Sous-Fermiers, qui sont-ils ? demanda Divernois, comme s'il me devinait.

— Des aventuriers sortis de boudoirs d'intrigantes, des bretteurs dépourvus de scrupules et de mœurs. Bragouze, un garçon barbier, qui a pris pour femme une blanchisseuse qui fait la risée du Palais. Perrinet, marchand de vin, Haudry rat de cave et le marquis d'Herbault, fils de laquais tout comme Durand de Mézy.

Soudain, je me sentais las :

— Épargnez-nous la tristesse de ce décor de valets, Villars !

Mais il persévérait avec acharnement :

— J'ai fait mon enquête, voyez-vous, mais ce qui me manque, mon cher Belle Humeur, pour mettre un peu de piquant à mon article... mais je crains... c'est trop difficile, trop dangereux...

— Là vous commencez à m'intéresser, bien sûr !

Villars me tenait dans ses griffes et je le soupçonnai soudain de n'être accouru si vite que pour cette dernière phrase :

— Eh bien, ce qu'il me faudrait, c'est la liste des croupiers*. Imaginez le scandale si l'on divulguait les noms des profiteurs des croupes et que l'on répande cela dans toute la France ?

— Vous n'auriez plus qu'à vous cacher, mon cher Villars, car je pense qu'il doit y en avoir, parmi eux, quelques-uns qui seraient fort fâchés d'être découverts et d'apparaître au grand jour pour ce qu'ils sont en réalité !

— Où se trouve cette liste ? demandai-je à Villars qui m'observait, content de son effet.

— Enfermée dans les coffres de la Ferme. Mais on dit qu'il en traîne copie ici et là. C'est cette chère Diane de Fleury qui m'a donné cette information précieuse et peut-être une indication exacte, mais je dois vérifier d'abord. Nous en reparlerons, voulez-vous ? À plus tard, mon cher Belle Humeur ! Bien le bonsoir, Divernois !

Je me jetai sur les pas de Villars qui franchissait déjà la porte.

— Quand vous a-t-elle donné cette information et où ?

Villars fut surpris de mon ton et sans doute de mon air. Je lui avais littéralement sauté dessus, je le tenais par le col de son vêtement. Il me considérait, stupéfait, en bredouillant :

— ... mais... je ne sais... voyons... cela doit être le lendemain ou le surlendemain de cette soirée chez les Piolenc... Elle avait l'air particulièrement préoccupée, nous avons parlé...

— De quoi ? de qui ?

Villars, vite revenu de sa surprise première, me tapota le bras :

* Croupier : nom donné aux gens qui tiraient profit des séquestres.

— Écoutez, capitaine, je la voyais un peu triste, presque désespérée... et comme je l'apprécie, car c'est une jeune fille qui a beaucoup de qualités rares, j'ai cherché à la distraire, mais il n'y avait aucun moyen. Alors je lui ai parlé de vous. Elle ne me répondait pas davantage, mais son visage s'éclairait et je compris que je tenais mon sujet.

— Que lui avez-vous dit ?

— Oh rien que d'officiel ! Je lui ai raconté notre première rencontre.

— Mais encore ?

— C'est à ce moment, en parlant, que soudain elle s'est frappé le front, puis avec un fin sourire, elle m'a dit : « Et les croupes ? Voilà qui serait intéressant ! Mais comment et où trouver cette liste ? Je vais m'en occuper, Villars, si vous me promettez de la publier dans votre gazette. » Voilà ! Je n'en sais pas davantage ! Diane est partie pour Paris, quelques jours plus tard, accompagnée de ces deux jeunes gens.

— Et à Paris, vous ne l'avez pas rencontrée dans quelque salon ?

— Non ! Mais nous ne fréquentons pas tout à fait les mêmes lieux, et Paris n'est pas la province ! Diane de Fleury est une étoile, qui brille à la Cour et chez les princes, mes relations à moi sont fort modestes : quelques échotiers, quelques philosophes... bref ! des gens peu recommandables, que l'on trouve plutôt au café *Procope*, à la Bastille, ou au donjon de Vincennes.

— Comment se procure-t-on cette liste des croupes et pourquoi dites-vous que c'est « dangereux et difficile » ?

Villars me considéra comme un être venu d'une autre planète.

— Mais enfin ! Vous n'ignorez pas ce que représenterait la divulgation d'un tel secret ? Jusqu'alors les noms des « croupiers », de ceux qui empochent ce qui a été arraché aux plus pauvres, aux plus démunis des laboureurs, n'ont été que supposition, rumeur vague et donc peu crédible. Imaginez maintenant que ces profiteurs criminels aient un nom, un visage, connu de tous et sans doute haut placé ? Quel coup de tonnerre irrémédiable ! Quelle salissure ! Quelle ignominie ! D'un tel scandale, nul, fût-il le plus grand, ne se pourrait remettre. Et la vengeance serait à la hauteur du dommage, cela va de soi !

— Et comment Diane de Fleury, une jeune fille seule, ou presque, peut-elle prétendre se procurer ce brûlot, mieux caché et mieux gardé que le trésor des Templiers ? Par quel subterfuge ? Quelle obscure intrigue ?

— Diane de Fleury n'est pas une petite intrigante amorale. J'ignore quel est son plan pour parvenir à ses fins...

— Un plan sans risque ?

Villars sourit un peu tristement en me tapotant l'épaule :

— Atteint-on jamais le but que l'on s'est fixé sans prendre de risque, Belle Humeur ? Vous, mieux que quiconque, connaissez la réponse.

Je quittai Villars et Divernois plus inquiet que je ne voulais me l'avouer pour cette jeune femme croisée par le plus grand des hasards, qui ne m'était rien, ni parente ni amie, mais dont le souvenir continuait de m'obséder si longtemps après le petit moulin.

Je passai les six semaines suivantes soit en Suisse soit en Savoie à compléter l'organisation de ma troupe et le réapprovisionnement en marchandises.

Bien vite, la contrebande n'eut plus de secret pour moi. J'attachai un soin particulier au choix de mes hommes et des chevaux. Ma seconde incursion devait être brève mais décisive. J'avais enfin conçu et arrêté un plan qui remplissait des conditions plus exigeantes que celles de la contrebande ordinaire. À première vue, il paraissait hasardeux et complexe, il demandait à être mûri sur le terrain. Je le gardai pour moi.

Je ne revis donc mon gazetier qu'à la veille de mon départ, le 5 juin. Il n'avait reçu aucune autre information sur la liste des croupes, mais il attendait avec impatience le retour prochain de Diane qui devait passer, comme moi, par Rodez, où se tenait une grande foire vers la fin du mois. Je me promis de faire en sorte de m'y trouver au bon moment.

TROISIÈME PARTIE

Mandrin, le capitaine

12

J'avais préparé avec un soin infini cette seconde incursion que je voulais exemplaire.

Les péripéties de cette campagne ont fait l'objet de nombreux récits dans les feuilles et les gazettes de toute la France, il est donc inutile d'y revenir dans le détail ; je ne m'arrêterai qu'aux événements qui me tiennent à cœur, pour y donner ma lumière, car, en effet, certains moments se révélèrent comme les plus marquants de mon existence, et cela à bien des égards.

J'avais deux cents hommes sous mon commandement et un très gros chargement de marchandises, constitué pour une grande part de tabac suisse. La route que j'avais choisie et qui devait nous mener de Pont-de-Beauvoisin à Grenoble, au Pont-de-Claix, puis à Millau et à Rodez avait été soigneusement ouverte par mes éclaireurs. À chaque étape, nous avions nos informateurs et nos relais, essentiellement des aubergistes.

Nous pénétrâmes en France le 6 juin, et le 7 nous étions au Pont-de-Claix sur le Drac, à une lieue au sud de Grenoble. L'endroit, sauvage, est particulièrement beau, mais aussi particulièrement bien gardé ! Là, le Drac roule un cours impétueux dans un lit profondément encaissé, entre le massif aux cimes pointues de la Chartreuse et les Grands-Geais. Les eaux vont frapper avec force contre des masses rocailleuses dont elles creusent les bases de granit. Des gorges sauvages se succèdent tout au long du fleuve où des rocs à moitié dénudés dominent, coiffés de touffes d'arbres ; au loin se dressent vers le ciel les crêtes blanches du grand Veymont, de la grande Moucherolle et du pic Saint-Michel.

Le pont de Claix est majestueux d'audace et d'ingéniosité : une seule arche très haute, en arc brisé, se jette d'une rive à l'autre. À l'entrée du pont, une tour carrée au toit pointu constitue le poste de garde du passage. Nous le franchîmes au point du jour, puis, après nous être débarrassés des gâpians et de leurs registres, nous poursuivîmes en direction de Valence.

Nous allions bon train, sans rencontrer d'obstacle, quand, à Saint-Rome-du-Tarn, juste avant Rodez, il se produisit un malheureux incident qui me donna matière à m'ouvrir à mes hommes.

Broc, l'un de mes chefs, fut insulté par un des habitants de ce village, un ivrogne, dit-on, je ne sais ! Mais toujours est-il que Broc n'en admit pas davantage le compliment et poursuivit l'homme jusque dans une maison où il avait trouvé refuge. L'autre se croyait à l'abri, mais Broc, forçant la porte, l'aperçut et tira. Le malheur voulut qu'une jeune femme, qui se trouvait là, tentât de s'interposer et reçût la balle destinée au fuyard. Cette jeune femme, qui attendait un enfant, fut tuée sur le coup. Cette mort m'attrista profondément, comme la plupart de mes hommes d'ailleurs, non que je craignisse le ressentiment de la population, comme on a voulu le faire croire, mais bien davantage parce qu'elle représentait pour moi une erreur grave. Tuer par hasard, comme à la guerre, était à l'inverse de mon but, pire, m'était odieux ! Cela me conforta dans l'idée que le temps était venu de m'ouvrir de mes projets à tous mes compagnons.

On ne reproche pas aux militaires leurs pillages, leurs incendies, leurs massacres de populations civiles, ni toute cette boucherie ordinaire qui semble faire partie du folklore patriotique. Mais justement, nous n'étions pas des militaires, ni des exécuteurs de l'État, et nous n'avions donc pas l'excuse des hasards de la guerre et de ses balles perdues. Nous n'avions aucun droit à l'erreur. Notre règle se devait d'être plus stricte et plus rigoureuse, mais mes hommes n'étaient que des hommes. Je décidai de leur parler à cœur ouvert, de leur insuffler mon idéal, prenant d'avance le risque qu'ils n'y adhèrent que peu ou pas du tout.

Je réunis le conseil composé des cinq chefs contrebandiers et de cinq de leurs hommes. Il y fut décidé que Broc verserait une amende de vingt-deux livres à la famille de cette jeune femme et rentrerait chez lui par le plus court chemin.

La journée fut longue et triste, le soir nous amena à Sainte-Affrique. C'était la Saint-Jean. Nous organisâmes pour le plaisir des villageois une sorte de revue, au son des fifres et des tambourins, puis nous fîmes de grands feux de joie et tout le monde participa d'un même élan à cette traditionnelle fête des champs.

Ces réjouissances, en accord avec les villageois, avaient remis du cœur au ventre de mes compagnons, un peu secoués par le renvoi de Broc.

Le lendemain matin, avant de quitter Sainte-Affrique pour Rodez, je réunis mes deux cents hommes et leur tins à peu près ce langage :

« Compagnons ! Que nous l'ayons choisi ou non, nous sommes des hors-la-loi, proscrits en notre pays, et nous n'avons qu'à nous en féliciter quand on sait par quelle poignée de gredins et de fripons cette loi s'exerce ! Mais être des hors-la-loi nous oblige à plus de vertus. Faisons donc notre but de mettre un terme aux abus de ceux dont c'est le privilège de régner par le vol, la misère, la terreur. Sur ceux-là et sur ceux-là seuls, nous ferons peser à notre tour les plus terribles contraintes et ce jusqu'à la ruine et au désespoir. Les Pillards généraux et tous leurs valets ont répandu la calomnie. Cherchant en vain sur qui faire peser leurs crimes, ils veulent nous les faire endosser en faisant courir la rumeur que nous sommes responsables des augmentations de l'impôt, mais il n'est nul homme en France digne de ce nom pour les croire ! Cependant, sachez encore que si nous nous sommes investis du droit des justiciers, cela, loin de faciliter notre tâche, nous charge au contraire d'une lourde responsabilité. Chacune de nos paroles, chacun de nos actes doit faire naître ou mourir quelque chose ou quelqu'un : considérez donc tous ceux qui ne sont pas nos ennemis comme votre bien le plus précieux ! Sachez vous faire aimer et apprécier comme des hommes porteurs d'espérance. Faisons-nous reconnaître toujours et partout, pour ce que nous sommes, jamais pour ce qu'on voudrait que nous soyons ! Et voici ce que nous allons faire maintenant... »

Mon discours, s'il était un peu succinct, eut le bonheur d'éveiller en eux un écho. Je les sentis soudain investis d'un autre destin que celui que l'on avait tracé pour eux.

Bélissard me rejoignit alors que nous chevauchions vers Rodez. Il était tôt encore, mais le soleil était déjà haut et chaud, la route poudreuse. Bélissard avait la mine un peu renfrognée des mauvais jours.

— Beau discours, Belle Humeur ! me dit-il. Un conseil cependant : garde tes distances, ne donne pas trop de hardiesse aux hommes, ne va pas leur dire qu'on est tous égaux, qu'on a tous les mêmes droits et toutes ces balivernes philosophiques ! Ils entendront droits, ils oublieront devoirs, ta folie leur servira d'excuse. Ils te voleront ton but, ton idéal, ils le réduiront à leur taille, ils en feront un pantin, maquillé des grossiers plaisirs qu'on leur refuse : ce que tu appelles la conscience ne se forge pas en un jour. Garde tes distances. Ce sont tes hommes, ton bras armé, ils font de la contrebande pour s'enrichir, sous ton commandement parce que tu es bon capitaine, ne leur demande pas aussi d'adhérer à ta cause. Garde-la pour toi, fais-en ton affaire.

— Tu ne crois donc à rien, Jean ?

— Si ! Je crois en moi, en moi seul ! Non parce que je suis meilleur ou pire, mais parce que je me connais. Mes goûts, mes désirs, mes envies, mes rêves, je suis le seul à les connaître, tu comprends ? Je ne donne à personne le droit de m'en substituer d'autres, et quand je mourrai, le monde entier finira avec moi. Ordonne et tu seras obéi ; n'explique rien, c'est toujours à toi-même que tu fournis des explications quand tu cherches à t'expliquer. Tu es le chef ? Fais le chef ! Comme tu l'entends. Commande, ne conseille pas ! Ordonne clairement, sans insinuation subtile, sans promesse devant l'Éternel. Ordonne-leur d'être tels que tu les veux, c'est tout.

— Mais je n'ai pas l'intention de leur imposer ma conscience !

— Alors tu récolteras ce que tu as semé : le désordre.

Bélissard avait plus d'expérience des hommes que moi, mais j'avais une chose qui lui manquait : un projet. Et c'était là ma force. Un projet se partage quand il est partageable.

La suite lui donna d'ailleurs souvent tort. Notre coup d'essai, par exemple, fut totalement réussi et, qui plus est, je n'en étais pas l'instigateur, ce qui prouvait à l'évidence que je m'étais fait comprendre.

En passant à Vabre, ce matin-là, Prêt-à-boire et le Camus s'arrêtèrent à la porte de la brigade de la maréchaussée. Ils frappèrent avec insistance mais civilement, sans trop d'ostentation. Il fallait voir la tête des gendarmes quand ils ouvrirent et se trouvèrent nez à nez avec les contrebandiers qui leur tendaient un ballot de tabac, en leur expliquant le propos de leur aimable visite :

— Nous passions devant chez vous, dit le Camus, lorsque nous nous sommes avisés que vous aviez sans doute besoin de bon tabac. En voici donc pour vingt livres. Dépêchez-vous, ajouta-t-il, en s'efforçant de ne pas rire de leur air stupéfait, nous sommes pressés !

Le brigadier s'étouffait, surprise et panique mélangées.

— Mais... mais... êtes-vous devenus fous ? Vous savez bien que nous ne pouvons rien vous acheter... Nous appartenons à la Ferme... ça nous est interdit !

— Mais bien sûr, pauvres gens ! reprenait Prêt-à-boire, croyez-vous que nous l'ignorions ? C'est pourquoi, au contraire, connaissant le prix exorbitant de votre tabac, nous avons pensé vous être agréables en vous offrant le nôtre, à si bon marché.

Force leur fut de prendre et de payer le ballot au prix demandé.

Les compagnons qui faisaient cercle tout autour ployaient de rire sur leurs montures. Nous n'avions jamais passé un aussi bon moment.

Le grotesque de cette situation remplissait à merveille mon dessein : le sang n'était pas versé, la marchandise vendue l'était justement à ceux-là qui avaient pour mission de nous traquer.

Nous reprîmes notre route, tout joyeux de notre bonne farce, et même Bélissard souriait. Ce n'était qu'une entrée en matière.

13

Enfin nous atteignîmes Rodez. Dans la capitale du Rouergue, le 30 juin, il y a grande foire et une foule dense s'y pressait à pied, à cheval ou à mulet, en voitures de toutes sortes, y compris en charrettes pleines de volailles et de cochons.

Rodez est une belle ville étendue à l'ombre de sa cathédrale sans portail, à la fois nonchalante et austère. C'est aussi une véritable forteresse : imaginez des soldats en garnison, trois brigades de maréchaussée soutenues par les soldats des Fermes.

Au moment où nous arrivions aux abords de la ville, toujours en campagne, nous vîmes déboucher un détachement de grenadiers qui poursuivaient un déserteur. Le pauvre hère courait en tous sens, déjà épuisé, avec fort peu d'avance. Soudain, il chancela, s'effondra et les grenadiers l'encerclèrent.

Sur une route, à distance, un carrosse s'était arrêté ; à la portière, une jeune femme regardait la scène. C'est alors qu'elle nous aperçut et j'eus le sentiment qu'elle nous faisait signe, mais déjà une dizaine de mes hommes s'étaient détachés des rangs et chargeaient les grenadiers qu'ils maîtrisèrent sans tirer de coups de feu. Le Major ramena le déserteur et le sergent, en laissant sur place les autres soldats désarmés.

Je saluai de mon feutre le lointain carrosse qui reprit sa route vers la ville à vive allure. Le déserteur et le sergent furent chargés sur les mulets, mais l'affaire ne pouvait guère attendre et le Major me questionnait déjà du sourcil.

— Bien sûr, nous n'allons pas nous alourdir de ces deux

inconnus, dis donc au conseil que nous nous réunirons à midi, à l'auberge, pour y décider du sort de ce sergent, le rassurai-je.

Parvenus aux portes de la ville, nous fûmes contraints de nous arrêter tant la presse était grande. Jambon m'appela vivement pour me montrer des édits placardés partout : « *Il est interdit sous les peines les plus sévères d'acheter et de consommer des marchandises de contrebande.* » C'était écrit en caractères gros et gras et barbouillé du sceau de la Ferme.

— Cela n'a rien de nouveau ! s'exclama le Camus.

— Oui ! Mais quand c'est écrit, c'est plus convaincant. Ils vont faire peur aux populations, dit Bélissard, c'est d'ailleurs dans ce but qu'ils le font. Penses-tu qu'ils iraient dépenser de l'argent à ça si ça ne devait pas leur rapporter quelque chose ?

— Eh bien justement ! dis-je, je crains que ça ne leur coûte plus cher.

— Je serais curieux de voir cela ? dit encore Bélissard.

— C'est tout vu ! Les Fermes voudraient par un coup de force nous supprimer le chaland ? Fort bien, en ce cas, ce sont leurs propres agents, receveurs, entreposeurs, buralistes qui seront à l'avenir nos meilleurs clients, dis-je, en lui donnant une bonne bourrade amicale.

Tout émoustillés à cette nouvelle idée, nous pénétrâmes dans Rodez, non l'arme haute, mais au son des fifres et des tambours et ce jusqu'au bourg Saint-Cyrice, tandis qu'une joyeuse troupe de gamins s'était mise à la tête de notre cortège et criait à tue-tête : « Vive les contrebandiers ! » Je sentais mes hommes sourire derrière leurs grands chapeaux rabattus sur leurs yeux amusés. Les fenêtres des maisons de bois, aux murs de guingois, aux charpentes en surplomb de la rue, s'ouvraient, laissant apparaître des têtes ébahies. Le spectacle avait sans doute de quoi surprendre et peut-être ferait-il bientôt l'objet de l'une de ces belles histoires contées aux veillées, dont on rêve encore de longues nuits.

Parvenus sur la place du marché, nous y établîmes notre entrepôt qui attira bientôt les Ruthénois en grand nombre, malgré l'édit. Les paysans en sarraus bleus, les femmes en coiffes tuyautées, leurs cols de dentelle épanouis en corolle sur les épaules, les bourgeoises cossues, les soubrettes coquettes, les fermières endimanchées, les dames et les demoiselles de château, tous se bousculaient pour profiter des occasions que leur offrait notre paradis défendu, sous la surveillance de mes hommes et de leurs carabines.

Ni la compagnie de garde dans la ville ni l'une ou l'autre des trois brigades de maréchaussée ne s'avisèrent d'y mettre fin. Je crus bon cependant de rassurer les craintifs et leur dis haut et fort :

— Moi, Mandrin, capitaine général des contrebandiers de France, je garantis tous ceux qui seraient recherchés à l'occasion de la marchandise acquise en ce lieu et place !

Cependant, les velléités de répression de la Ferme ne remportaient pas même l'apparence d'un succès. Je ne me flattais pas que cela fût toujours le cas. La seule connaissance d'un manque n'a jamais suffi à en faire une capacité, et par ailleurs le but de notre société n'est-il pas de fabriquer des hommes qui s'adaptent à l'ordre fondé sur la force, qui tolèrent tous les abus malgré la misère et l'humiliation ?

Il se trouvait que, pour un temps, la force et l'équité changeaient de camp. Pour une fois, et pour un bref instant, que j'allais m'efforcer de prolonger quelque peu cependant. D'aucuns m'avanceront que l'on ne combat pas la misère avec des moyens misérables, et c'est vrai ; mais je sais, moi, qu'on ne la combat pas non plus en s'y soumettant, c'est un risque à courir !

Rassuré, pour lors, quant à la tournure que prenaient les choses, je suivis le Major jusqu'à l'auberge où nous devions tenir conseil un peu plus tard.

L'auberge regorgeait de chalands, mais quand nous pénétrâmes dans la grande salle bruyante, mes yeux s'accrochèrent immédiatement à une table reculée, tout au fond, où étaient attablés les deux jeunes marquis, amis de Diane. À la vérité, je n'en fus que peu surpris, car si, dans le feu de l'action du matin, je m'étais efforcé de la chasser de ma pensée, elle vivait en moi, sous la dalle de pierre de l'inaccessible. Sa présence, que je devinai soudain proche, ranima brutalement douleur et désir.

Je saluai de loin les deux voyageurs qui me dévisageaient, un peu pantois.

— Soyez mes invités, messieurs, leur dis-je en levant mon feutre dans leur direction.

— Aubergiste ! cria le Major de sa voix grave qui fit accourir le bonhomme d'autant plus vite qu'il sentait l'odeur des louis d'or lui chauffer les papilles, les contrebandiers ayant la réputation de payer grassement et sans rechigner. Bélissard connaissait l'homme et sa tanière où il avait déjà séjourné lors de précédents passages. L'aubergiste s'avança chapeau bas.

— Où est mademoiselle de Fleury ? lui demandai-je à l'oreille.

— Dans la grande chambre au premier étage. Dois-je lui demander...

— Ne demande rien, aubergiste, et tiens ta langue ! En attendant, tu serviras à manger et à boire à mes hommes et dans un coin tranquille.

Je laissai Jambon, qui m'avait suivi, se dépêtrer de la cohue qui se précipitait sur nous pour nous parler, nous glisser des suppliques, des requêtes, des demandes d'aides et des dénonciations des mauvais traitements infligés par les gâpians à tel ou tel, et je montai en courant au premier étage.

Devant la porte, j'hésitai un instant, mon cœur battait la chamade comme celui d'un damoiseau. Je frappai et entrai dans le même temps.

Elle était là, allongée sur le sofa de taffetas vermillon un peu élimé, sa robe de cotonnade à fleurs répandue jusqu'au tapis en corolle, ses pieds nus posés sur l'accoudoir.

Au bruit du loquet, elle se dressa vivement, tournée vers l'intrus, l'œil flamboyant de colère. J'étais saisi de joie de la revoir enfin, bien que meurtri par ce manque de confiance qui l'avait amenée à s'adresser à Villars, plutôt qu'à moi, pour cette affaire de croupes.

Je m'étais préparé à cette rencontre puisque j'avais minutieusement organisé les étapes pour me trouver à Rodez en même temps qu'elle ; je m'étais donné mille bonnes raisons pour cela, cependant je ne parvenais pas à me dominer. Je ne sais quel visage je lui offris à cet instant, mais le sien était passé de la colère à la stupeur et à la plus grande confusion. Je restai là sur le pas de la porte, haletant, attendant qu'elle me fasse signe.

— Pardonnez-moi de faire ainsi irruption chez vous, mademoiselle, puis-je entrer ?

Elle respira profondément et me répondit enfin, plutôt froidement, en se levant tout à fait :

— Y a-t-il quelque chose que l'on puisse vous refuser, monsieur ?

Je refermai doucement la porte et fis quelques pas vers elle, fasciné, comme un papillon va vers la flamme qui le brûlera. Qu'allais-je lui dire ? Je m'étais préparé toutes sortes de formules qui conduisaient toutes à la même conclusion : qu'il fallait qu'elle disparaisse de ma vie, ou qu'elle me rende le service de devenir médiocre. Qu'elle entre enfin dans l'un de ces moules traditionnels qu'il me serait aisé de casser le moment venu. Qu'elle n'avait aucun droit de venir occuper mes jours, mes nuits, encombrer mon existence désormais vouée à un seul but, avec son sourire, son regard profond, ses manières gracieuses et son beau visage grave.

Elle se tenait à distance, derrière le sofa, les cheveux épars sur les épaules, la tête un peu inclinée, les mains appuyées comme pour se soutenir sur le dossier, elle m'observait sans mot dire. Je ne pus réprimer mon élan, je lui tendis les mains en bafouillant :

— Diane, je suis si heureux de vous voir, je ne sais...

Elle avait posé doucement ses mains dans les miennes, nous n'étions plus séparés que par ce sofa. Sans doute pour ne pas laisser transparaître son trouble, elle me dit sur un ton narquois :

— Je vois, à votre air, que vous étiez venu me dire des choses désagréables, ou me trompé-je ?

La colère ou le dépit me reprit, je laissai aller ses mains, brusquement. Elle se moquait de moi, elle m'avait percé, me sentait vulnérable et pensait en tirer avantage, me ridiculiser.

Elle fit le tour du sofa pour venir se poster face à moi, leva son beau visage et me regarda sans sourire, l'œil interrogateur.

— Allons ! Qu'alliez-vous me dire ?

Une véritable tenaille me ressaisit l'estomac. Je me jetai vers elle, la saisis dans mes bras, la serrai fort contre moi. Puis je craignis de lui avoir fait mal, je desserrai mon étreinte, elle suffoquait.

— Diane ?

Je la tenais enlacée contre moi, légère ; le parfum de sa peau m'envahit, je le respirai à plein cœur, je m'imprégnai jusqu'au fond de ma mémoire de l'odeur de ce corps, me penchai vers elle et l'embrassai sur le visage et le cou, enivré, laissant le désir me dominer. Enfin nos lèvres se joignirent et tout son corps contre le mien tremblait d'émotion. Et quand je lui pris la bouche tout entière, passionnément, elle s'abandonna tout à fait. Je sentis ses bras se refermer sur moi. Puis je pris son visage entre mes mains, il était si fin qu'elles se rejoignaient comme en une offrande. Je la regardai, rose et brune, reprendre son souffle. Le sourire qui l'illuminait m'inonda de joie.

— J'ai souvent pensé à vous, murmura-t-elle en m'invitant à m'asseoir près d'elle sur le sofa. Voici que nos chemins se croisent. C'était vous dans la vallée ce matin, qui avez secouru ce déserteur ?

J'allais lui avouer que je n'avais fait tout ce chemin que pour la voir, quand on frappa à la porte. C'était la voix du Major :

— Capitaine ! Le conseil est réuni. Viendrez-vous ?

— Commencez votre repas, ne m'attendez pas ! Je viendrai bientôt !

J'allais devoir me séparer d'elle. On pouvait entrer à tous moments et notamment ses deux anges gardiens qui feraient sans doute mauvaise figure, ce dont, au fond, je me souciais comme d'une guigne !

Mais je me sentis soudain seul devant un univers glacé de certitudes. Sans doute mon visage l'exprima-t-il car Diane, avec une grande douceur, me passa la main sur les yeux.

— Louis...

Je pris sa main et la baisai tout en lui demandant :

— Vous ne m'avez pas dit ce que vous étiez allée faire à la Cour, car c'est bien de là que vous venez, n'est-ce pas ?

Elle rougit un peu. Je la serrai à nouveau dans mes bras. Ce temps qui nous pressait aiguisait mon désir, et je sentais son corps vibrer contre le mien. Je l'embrassai de doux baisers sur ses longues et opulentes boucles tandis qu'elle tentait d'éluder ma question, la voix changée :

— Je suis allée chercher un renseignement et je... mais cela n'a pas d'importance !

— Vraiment ! Voulez-vous que je vous dise, moi, de quel renseignement sans importance il s'agit ?

Une bouffée de colère m'avait repris. Pourquoi me mentait-elle ? Je l'écartai de moi en lui tenant le bras serré ; je la regardai fixement.

— Dites toujours, monsieur l'informé !

— Vous êtes allée chercher la liste des croupes, ou plutôt savoir où se trouve le double de cette liste que vous projetez de dérober et de faire passer à Villars afin qu'il la publie dans sa gazette.

Je la secouai presque. Elle se libéra et se mit à rire, d'un rire provocant qui la rendait terriblement désirable, mais elle l'ignorait. Son baiser inexpérimenté et ces quelques instants d'intimité m'avaient plus appris sur elle que tout ce qu'on m'en avait dit ces derniers mois. Je voulais la reprendre dans mes bras, lui faire savoir combien je tenais à elle, en dépit de tous mes efforts pour l'éloigner de moi.

— Vous, vous avez vu Villars, me dit-elle amusée, et évidemment, il vous a tout dit, ce bavard !

— Où est cette liste, Diane ? lui demandai-je presque suppliant.

Elle se leva brusquement.

— Ah ! Non ! Ceci est mon affaire ! Vais-je me mêler des vôtres, moi ?

— Oui ! Qu'étiez-vous venue faire d'autre au petit moulin ?

Elle haussa les épaules, marcha vers la porte. Mais, en trois enjambées, je fus contre elle, je l'attrapai, l'enfermai dans mes bras, plongeai tout entier mon visage dans sa douce chevelure, comme on se noie :

— Diane ! Je ne veux pas que vous preniez ce risque ! Il faudra s'introduire dans un endroit sûrement bien gardé, forcer un coffre sans doute. Avec quels moyens comptez-vous faire cela ? Si l'on vous prenait ? Je ne peux pas supporter l'idée que vous couriez quelque péril, que vous perdiez votre liberté.

— C'est difficile à supporter, je le conçois. Mais vous m'avez ouvert le chemin, montré l'exemple. Je marche sur vos traces, monsieur ! Quant à la liberté... Il n'en est que de l'esprit. Je ne risque donc pas grand-chose.

— Diane, je vous en prie ! Ne vous moquez pas ! On vous découvrira tôt ou tard et alors on vous enfermera dans l'un de ces terribles mouroirs que l'on appelle couvents, ou l'on vous jettera dans le premier navire pour les colonies, ou l'on vous assassinera par inadvertance...

— Vous croyez-vous plus à l'abri que moi de ce genre de hasard ?

— Sangdieu, Diane ! Je n'ai plus le temps de parlementer. Est-ce pour me tourmenter que vous avez décidé de vous jeter dans tous les périls ?

Elle avait repris ses distances. Elle leva la main pour m'apaiser.

— Quand je suis venue vous prévenir des dangers qui vous guettaient, au petit moulin, vous ne m'avez pas entendue. Vous sortiez des bras de votre petite présidente, vous en étiez encore tout parfumé. Vous veniez à ma rencontre pour me conter fleurette. À la veille des batailles, le guerrier faisait le plein de bons souvenirs pour alimenter ses futures longues nuits solitaires. Mais je me moquais de cela, je ne pensais qu'à vous... vous être utile. Vous m'avez éconduite, sans aucune assurance, comme on se débarrasse d'un objet encombrant qui ne rentre pas dans la poche à laquelle on le destinait. Aujourd'hui, vous venez à moi, comme un ouragan, m'imposer votre loi et vos règles. Je n'ai pas plus de raisons d'y souscrire que vous n'en aviez alors. Vous ne détenez pas le privilège de la détermination.

Elle s'était mise à trembler, émotion et colère mêlées, elle me faisait face, droite, résolue.

— Je ferai ce que j'ai décidé de faire, et ni vous, ni personne ne saurait m'en empêcher en aucune manière, ni par la force ni par...

— L'amour ! terminai-je sans me dérober. Écoutez-moi, à votre tour, Diane, car je dois partir. Oui, je vous aime, et croyez-moi, ce ne sont pas des mots que je galvaude. Je vous aime de toutes mes forces et bien malgré moi. Regardez-moi bien, Diane, je vous en supplie à genoux, ne faites pas cela.

Et je m'agenouillai, sans aucune honte, devant elle. Elle me regarda avec des yeux immenses, incrédules. Le rouge lui était monté aux joues, elle crispa sa main sur la mousseline bleue qui lui tenait lieu de mouchoir de cou, puis elle me tourna le dos brusquement, en proie à une émotion qu'elle voulait me cacher. Je restai là, genou à terre. La mousseline tomba à mon pied, je la ramassai et l'enfonçai prestement dans ma poche la plus secrète.

— Écoutez-moi encore, suppliai-je. Cessons de nous frayer un chemin à travers les mauvais prétextes, Diane ! Je ne suis venu à Rodez aujourd'hui que parce que je savais vous y trouver. Je ne veux pas que vous fassiez cette folie, mais je veux bien que vous m'aidiez à la faire.

Diane s'était avancée jusqu'à la fenêtre, je me relevai et m'approchai d'elle, elle m'arrêta :

— Vous avez bien de l'assurance, monsieur, de me parler d'amour. Comment jugez-vous de moi ? Vous m'avez à peine entrevue et d'ailleurs je ne suis pas libre.

Je n'aimais guère la tournure que prenaient les choses ; je sentais bien que déjà Diane se repentait de s'être abandonnée dans mes bras, qu'elle faisait marche arrière, craignant de trop montrer ses sentiments.

— Libre, dites-vous ? L'étiez-vous davantage quand vous êtes venue à moi, au petit moulin ? Diane, je n'aime ni vos excuses ni vos soupçons ; si je vous gêne, ce n'est pas avec cette monnaie-là que vous m'écarterez !

Je l'avais rattrapée et reprise dans mes bras. Elle baissait les yeux comme une enfant.

— Où est mon mouchoir de cou ? demanda-t-elle.

— Dans ma poche ! Diane, regardez-moi et répétez après moi : Louis, je ne vous aime pas.

— Louis, je ne vous...

— Alors ! Dites-le ! et je sortirai immédiatement de votre vie.

Elle tenait la tête baissée. Je lui pris le menton, lui relevai le visage. Ses yeux de mer sombre étaient remplis de larmes.

— Aimez-vous Chossat ou quelque autre ?

— Cessez de me tourmenter ! Ne savez-vous que faire violence ? Que voulez-vous de moi ?

J'approchai mon visage contre le sien :

— Dites-moi que vous ne m'aimez pas, Diane ! Dites-le moi avec ces yeux, avec ces lèvres, avec ces bras qui viennent de m'assurer du contraire !

— Non ! Cessez ce jeu ! Il est indigne de vous et de moi.

— Fort bien, dis-je en m'écartant ; je resterai donc dans le doute.

Je m'éloignai, la saluai de la tête presque froidement tout en ne la quittant pas des yeux. J'allais partir. Elle me tendit sa petite main fine, j'y déposai un baiser respectueux. Je n'arrivais pas à la quitter et je sentais bien qu'elle ne le désirait pas non plus !

— Ne nous séparons pas fâchés, monsieur, qui sait quand nous nous reverrons !

J'étais presque à la porte, je cherchais quelque chose à lui dire encore :

— Puis-je vous demander, sans empiéter sur votre liberté, où vous vous rendez maintenant ?

— À Vizille, près Grenoble, où mon oncle réunira quelques-uns de ses amis le mois prochain.

— Vizille ? Le château fort des réformés ? Est-il protestant ?

— Qui, en France, pourrait répondre sincèrement à une telle question sans risquer sa vie, ou tout au moins sa réputation, sa fortune ? Non ! Il n'est pas protestant, mais beaucoup de ses amis le sont ou l'étaient.

— Et pour faire cent lieues ou plus, vous n'êtes escortée que de ces deux girouettes de boudoir ?

— Chossat et Saint-André sont des gens redoutables aussi à leur heure. Ne vous y fiez pas !

— Tous les amoureux sont redoutables... à leur heure ! À vous revoir Diane et bientôt, je l'espère.

— Prenez soin de vous, monsieur, je vous en prie !

Elle eut un élan, comme saisie de panique. J'ouvris les bras, elle s'y jeta.

— Serrez-moi ! J'aime que vous me serriez dans vos bras, dit-elle d'une toute petite voix.

Décidément, c'était une toute petite fille qui faisait de temps en temps la femme. J'en fus ému. Elle avait posé sa tête sur mon épaule et restait là, immobile. Je caressai ses cheveux, un peu dérouté, son corps pesait contre le mien.

— Eh bien ! voilà au moins quelque chose en moi qui ne vous déplaît pas !

Elle releva la tête, nos regards se prirent.

— Louis ?

— Ma chérie ?

— Embrassez-moi !

Il faisait chaud, les cris de la foule bruyante déferlaient par vagues. Diane avait une robe si légère que je sentais à travers l'étoffe tout son corps s'incruster dans le mien. Jamais je n'avais éprouvé un désir aussi violent. Je la soulevai et la portai dans mes bras sur le sofa. Je l'y allongeai doucement et m'assis près d'elle, embrassai sa gorge nue, ses épaules lisses, ses yeux, puis nos lèvres se rejoignirent encore. J'essayai en vain de dominer mon ardeur, je la voulais tant ! Mais lucide, une partie de moi-même me le défendait. Je voulais tout mon temps pour l'aimer et le lui exprimer. Elle m'embrassait maintenant avec fougue. Le navire allait sombrer, j'en perdais les commandes.

— Louis... prenez-moi, je suis à vous !

Rarement, jamais je pense, je ne me fis une telle violence : je m'arrachai de ses bras, déposai un baiser sur ses yeux.

— Ma chérie, je ne veux pas que nous fassions l'amour pour la première fois comme cela, à la sauvette, dans une chambre d'auberge.

Je lui pris la main, la serrai fort en la regardant au fond des yeux. Y aurait-il jamais une autre fois ? C'était aussi la question que je lisais dans son regard.

— Oui, Diane, mon aimée, il y aura un autre temps et d'autres encore, j'y veillerai et faites de même.

Je me relevai, le sol bascula, je crus un instant que je ne tiendrais pas sur mes jambes tellement l'effort que je leur imposais me coûtait.

Je franchis la porte et dévalai l'escalier comme un somnambule.

Dans la grande salle de l'auberge, le tumulte n'avait fait que croître. À première vue, je n'y vis ni mes hommes ni, d'ailleurs, les amis de Diane. L'aubergiste avait eu l'amabilité de nous allouer une salle donnant sur le jardin, où nous serions, avait-il assuré, mieux servis et plus tranquilles !

Le déserteur et le sergent dînaient avec autant d'appétit que mes compagnons. Jambon, qui regardait tout cela d'un air maussade, eut un sourire de contentement quand je vins prendre place devant mon assiette pleine. Le petit regard de connivence qu'il me lança me rappela que j'allais bientôt serrer dans mes bras ma petite Marianne, demain ou après-demain, quand nous nous serions dispersés rentrant chacun par notre chemin ; le mien passant par Saint-Étienne-de-Saint-Geoirs.

Au bout de la tablée, le Major me fit signe que tout allait bien sur le marché ; je me servis un grand godet de vin et essayai de reprendre le fil de mes pensées, en regardant tout autour de moi.

Les deux amis de Diane prenaient le frais, assis à une table dans le jardin. Nos regards s'accrochèrent. Je pris le temps de les observer tout en entamant le pain et le pâté que l'aubergiste avait généreusement distribués. L'un des deux, grand et brun, avait quelque ressemblance dans l'expression avec Diane ; il portait un grand manteau de drap léger, sur une chemise de fine dentelle, il avait belle allure. L'autre était blond, un peu hautain, son habit recherché le donnait, sans hésitation, pour un homme de cour, quoiqu'il portât sur le visage des traits énergiques. Je finis par leur sourire, sans qu'ils répondissent d'ailleurs, et me tournai vers Bélissard dont je sentais monter l'exaspération. Nous avions encore beaucoup à faire et quoiqu'il y parût nous n'étions pas là pour l'éternité.

Après quelques bouchées réconfortantes, je repoussai donc mon couvert et engageai immédiatement les débats. Le déserteur et le sergent me fixaient, anxieux :

— Sergent ! dis-je, je hais vos manières. Mes idées sont connues, inutile d'y revenir : je suis condamné à mort en ce pays, pour avoir porté assistance à un déserteur. Cela parle de soi-même ! Tu as manqué de chance en croisant mon chemin. Je m'efforcerai de parler le moins possible, afin que le conseil, ici réuni, ne soit pas influencé. Bélissard, Prêt-à-boire, le Camus, Carnaval, le Major et les six hommes réunis autour de cette table composent le conseil qui décidera de ton sort. Chacun d'eux prendra la parole à son tour, tu te défendras et nous voterons. À toi Mi-Carême !

Mi-Carême était un des hommes de Bélissard. Il avait la réputation d'être boute-en-train, drôle, jusque dans les moments les plus critiques. Il avala une grande gorgée de vin, se passa élégamment la main sur la bouche, et commença tandis que tous les compagnons riaient d'avance :

— Bon ! J'ai connu le sergent Pinset autrefois, j'ai servi sous ses ordres. Bah ! il n'est ni pire ni meilleur qu'un autre, plutôt bon bougre même, un peu lourdaud, un peu benêt, je vois d'ailleurs qu'il est pas monté en grade. Y doit pas avoir ramené assez de fugitifs !

Mi-Carême avait sorti tout cela avec modération. On sentait que l'homme ne lui était pas antipathique. Le Camus fut plus brutal :

— Oui ! Mais si on le laisse partir, combien y va encore en traquer comme ça ? Hein ?

Le sergent ne se défendait pas, il plongeait le nez dans son gobelet, les épaules avachies, l'air absent. Savait-il qu'il n'avait pas d'avenir et donc pas de présent ? Les militaires, et ils ne sont pas les seuls, ont l'art de consumer dans une multitude de combats douteux les forces vives de chacun. Celui-ci dit bêtement, comme un automate :

— C'est mon métier.

Carnaval le repêcha.

— T'as qu'à pas courir si vite, sergent ! « Qui va doucement va longtemps ! »

— Mais cet homme appartient à la milice, il a été tiré au sort. Qu'y puis-je ?

Il insistait le drôle !

Décidément, la bêtise et la soumission avaient encore de beaux jours devant elles ! J'intervins malgré moi, en tapant sur la table.

— Cet homme n'appartient qu'à lui-même, sergent !

L'imbécile sursauta, effrayé, me considéra un instant, l'œil vide, et s'enfonça davantage :

— Moi, je suis soldat. Je reçois des ordres que je dois exécuter les yeux fermés.

— Alors si on te donne l'ordre d'aller tuer ton frère, tu y vas « les yeux fermés », sergent ? interrogea perfidement le Major.

Tout cela ressemblait aux litanies des saints que les vieilles égrènent aux vêpres. À chaque antienne, sa réponse ! Toujours la même ! J'étais pris de vertige, je fis appel à toute mon énergie pour ne pas m'absenter totalement, aller rejoindre Diane là-haut, la reprendre dans mes bras et l'y garder. Ne m'était-elle pas plus précieuse que tout au monde désormais ? Ne s'était-elle pas offerte ? Étais-je devenu insensé ou stupide pour refuser un tel présent ? Que savais-je de demain, si ce n'est qu'il me conduirait encore et encore au hasard capricieux des combats, aux affrontements les plus rudes, aux issues les plus incertaines ? J'avais déjà pesé cent fois tout cela. À quoi bon y revenir ? Diane de Fleury se serait-elle éprise d'un riche maquignon ou d'un honnête marchand de draps ? À quel homme s'offrait-elle si ce n'est à ce redoutable Mandrin, au vainqueur sûr de lui, intrépide et follement téméraire ? Un homme sans faiblesse qui poursuivait sans se retourner un dessein qui le dépassait, une quête du Graal, un inaccessible rêve qui le plaçait au-dessus du commun, au-delà.

Bélissard me poussa discrètement du coude. La réponse du sergent à la question du Major tardait trop à mon goût.

— ... je sais pas ! C'est pas arrivé, ânonna enfin le misérable bougre.

Mi-Carême intervint encore avec un entrain admirable pour sauver la mise :

— Il l'aurait pas fait ! Dis-le sergent, que tu l'aurais pas fait ! Je le connais, je vous dis ! Il m'a sorti d'un sale pétrin une fois ! C'est pas un méchant bougre !

Je perdis le fil. Je me réveillai après le sermon sans doute ; soudain, pris du désir de partir, je dis pour en finir :

— As-tu quelque chose à ajouter, sergent ? Il faut décider !

— Non. Rien ! Je suis qu'un pauvre sergent, celui qu'on envoie faire les plus sales besognes ! J'ai rien à dire... jamais !

Et voilà, la boucle était bouclée. Faut-il s'en étonner ? On a tant traité les hommes comme des bêtes qu'à la fin, ils le sont devenus.

— Quelle éloquence, sergent ! Il faut croire que tu n'y trouves plus ton compte ?

Bélissard lui tendait une perche : il pouvait encore décider de rejoindre notre camp. Mais il ne broncha pas.

Fortement influencé par Mi-Carême, le conseil vota la grâce du sergent. Je lui conseillai de ne jamais recroiser notre route. Il ne se le fit pas dire deux fois, et disparut en haussant les épaules, encore tout ahuri de cette vie neuve dont il ne savait que faire, si ce n'est refaire ce qu'on lui ordonnerait. Mes compagnons se levèrent et emmenèrent le déserteur qui demeura sous notre protection.

14

Les deux voyageurs, toujours attablés à la même place, avaient observé la scène sans mot dire, mais leurs visages s'exprimaient pour eux. Ils terminaient leur repas en silence, évitant soigneusement de regarder de mon côté. Mes hommes avaient tous, ou presque, rejoint leurs camarades sur la place, et je me trouvais presque seul maintenant.

À un mouvement qu'il fit, le blond laissa apparaître un cordon bleu, l'ordre de Saint-Louis, décoration assez rare dans notre pays et que notre roi, avare de bienfaits, n'accordait qu'avec parcimonie pour un haut fait d'armes. On dit qu'à cet ordre sont accordés des privilèges particuliers, comme celui d'être admis dans l'antichambre du roi sans introduction. C'était en somme une sorte de laissez-passer qui ouvrait toutes les portes et jusqu'à la plus infranchissable ! Je ne pus réprimer ma surprise, puis ma curiosité :

— Un chevalier de Saint-Louis ! Diantre ! Quel honneur ! lançai-je un peu moqueur. Cette scène vous aura choqués, messieurs ?

Je m'étais approché d'eux. Ils se levèrent à leur tour et me saluèrent plus que froidement. Le chevalier de Saint-Louis se nomma le premier :

— Chossat, et voici monsieur de Saint-André. Vous avez en effet de bien étranges façons de rendre la justice, monsieur ! Une manière à vous sans doute ?

— Je ne pense pas que monsieur le capitaine général des contrebandiers de France daigne s'en expliquer avec nous, lança Saint-André, le cousin de Diane, qui avait de la morgue et faisait un juste contrepoint à l'autre qui avait le mot provocant.

Le duo était parfait. Je me mis à rire. Ils m'attendrissaient soudain. Cherchaient-ils une querelle, alléguant la première raison venue ? Je leur déplaisais, cela était certain, mais ils ne savaient pas exactement pourquoi, ou plutôt, ils ne voulaient pas le savoir. À la soirée des Saint-Albin, en Savoie, ils n'avaient cessé de me scruter, de me dévisager, et mon intérêt pour Diane ne leur avait pas échappé, d'autant que je n'avais guère cherché à m'en cacher. Avaient-ils deviné qu'elle n'y était pas insensible ? Leur aurait-elle parlé de moi ? Je me sentis heureux soudain, magnifiquement. Je les regardai autrement, et puis n'était-ce pas courageux de leur part de me provoquer ainsi alors que tous mes hommes n'étaient qu'à quelques pas ? Je leur souris calmement.

— Voyez-vous, chevaliers, je ne suis pas ici pour me mettre en colère. Je suis ici pour me battre.

L'aubergiste, flairant un mauvais coup, était soudain réapparu, portant à bout de bras comme le saint sacrement, un vieux flacon de liqueur qui avait coquette tournure. Il le posa sur la table qui nous séparait et dit avec mille courbettes, d'une voix sucrée :

— Excellences... si ces messieurs veulent bien me faire l'honneur de goûter à ma liqueur, c'est un secret bien gardé que je réserve aux grandes circonstances.

Il prit le flacon, en remplit nos trois gobelets et demeura là. Saint-André reprit vivement, tout en avalant une gorgée :

— Ainsi, vous ne daignez vous expliquer avec personne ?

— Non ! Franchement non ! répondis-je sur le même ton un peu sec. Tout cela est trop clair, pour qui a des yeux et des oreilles et veut bien s'en servir. Et puis que comprenez-vous à tout cela ? Vous n'avez pas été recrutés d'office que je sache ? Vous êtes nobles, votre rang vous exclut de ce genre d'humiliation. Qui sait ? Vous n'avez même peut-être jamais assisté à cette infamie que l'on appelle « le tirage des milices » : des bêtes humaines que l'on traîne à l'abattoir, ou que l'on fait tuer par leurs frères s'ils n'y veulent point aller de bon gré.

Je marchais de long en large, repris par mon tourment, cette douleur sans cesse ravivée par le spectacle incessant de la barbarie civilisée.

— Que faut-il vous expliquer, messieurs ?

— On dit que vous avez déclaré la guerre aux Fermiers généraux, n'est-ce pas bien prétentieux ? insistait Saint-André.

— Vraiment, mon cher Saint-André, on vous aura mal renseigné, persiflai-je, c'est tout le contraire ! Je recherche avec beaucoup de soin la compagnie de ces messieurs. Voyez vous-même tout le mal que nous nous donnons, et ils ne sont pas même au rendez-vous, au point qu'il va me falloir aller les chercher chez eux.

— Vous raillez, c'est un art mineur.

— Voulez-vous me faire dire que je n'ai pas de goût pour la vermine ? Allez, je vous l'accorde !

— Mais alors, il vous faudra combattre la moitié de l'univers ?

Déjà le ton changeait.

— Voyez comme vous en convenez ! Eh bien, mettons que j'aie choisi de commencer par là. Chacun prend chausse à son pied !

— Vous tuerez les hommes, vous n'arracherez pas le mal. Les coups porteront sur les tyrans, aucun sur la tyrannie, philosophait Chossat.

Jambon était entré par curiosité et aussi pour me venir prévenir que nos hommes étaient prêts à repartir. Je regrettai de ne pouvoir poursuivre l'entretien, ces hommes commençaient à me plaire, et puis j'étais encore près de Diane.

— Messieurs, je vais devoir vous saluer bien à regret. Puis-je vous conseiller de ne pas repartir dans l'instant ; les routes seront mauvaises jusqu'au soir.

Je les avais piqués. Ils bombaient le torse, redressaient la taille comme deux coqs de combat, ils étaient touchants. Je leur devais une explication.

— Voyez-vous, les gâpians qui se terrent présentement vont s'empresser de nous tendre des embuscades à chaque carrefour, dès notre départ. Mais la plupart du temps, ils sont pris d'une telle peur dans leurs propres guets-apens qu'ils font feu sur tout ce qui bouge. La route sera donc dangereuse. Attendez demain, nous aurons fait place nette, vous pourrez voyager tranquillement.

Ils me considéraient incrédules, presque offensés du conseil, pourtant fort judicieux que je leur donnais. Je ne voulais pas risquer la vie de Diane dans une échauffourée.

— Impossible, monsieur ! Nous sommes déjà en retard. Il nous faut au contraire partir céans, me répondit Chossat, l'air buté.

— Fort bien ! En ce cas, je vais vous faire ouvrir le chemin. Attendez cependant une bonne heure avant de partir. Votre courage et votre franchise m'ont plu, je vous avais mal jugés. À vous revoir, messieurs !

Sur la place, le tumulte était à son comble. La foule, voyant que nous pliions bagages, s'était amassée. Pour les satisfaire, nous leur fîmes cadeau d'un petit divertissement de manœuvres avec fifres et tambours. Tout se passa dans le meilleur ordre et au grand plaisir de tous. Puis, entouré du Major et de mes six canonniers, je pris la tête de ma troupe. Jambon me rejoignit, se posta à ma gauche et me lança, complice :

— On nous observe ! Je ne suis pas très physionomiste, mais je crois bien qu'il s'agit d'une dame.

Je tournai la tête vivement, en direction de l'auberge. J'aperçus ou plutôt je devinai la silhouette de Diane derrière les fenêtres entrouvertes du balcon. Le rideau bougea un peu, je levai mon feutre dans sa direction tandis que Jambon me regardait en biais. Il s'était paré d'une paire de bésicles cerclées d'or, dont il prétendait qu'elles lui étaient nécessaires. Sur son visage d'ange, ces deux petits cercles de métal, au lieu d'en durcir les contours, en rehaussaient la jeunesse et la fragilité, le donnaient pour ce qu'il était en vérité : un très jeune homme, à la sensibilité écorchée qui s'était ouvert l'âme à moitié en la froissant beaucoup. Il observait, analysait, notait, dépeçait les moindres événements avec une perspicacité inquiétante. Je prenais toujours son avis en considération, ce qui ne manquait pas d'étonner mes chefs et parfois de leur déplaire.

Le Major vint à moi. Nous avions décidé de rendre visite à l'entreposeur des tabacs, et il ne me déplaisait pas que la foule, qui suivait notre cortège, assistât à ce spectacle d'un genre nouveau et qui consacrait ma manière à moi d'exercer la contrebande.

Nous fîmes halte devant le magnifique hôtel du sieur Raynal, entreposeur de tabac pour les Fermes. Je fis avancer quelques mulets chargés de ballots de tabac suisse et donnai ordre à mes canonniers de frapper à l'huis.

Bien entendu, la porte ne s'ouvrit pas, il fallut y aider. En quelques coups de crosse, nous nous trouvâmes dans la place. Nous pénétrâmes dans la cour au pas des mulets et nous déchargeâmes notre tabac, très exactement soixante livres, nous n'en avions pas davantage. Mes hommes me ramenèrent l'entreposeur qu'ils avaient trouvé caché dans une armoire.

— Monsieur Raynal, lui dis-je, ne prenez pas cela pour un songe ! Ce que vous voyez est du vrai tabac. Le vôtre n'a pas une sève plus admirable. Je vous l'abandonne à quarante sous la livre et ne veux pas d'autre acheteur que vous.

De fait, l'entreposeur se demandait s'il rêvait. Mais la rangée de mousquets alignés devant sa maison, les cris de la foule qui applaudissait, lui enseignaient qu'il s'agissait bien d'une réalité.

Le sieur Raynal continuait à se frotter les yeux : comment, lui, représentant des Fermes, acheter du « faux tabac » aux contrebandiers eux-mêmes ! Je voyais bien que son esprit lui refusait l'altitude. Mais enfin, force fut de conclure le marché. J'avais envoyé quérir juge et huissier, afin que la vente se fît en « bonne et due forme ». Quand ils furent arrivés, nous pesâmes le tabac et j'en donnai reçu, contresigné des hommes de loi, pour la somme de 2 494 livres.

Un bourgeois de Rodez qui s'était frayé un chemin jusqu'à moi, tandis que nous concluions cette affaire, me dit la mine réjouie :

— Eh bien, monsieur Mandrin, vous avez plus de chance que les contrebandiers qui sont passés la semaine dernière !

— Comment cela ? lui demandai-je.

— Ils se sont fait arrêter par les gâpians et prendre leurs armes, une grosse carabine et cinq fusils. Quant à leurs vies, elles ne valent pas cher !

— Le nom du juge ?

— Séguret ! Et les hommes sont dans la prison, bien gardés.

— Voilà qui est intéressant. Merci de ton renseignement, l'homme !

Je lui donnai une carotte de tabac et appelai le Major.

— Major, nous allons passer chez le juge-mage* afin d'y rechercher les armes saisies à nos camarades, cela va nous retarder un peu, car il nous faudra ensuite passer par la prison. Envoie six éclaireurs ouvrir le chemin jusqu'à cinq lieues hors de la ville. Qu'ils s'assurent bien que le carrosse de mademoiselle de Fleury passera sans dommage et dis-leur de nous retrouver ce soir, à la tombée de la nuit, où tu sais, il est inutile qu'ils reviennent ici.

— Capitaine, je propose que nous changions notre monnaie et ces sous qui nous chargent contre des louis d'or... peut-être chez le receveur des tailles ? me proposa le Major qui avait de l'esprit.

Un rire immense nous saisit. Mais je ne pouvais pas aller partout.

Bélissard vint à moi au petit trot. Il était joyeux de cette aventure de vente forcée directement à l'entreposeur, comme tout le reste de mes hommes. Il avait le visage épanoui, le sourire aux lèvres.

— Alors, Belle Humeur ! On s'amuse ? On se trouve de nouveaux chalands ?

— Qu'en dis-tu, Jean ?

— J'attends la suite... car il y a une suite, bien sûr ?

— Nous allons faire un petit saut chez le juge puis nous irons aérer la prison ! Mais je voudrais que tu changes cette lourde monnaie en bons louis d'or, et pas chez n'importe qui. Prenons de bonnes habitudes : chez le receveur des tailles.

Bélissard me fit un salut et disparut immédiatement avec ses hommes, enchanté, semblait-il, de la bonne aventure.

L'après-midi était déjà fort avancée quand nous nous présentâmes chez le juge. Il habitait une maison bourgeoise dont les

* Juge-mage : lieutenant du sénéchal.

volets étaient fermés. J'interpellai joyeusement le vénérable maître des lieux.

— Juge Séguret ? Juge ? Ouvre bien vite ou je serai contraint de mettre le feu à ta jolie demeure.

Le juge-mage comprit mon langage et montra bien vite, quoique timidement, la tête derrière un volet.

— Qu'est-ce ? demanda-t-il craintivement.

— Juge, où sont donc ces cinq fusils et cette espingole que vos gens ont volés à nos amis, la semaine passée ?

Il tourna la tête et ordonna à ceux qui se trouvaient derrière lui et que l'on ne pouvait voir :

— Allez au plus vite me quérir cinq fusils et une carabine, ces bandits sont capables de nous brûler vifs !

Puis, courtoisement, il me dit :

— Attendez quelques instants, on vous les apporte.

— C'est cela, juge ! J'attends encore une minute, mais pas davantage !

Mes hommes, tout joyeux, entonnèrent le chant des contrebandiers que la foule reprit en chœur. Il faisait chaud en cette fin juin, le ciel était d'un bleu limpide, comme le petit mouchoir de cou de Diane enfoui au plus profond de ma poche.

Le juge apparut à nouveau à sa fenêtre, les bras chargés de cinq espingoles toutes neuves qu'il me tendit.

— Diable ! Tu avais égaré les autres, juge ? Allons, nous nous contenterons de celles-ci pour une fois.

Le volet se referma promptement au milieu des rires. Le Major me demanda ce qu'il fallait faire de cette surcharge de fusils dont nous n'aurions pas l'usage, puisque le soir même nous devions nous séparer. Je réfléchis peu de temps. Il fallait persévérer dans cette logique qui me semblait être la seule possible désormais.

— Nous irons, en passant, les mettre en dépôt chez l'exempt de la maréchaussée avec un reçu, de façon à nous les faire restituer lors de notre prochaine campagne. Le tabac chez l'entreposeur des tabacs, les armes, chez les gendarmes ! N'est-ce pas le bon sens ? Qu'en dis-tu Major ?

La maréchaussée ne montra pas plus de résistance à notre

offre que les autres loyaux défenseurs de l'ordre. Disons, à sa décharge, que nous ne lui laissions guère le choix et que si la bonne humeur était de la partie, notre détermination ne faisait pas défaut non plus.

Je m'attendais, en revanche, à me heurter à une forte résistance à la prison. Je pensais encore naïvement que les forces devaient être regroupées quelque part. Oh ! bien évidemment, l'énorme porte était fermée, mais elle céda à la première sommation. Je me fis présenter le registre des écrous par le porte-clés qui ouvrit sans rechigner les cachots, et je proposai aux hommes leur liberté. À ma surprise, un n'en voulut pas. Peut-être ne savait-il qu'en faire ?

En jetant au loin les fers des prisonniers, je dis à Jambon :

— Il faut rendre à César ce qui est à César !

Le pauvre abruti qui faisait office de gardien me regarda, curieux :

— Mais... ce César, monsieur le capitaine, qui est-ce ?

Le temps me pressait pour lui conter la vie de l'empereur romain que le curé de Saint-Étienne-de-Saint-Geoirs m'avait fait rabâcher quotidiennement pendant cinq ans sous prétexte de m'instruire.

— Le roi ! lui expliquai-je un peu hâtivement.

Il me considéra la bouche ouverte en rassemblant ses chaînes. Peut-être se demandait-il par quels moyens les faire parvenir à Versailles ?

Les prisonniers élargis, nous tournâmes bride vers les portes de la ville, emmenant avec nous hors des murs ceux qui le désiraient.

La cloche du soir sonnait quand nous franchîmes les portes de la ville de Rodez dans un gros nuage de poussière. Tout à l'heure, nous nous séparerions pour rentrer plus ou moins rapidement en Savoie. Ma route passait par Saint-Étienne-de-Saint-Geoirs et ce que j'avais à y accomplir, je devrais le faire seul. Jambon voudrait m'accompagner, je devais trouver mille raisons de l'en dissuader. Bélissard devinerait peut-être, sans doute, ce que j'allais y faire et m'approuverait.

La nuit tombait quand nous atteignîmes les gorges de l'Aveyron.

J'allais à Saint-Étienne-de-Saint-Geoirs pour tuer. Exécuter Sigismond Moret, le bourreau de Pierre que je n'avais pu débusquer lors de mon précédent passage. D'aucun pouvait imaginer que, pris dans le feu de mon action et, surtout, gonflé d'orgueil par mes victoires, je laisserais un passé peu glorieux tomber aux oubliettes, s'effacer de lui-même. Mais l'ignominie ne s'efface pas plus que les êtres malfaisants ne disparaissent si l'on n'y met un terme. Par ailleurs, il se trouve que je suis homme de parole. Et de cœur. C'est-à-dire un homme d'honneur, et, bien que devenu « bandit », fermement décidé à le rester.

Quant au curé, je ne savais encore à quel sort le vouer. Était-ce l'amour dévoyé qu'il portait à ma tante qui l'avait rendu fou ? J'étais en train de lui chercher des excuses, ou plutôt c'est à moi que j'en fournissais.

Il demeurait que l'un avait servi le bras sanglant de la tyrannie par pure méchanceté de cloporte, tandis que l'autre l'avait utilisée à ses propres fins.

Le soleil déclinait quand j'atteignis mon village, ce mardi 9 juillet 1754. Sigismond Moret se promenait avec son enfant en bas âge, autour du cimetière.

Quand il m'aperçut, il se jeta à genoux en criant grâce, tout en se protégeant derrière son enfant. Que lui avait dit Pierre, l'innocent, mon doux Pierre, quand il lui avait passé la corde au cou ? Que disait sa tête tranchée, ses yeux crevés par les corbeaux ?

— Ôte ton enfant, car je tire, hurlai-je.

Il ne l'ôta pas.

Le coup partit, un seul : l'homme et l'enfant qu'il tenait en bouclier, devant lui, dans son extrême lâcheté, s'effondrèrent, tués net par la même balle.

L'enfant pèsera sur mon cœur jusqu'à l'ultime seconde. J'avais passé tant de nuits blanches à prévoir l'exécution de Moret. Elle répondait aux impératives exigences de mon équilibre, lumière qui assaille, insupportable. Je ne chercherai pas à en démontrer le bien-fondé. C'était une certitude qui s'était imposée d'office, comme préliminaire à toute autre.

Lors de ma première visite, l'homme, qui se savait coupable, au lieu de venir chercher un duel au bout de son fusil, s'était allé enfouir dans un trou. Cela n'avait fait qu'attiser ma haine. Il se serait servi de n'importe qui ou de n'importe quoi pour se protéger. Il appartenait à la race de ces âmes basses qui s'accommodent de tous les intolérables.

Je laisse à mes censeurs de tous bords la responsabilité du « jugement » qu'ils ont porté ou porteront sur mes actes et sur moi, sans omettre toutefois que l'on juge les autres d'après soi-même.

Quant aux hommes de loi, juges de leur état, j'ai exercé sur eux une fascination certaine, cela sans vantardise car je me flatte d'avoir étendu mon rayonnement à des âmes de meilleure qualité. Ils ont cherché à s'en justifier aux yeux du monde en donnant de moi des portraits ou des définitions péremptoires, telle celle-ci : « *C'est là le vrai Mandrin, un être fruste et brutal qui ne s'embarrasse guère des violences qui accompagnent naturellement son action !* »

Sous la même plume et dans un élan incontrôlé sans doute, on lira : « ... *Cet homme extraordinaire, très intelligent, animé d'un grand courage et d'une détermination sans pareille...* »

Sans doute tous ces qualificatifs s'entrechoquent-ils jusqu'à paraître contradictoires, mais il n'en est rien. Car l'intelligence et la détermination ne peuvent être que sujets d'inquiétude et de méfiance pour nos tyrans lorsqu'elles se mettent au service d'une cause juste. Il paraît que la mienne ne l'était pas ! Ainsi l'extraordinaire se tourne-t-il en « fruste et brutal », tout est question de cible ; de même que le « grand courage » a tôt fait de basculer dans le creuset du vice le plus redoutable.

En vérité, ces hommes de la falsification méritent presque de l'admiration tant ils répondent aux exigences de la misère, aux supplications de la couardise des hommes, à croire que la servitude est une dégénérescence physique inscrite dans le patrimoine génétique des peuples.

Quant aux juges et pour clore pour lors sur ce sujet que je connais, hélas ! trop bien, ce ne sont que des hommes ordinaires et, qui plus est, qui ont acheté, souvent à prix d'or, le droit à l'horreur et à l'iniquité*.

---

* Au XVIIIe siècle, les charges des hommes de loi, et notamment celles des juges, s'achetaient.

15

Je repris la route immédiatement, sans même m'en rendre compte. Je m'arrêtai au milieu de la nuit, fourbu, vide. Je m'allongeai dans une prairie parfumée, les yeux ouverts, livré au monde inaccessible des étoiles, semence des dieux, pierres précieuses d'antiques civilisations qui voudraient nous faire croire à l'éternité.

Je m'étais privé de la douce tendresse des bras de ma petite Marianne. J'aurais pu sombrer à cause de ce petit roseau brisé que ma flèche ne visait pas. J'avais encore à accomplir et je me découvrais faillible, vulnérable. Y avait-il une seule raison de poursuivre ? J'attendis l'aube en respirant le mouchoir de Diane.

Je fus éveillé par une harde de cerfs qui traversait la clairière au grand galop. Au loin, on sonnait de la trompe, la chasse était proche. Je me remis en selle et passai en Savoie quelques heures plus tard. Je poussai d'un trait jusqu'à Carouge, trouvai refuge au *Lion d'argent*, chez le bon Gauthier, où je savais pouvoir goûter un repos tranquille et sûr. Je m'installai dans ma chambre et y demeurai enfermé plusieurs jours à l'abri de toutes les sortes de curieux et de curieuses. Quand je ne dormais pas, je lisais. Je dévorai les gazettes de Hollande, d'Avignon et de Paris que Nicole avait entassées là, à mon intention.

Diane ne cessait d'occuper mes pensées quoi que j'y fisse. Aujourd'hui encore, que savais-je d'elle ? Où était-elle seulement ? L'une de ces gazettes racontait Paris, Versailles et la Cour : ses intrigues, ses salons, les grands et les petits hommes qui faisaient et défaisaient notre temps. L'une de ces anecdotes concernait les Fermiers généraux :

« L'hôtel de Bretonvilliers s'enorgueillit aujourd'hui d'une grande victoire qu'il a rendue publique par trois mille affiches placardées : un marchand de vin, pour ne pas se soumettre à la taxe sur l'alcool, passait sa liqueur sous terre, par le moyen de cent pieds de tuyau de fer blanc, traversant les barrières et de là directement dans ses tonneaux. Les tuyaux de fer blanc ont été confisqués et l'amende s'élève à six mille livres. »*

Cela m'amusa beaucoup ! J'imaginai ces longues nuits à percer le trou pour ces tuyaux : que d'efforts pour tromper le fisc ! Une autre gazette décrivait l'activité incessante de la capitale dont un pont semblait être le principal centre d'attraction :

« Le Pont-Neuf est dans la ville ce que le cœur est dans le corps humain, le centre du mouvement et de la circulation. Le flux et le reflux des habitants et des étrangers frappent tellement ce passage que pour rencontrer les personnes qu'on cherche, il suffit de s'y promener une heure par jour, dit-on. La statue équestre d'Henri IV domine ce pont et tous s'accordent à le prendre pour un modèle de bonté et d'intelligence. Beaucoup d'anecdotes circulent sur ce pont. L'une veut qu'un mendiant demandant la charité au nom de saint Pierre, saint Joseph et tous les saints du paradis, n'ait pas gagné un sol, alors que son voisin qui la demandait au nom d'Henri IV remplit son sac en une heure ! Il y a sur ce pont toutes sortes de maisons et de commerces de pacotille. Au bas du pont sont les racoleurs que le peuple surnomment les marchands de chair humaine : ils attrapent des hommes pour les colonels qui les revendent au roi... Autrefois, il y avait des niches où ils battaient et violentaient les jeunes gens qu'ils avaient pris de force ou par mensonge, afin de leur faire signer leur engagement. On a supprimé, paraît-il, cet abus monstrueux, mais on leur permet toujours d'user de supercherie pour enrôler la "canaille". Ils se servent d'étranges moyens : ils ont des filles de corps de garde pour séduire les jeunes gens qui y ont

* L'hôtel des Fermes ou Bureau des aides et des entrées de Paris. À cette époque, les marchandises entrant dans Paris étaient taxées.

quelque penchant. Ils ont leurs cabarets où ils enivrent ceux qui aiment le vin. Les veilles de mardi gras et à la Saint-Martin, on les voit affublés de longues perches d'où pendent des volailles appétissantes : dindons, poulets, cailles, levrauts, au moyen desquelles ils espèrent avoir raison de ceux qui auraient échappé à la luxure et à la boisson. Les pauvres dupes qui sont là à regarder la Samaritaine et son carillon, qui n'ont jamais fait un bon repas dans toute leur vie et croient que c'est là l'ordinaire des armées, troquent leur liberté pour un plat de lentilles. Ou encore, on fait tinter un sac d'écus à leurs oreilles en disant : "Qui en veut, qui en veut ?" C'est de cette manière qu'on vient à bout de compléter une armée de héros qui iront pieds nus, en guenilles, faire la gloire de leur monarque. Ces héros coûtent en bas du Pont-Neuf trente livres pièce, et quand ils sont beaux et robustes, quelques sous de plus. Les parents, dit-on, viennent parfois en pleurant, tenter de dégager leurs enfants qu'ils doivent alors racheter pour cent écus. Cet argent va dans la poche du recruteur ou du colonel. Un de ces recruteurs a mis sous son enseigne ce vers de Voltaire, dont il n'a sans doute pas senti le sens : "Le premier qui fut roi fut un soldat heureux." Il y a encore les arracheurs de dents, les montreurs d'ours, les marchandes d'oranges et de citrons et quelques plaisantins qui distraient le public à peu de frais...*** »

On frappa à ma porte. J'étais loin, là-bas, à Paris, au bras de Diane, sur le Pont-Neuf, distribuant quelques bons coups de pied aux derrières de ces jean-foutre de racoleurs, savourant l'orange et baguenaudant devant le montreur d'ours. Je m'émerveillais à ses côtés respirant l'air, que l'on disait infecté, de cette grande ville que l'on vantait comme la plus belle du monde.

La porte s'était entrouverte sur le petit commis de Gauthier qui me tendit timidement un billet en passant juste la main dans l'entrebâillement, sans s'avancer. Depuis mon retour, ce

---

* Samaritaine : nom donné à la pompe à feu servant à la distribution d'eau de Paris.

** *Le Tableau de Paris* de Louis-Sébastien Mercier.

gamin me fuyait. J'attrapai sa main. Le gamin se débattait, il avait peur.

— Reste là, lui dis-je. Entre !

Il avait l'air effrayé. Il n'osait pas me regarder, il fixait les yeux à terre en tremblotant.

— Qu'as-tu, mon garçon ? Que t'arrive-t-il ? N'étions-nous pas amis autrefois ? Raconte-moi ce qui ne va pas. Gauthier est un bon maître. Aurais-tu fait quelque bêtise ?

— ...

— Allons, réponds-moi ! As-tu peur ?

— Oui.

— De qui ? De quoi ?

— ... de vous, monsieur le capitaine.

Il articulait avec peine.

— De moi ? Mais pourquoi ?

J'étais stupéfait. Je renouvelai ma question. Le gamin recula à petits pas vers la porte. Je l'attrapai par le bras, le forçai à me regarder droit dans les yeux.

— Dis-moi la vérité, Clément, pourquoi as-tu peur de moi ? Parce que je ne suis pas descendu depuis deux jours ? Parce que je n'ai pas joué aux cartes avec toi ? Quoi ?

— ... N... Non...

Il prit son souffle et me dit d'un trait :

— On dit dans la gazette que vous avez tué un enfant.

Une bouffée de chaleur violente me monta au visage. Je le lâchai.

— Que dit-on d'autre, Clément ?

Il hésitait, il dansait d'un pied sur l'autre.

— Que vous êtes allé dans votre pays, que vous avez trouvé l'homme qui avait fait tuer votre frère, vous l'avez mis en joue, il tenait son enfant devant lui en vous suppliant, en vous demandant grâce et vous avez tiré et tué l'enfant.

— Et l'homme ! C'est l'homme que je visais, Clément. Mais il s'est protégé avec son propre enfant. Il savait que je ne lui ferais pas grâce, c'est donc lui qui a tué son enfant, en s'en servant. Il l'a utilisé comme un objet. Aurais-tu fait cela, toi, Clément ? Sachant que tu allais mourir, aurais-tu mis ton frère ou ta sœur devant toi ?

— Il croyait que vous ne tueriez pas l'enfant.

— S'il ne voulait pas faire tuer son enfant, il fallait le laisser partir, le jeter au loin au contraire ! Il y aurait eu cent mains pour le garder son enfant, tout le village était présent, faisait cercle autour de nous, personne n'est intervenu pour lui.

— Mais il croyait que...

— Que croyait-il quand il a fait exécuter mon frère ?

— Mais l'enfant n'avait rien fait, lui !

— C'est vrai. C'est vrai. J'ai eu tort. Tort de ne pas maîtriser ma colère, de ne pas faire retirer l'enfant. Je ne me le pardonne pas, Clément. J'ai fait une erreur, une très grosse faute.

J'étais désemparé, malade de tristesse. Personne ne m'avait encore parlé de l'enfant. Il est vrai que je n'avais vu que Gauthier. Mais les yeux de Clément qui me fixaient comme un verdict, ses épaules voûtées, son air décontenancé, tout en lui découvrait avec désespoir que son héros n'était pas parfait. Qu'allait-il faire de ce désarroi ? Je le pris par les épaules. Il fallait qu'il me comprenne, j'en sentais soudain la nécessité vitale.

— Clément ? Cela ne se reproduira plus, je t'en fais le serment.

Il me regarda enfin, essaya de me sourire sans vraiment y parvenir et tourna les talons. Je l'écoutai descendre l'escalier : son pas lent et lourd me fit mal.

Le billet était une invitation à souper de la présidente pour le soir. Une convocation à venir sur l'heure lui rendre hommage. « Accourez si vous êtes curieux, et comme vous l'êtes, vous serez heureusement satisfait ! »

La maison d'été de la présidente était une splendide chartreuse, entourée de vergers, où se réunissait la meilleure compagnie. L'invitation était alléchante, elle n'avait qu'un seul défaut : il me fallait repasser en France.

Par ailleurs, je n'étais guère d'humeur à courir les salons car je devais entrer à nouveau en campagne dans quelques jours. Je n'attendais plus que la livraison de chevaux et aussi, peut-être, un courrier de Diane, car l'on disait qu'un des coffres de la Ferme avait été fracturé à Lyon, mais nul n'avait là-dessus d'information précise.

Je déclinai poliment l'invitation de la présidente et me rendis chez Divernois, dont la compagnie et les conseils m'étaient toujours précieux.

En chemin, j'eus pour la première fois l'impression désagréable d'être suivi.

J'ai dit que l'industrie suisse trouvait son compte dans la contrebande qui lui offrait un important débouché, mais la politique aussi avait ses impératifs. Monsieur de Montperoux, résident de France à Genève, était alors pressé par la Cour de France de se procurer des indications sur mes projets. Après avoir inutilement cherché à intéresser quelque espion par des récompenses proportionnées aux services, il se désolait un peu fort, dans tous les lieux à la mode, « de ne pouvoir trouver personne qui veuille se charger d'un espionnage aussi dangereux ».

Monsieur de Chavigny, l'ambassadeur français, avait exigé des autorités sardes que des mesures sévères soient prises à mon encontre. On l'avait assuré « qu'on aurait l'œil sur le nommé Mandrin et qu'on le mettrait en lieu de sûreté, à supposer qu'on vînt à le découvrir ». Mais jusqu'alors par fatalité, bien que je ne pris aucun soin de me cacher, il avait été impossible de me découvrir. Je savais tout cela et je ne m'en souciais guère ; cependant, à peine étais-je arrivé chez lui, que Divernois m'avertit :

— Vous voilà seul, sans escorte ? me dit-il à mi-voix. Y songez-vous ? Je viens justement d'apprendre que Rouillé, un des plus redoutables ministres de Louis XV, sans doute poussé par les Fermiers, a demandé directement à Charles-Emmanuel de vous faire arrêter et transférer à Valence.

— Bah ! Est-ce bien nécessaire de vous mettre dans cet état ? Si Charles-Emmanuel avait voulu me faire arrêter, depuis un an maintenant, il aurait eu mille occasions et cent faquins pour en tirer profit.

— Ne prenez pas ceci à la légère ! Vous ignorez quelles tractations se passent en sous-main et de quel enjeu vous êtes le prix. Charles-Emmanuel peut très bien se trouver contraint de rendre ce service à son très cher neveu Louis XV. D'autant que nul n'ignore que vous vous promenez seul, et que tout le monde vous connaît.

— Voulez-vous dire qu'il faudrait que je longeasse les murs, tout vêtu de gris, les yeux baissés à terre comme une nonne ?

Le souper fut des plus joyeux quand même, j'étais incurable et l'on ne me morigénait que par devoir amical ; cela fait, tout le monde se sentit à son aise.

Sans que j'en eusse demandé, Odile me donna des nouvelles de Diane. Nous nous tenions sous la tonnelle, au bord du lac, le soir était des plus doux et je laissais voguer mes pensées sur les eaux paisibles. Quand nous reverrions-nous ? Je me laissai envahir de ce désir d'elle. Je la revis, allongée sur le vieux sofa élimé de l'auberge de Rodez, tendue vers moi, offerte. Quel stupide orgueil m'avait poussé à nous refuser un plaisir, si incomplet fût-il ? N'étais-je pas, moi aussi, furieusement amoureux d'elle ? J'avais eu raison bien sûr, mais que venait faire la raison dans notre rencontre ?

Une douce brise ourlait le lac de petites vaguelettes dont l'écume venait mourir à nos pieds. Odile qui se tenait près de moi posa doucement sa main sur mon bras. Je me tournai vers elle, l'œil vague. Elle sortit de sa manche, un petit billet cacheté qu'elle me tendit discrètement, sans aucun commentaire, et je crus même comprendre que son propre père n'en savait rien. Puis elle lança, comme au hasard de la conversation :

— À cette grande fête de Vizille que donnera monsieur Joly de Fleury, l'oncle de Diane, j'ai ouï dire que seraient présents de nombreux amoureux des Arts et des Belles-Lettres et aussi votre ami Rousseau, n'est-ce pas, mon père ?

— C'est ce que l'on m'a rapporté, mais lui-même ne m'en a rien dit.

— Si monsieur de Voltaire vient aussi, comme il est fort possible, pensez-vous qu'ils feront bon ménage ? On dit qu'ils ne se portent pas en grande amitié, à qui la faute ?

— Je ne sais mon enfant, et je me garderai bien d'en juger.

Un peu à l'écart, j'ouvris le billet de Diane : il contenait une liste de noms et un petit mot à mon intention :

« Voici, monsieur, qui est chose faite ! N'en prenez pas ombrage, vous ne sauriez tout accomplir. Rendez-moi cependant le service de transmettre la feuille jointe en votre nom et sans mentionner le mien, à monsieur Villars, ainsi nous serons quittes et croyez, monsieur, je vous prie, à ma plus sincère amitié. D. »

Je quittai la paisible demeure des Divernois sur-le-champ, en proie à une extrême agitation que je ne pouvais contrôler. Ainsi, elle n'avait tenu aucun compte de mes prières, ni de mon amour. Au fait, que m'avait-elle promis à Rodez ? Rien. Mais, dans ma simplicité de benêt amoureux, j'avais cru qu'elle tiendrait compte de ma demande. Qu'elle ne ferait rien sans m'en avertir ; qu'au moins, elle attendrait que je fusse là pour l'aider. Qu'elle me prît pour commissionnaire auprès de Villars mettait un comble à ma colère. Villars mettrait cet exploit à mon crédit et je ne pourrai pas le détromper : j'étais lié et ridicule.

Le premier moment de colère et de dépit passé, je m'interrogeai sur la manière dont elle avait pu se procurer cette authentique liste des croupes qui était, au demeurant, une page arrachée d'un registre. Tous les grands noms de France s'y étalaient ! Le scandale serait énorme, et l'auteur farouchement recherché ; il fallait donc, à tout prix, convaincre Villars que j'étais entièrement responsable de toute l'affaire sans lui donner trop de détails.

La franchise voudrait que j'avoue que je ne pus retenir aussi un grand et fort sentiment d'admiration pour Diane. On dit que l'admiration est le privilège des sots, je ne le crois pas ! Je l'admirais d'avoir, avec ses vingt ans à peine, une sensibilité, une justesse de jugement et une détermination telles qu'elles lui avaient permis de concevoir et de réaliser un exploit aussi remarquable et dont je n'aurais pu, moi-même, que me vanter. Mais très vite, j'abandonnai le terrain de l'admiration pour ne songer qu'aux risques auxquels elle avait dû s'exposer et à ceux qui l'attendaient.

Je devais me rendre à l'évidence, Diane avait pris dans ma vie une importance primordiale, chaque jour d'absence me la rendait plus précieuse, tandis que le désir de la voir, de la tenir dans mes bras devenait aussi plus violent. La route qui nous menait l'un vers l'autre n'était pas encore tracée, et le chemin que nous avions entrouvert demeurait impénétrable, hérissé d'inaccessible, livré à tous les impondérables coups du hasard. Mais je ferais en sorte que le hasard soit de mon côté, je n'avais aucune autre espérance.

16

Cette troisième incursion en France ne fut qu'un prétexte pour me rendre à Vizille. C'était imprudent mais c'était essentiel.

Parti de Neufchâtel, j'entrai en France par la Franche-Comté à la fin du mois de juillet. J'eus l'impression d'être attendu. En effet, les brigades de ces messieurs étaient en état d'alerte. À peine avions-nous franchi la frontière, que les gâpians de Mouthe et de Chauneuse se portèrent à notre rencontre. Ce fut notre vraie première bataille rangée contre les affameurs.

Je postai mes compagnons à proximité d'un bois. À l'avant, nous étions protégés par des marais et à l'arrière par une colline. Une partie de mes hommes, camouflés dans un fossé, laissa s'avancer l'ennemi que nous accueillîmes par une bonne décharge de mousqueterie. Les autres gâpians, pris de peur, voulurent s'enfuir et vinrent se heurter à une barrière de charrettes que nous avions disposées là à dessein. Nous fîmes donc plusieurs prisonniers que nous délestâmes de leurs armes et de leurs uniformes et auxquels nous confiâmes la tâche ingrate d'enterrer leurs morts.

Le chemin ainsi dégagé, nous parvînmes sans encombre jusqu'aux environs de Lyon où se produisit une scène amusante et qui démontre bien, si cela est nécessaire, que nous étions non seulement les bienvenus, mais souvent même désirés.

Alors que je cherchais une auberge pour m'y restaurer, l'éclaireur vint m'avertir qu'il s'en trouvait une en bordure de route, mais qu'elle était pleine d'une société élégante. Nous passâmes donc sans nous arrêter, salués par cette joyeuse compagnie. Parmi les vivats, j'entendis une voix de femme qui s'exclamait : « Qu'il est beau ! Dommage qu'il ait peur des femmes. » Je ralentis mon allure, revins sur mes pas, cherchai la provocatrice des yeux. Elle se cachait sous un immense chapeau de mousseline rose. J'ôtai mon feutre pour la saluer et m'avançant au plus près :

— Je n'ai peur de personne, madame ! Quant aux femmes, je ne crains que de leur déplaire.

Elle rougit de se voir ainsi interpellée, mais me fit cependant une petite moue de doute qui signifiait clairement qu'elle demandait à voir. J'étais piqué au vif !

Je poussai jusqu'au bourg, y installai mes hommes sur la place du marché, puis je tournai bride et revins vers la terrasse de l'auberge. Jambon le raisonneur m'avait suivi.

— Vous faites mine de croire que vous séduisez, me lança-t-il, vous en imposez, seulement. Quand vous ne vous imposez pas tout à fait !

— Fort bien, lui dis-je, voilà ce que je vais faire : je m'installerai à une table à l'écart, je demanderai à dîner et nous verrons bien !

— Et si l'on se jette sur vous, si l'on en profite pour vous arrêter ? Nous ne sommes que deux.

— Veux-tu que je me laisse insulter par une femme ?

— Bah ! Ce n'était pas une insulte, c'était une joute de reconnaissance, et la dame vous a bien ferré.

Il voulait me gâcher mon plaisir. Il n'y parviendrait pas. J'avais envie de cette femme et je l'aurais.

— À n'importe quel prix, alors ? insistait-il.

— Pas tout à fait ! le rassurai-je.

Jambon m'aurait souhaité une vie monacale, surtout en campagne.

— Capitaine, reprit-il, ne me dites pas que vous n'avez pas votre compte. Vous voyez la présidente presque tous les jours en Savoie, et à tel point que vos vêtements en sont encore tout imprégnés. On peut vous suivre à la trace. Et voilà que vous vous jetez tête baissée, entre deux attaques, dans le premier giron venu, à une terrasse, en plein jour.

C'était bien décrit et c'était exactement ce que j'avais l'intention de faire. Mais Jambon ne lâchait pas prise. Il est vrai qu'il s'était arrogé le droit de me parler franc et que je l'avais encouragé à le faire, cependant, je ne pensais pas qu'il pousserait si loin.

— Vraiment, je ne vous comprends pas, insistait-il. De plus, vous êtes amoureux de quelqu'un d'autre et ça ne vous empêche pas de...

— Ah. Non ! Jambon ! Là, tu vas trop loin ! As-tu la prétention de sonder les reins et les cœurs ? Que sais-tu, toi, de l'amour ?

Il me jeta un regard désabusé derrière ses petits carreaux dorés, fit un sourire un peu triste et se tint coi.

— Tu mélanges tout, Jambon. Plaisir et amour sont des choses bien différentes ; si elles s'allient parfois, ce n'est que bien rarement et en attendant, je ne vois pas pourquoi je me refuserais un plaisir généreusement offert.

Il ne me jeta pas même un regard, il se contenta de hausser les épaules en grommelant comme pour lui-même, mais assez haut pour que je l'entende quand même :

— Curieux et pratique ! D'un côté l'amour, de l'autre le plaisir ; d'un côté les grands sentiments, les grands mots, de l'autre la satisfaction charnelle... De fait, on peut tout couper en deux, tout séparer.

Il avait raison, bien sûr, mais, depuis que Diane m'avait joué ce mauvais tour, et après de nombreuses nuits d'insomnie, je m'étais efforcé d'annuler ce désir constant d'elle en consommant toutes les friandises qui s'offraient, avec d'autant plus de fringale qu'elles ne m'apaisaient pas. J'étais allé voir Villars, je lui avais remis la liste des croupes, il m'avait longuement félicité et remercié. J'avais enduré tout cela sans broncher, mais, au fond de moi, je ne pouvais pas l'accepter. J'avais pris enfin une décision, Vizille serait l'étape décisive de notre rencontre. Mais m'entendrait-elle seulement ? En France, qu'étais-je pour aller revendiquer quoi que ce soit, si ce n'est à la pointe de mon mousquet ? Qu'est-ce qu'un « brigand » peut bien aller exiger d'une jeune comtesse aux seize quartiers de noblesse ? Peut-être même, à cette heure, était-elle déjà mariée, ou tout comme, à ce cordon de Saint-Louis aux talons rouges ?

Je m'assis à une table en retrait, Jambon face à moi. La joyeuse et élégante compagnie m'entoura, me pria de montrer mes mousselines et mes caragah. Je les invitai à se rendre au bourg, sur la place, ce que plusieurs d'entre eux firent sur-le-champ. Tandis que je me régalai d'un pâté de grives et de quelques truites entre deux gorgées de mâcon, la moqueuse s'avança en ondulant savamment de la taille. C'était une superbe créole au teint mat, aux yeux brûlants. Un petit négrillon tout empanaché la suivait, prétendant tenir le bout de sa robe.

Elle s'arrêta devant moi, je me levai pour la saluer, et sans autre préambule, elle me pria de lui conseiller moi-même les couleurs et les tissus qui lui siéraient le mieux. Je n'allais pas me faire prier, j'avais deux bonnes heures devant moi, c'était autant qu'il m'en fallait pour faire le tour de la question. Mais la belle ne l'entendait pas ainsi. Elle possédait un château dans les environs de Saint-Chamond, que son mari, en mourant, avait eu la bonne idée de lui léguer et dont elle avait fait un bijou, m'assura-t-elle en m'offrant gîte et couvert pour moi et mes compagnons le soir même. Tant de grâce méritait récompense ! Je lui baisai la main avec conviction et lui promis que nous serions au rendez-vous.

— Encore un piège ! me lança Jambon derrière ses bésicles de chouette, et il se mit à me vanter les mérites de la débauche ordinaire qui, au moins, ne compromettait que moi.

— Si vraiment vos appétits sont si dévorants, il y a des filles pour cela, ajouta-t-il, avec un brin de mépris qui m'amusa. J'aimais la chair féminine, mais pas à ce point. Je n'avais jamais été attiré par les filles publiques et, au vrai, je n'en avais guère eu besoin.

Cette soirée dans le château de la belle créole fut des plus délicieuses et il n'y eut personne pour s'en plaindre, si ce n'est notre raisonneur, bien entendu !

Nous y parvînmes ce 8 août dans le soleil couchant. J'avais

pris les précautions habituelles, renforcées d'éclaireurs et de gardiens. Je postai mes canonniers dans le parc et une ou deux espingoles dans le bois, mais ce fut peine perdue.

La dame avait fait préparer un repas pour mes hommes dans les communs et un autre, plus délicat, pour mes chefs dans un salon ; nos chevaux s'empiffraient d'avoine savoureuse dans ses écuries de luxe.

Quant à nous, elle et moi, nous devions souper en tête-à-tête et aux chandelles parfumées, dans son appartement.

La dame avait du goût pour les aventuriers et ne fit rien pour s'en cacher. Mais je ne remarquai aucune vulgarité dans son élan, elle prit au contraire tout son temps pour me connaître, avec cette nonchalance subtile qui en rehaussait le charme. Le décor était aussi somptueux que ses seins, à peine voilés d'un châle en plumes d'autruche qui ajoutait encore à sa grâce alanguie.

Elle m'avait fait asseoir sur un carreau de velours dans un petit salon attenant à sa chambre. La petite pièce était toute tendue d'un lumineux damas de soie safranée, un délicat clavecin peint par un grand maître ornait un des murs tandis qu'une volière animait l'autre de doux bruissements d'ailes.

Moi qui avais pour habitude, dans ce genre de rencontres, de prendre hardiment les choses en mains, je me trouvai vite plongé dans une sorte d'indolence, enserré comme une souris innocente entre les griffes de l'habile chatte. Elle s'était allongée ou plutôt abandonnée, sur une veilleuse en bois doré. Près d'elle, sur un minuscule guéridon de même bois, attendaient une carafe de cristal anglais et deux petits verres d'argent ciselés.

— Voulez-vous goûter du vin d'Alicante ou préférez-vous vous rafraîchir d'abord ?

J'optai en souriant pour la carafe dont la couleur mordorée me faisait la meilleure impression. Elle me servit avec des gestes d'un charme consommé, puis tira le cordon qui fit immédiatement apparaître son petit négrillon qui avait encore changé de costume. Cette fois, il était vêtu de petites culottes bouffantes toutes blanches, d'un satin brillant, et d'une chemise assortie qui donnait à son teint une nuance beaucoup plus foncée que celle de mon hôtesse. Il s'était approché d'elle et lui fit une petite révérence tout en me regardant par en dessous avec un petit sourire enjôleur.

— Bonbon, as-tu préparé le bain de monsieur le capitaine ?

— Oui, maîtresse.

— C'est bien ! Assure-toi qu'il ne manque rien, et va te reposer.

Bonbon fit la grimace, il n'avait pas trop envie de se reposer tout seul dans son coin, tandis que tout le monde autour de lui faisait la fête. Je lui fis signe de venir vers moi. Il vint à pas précautionneux, un peu inquiet ; à un pas, il s'arrêta et me salua très cérémonieusement.

— Bonbon, lui dis-je, pris entre le rire et l'attendrissement, si tu aimes la musique, va trouver un de mes hommes, le plus jeune, il s'appelle Jambon, et demande-lui de jouer du violon ou de la flûte pour toi.

Bonbon me regardait tout intimidé en roulant de grands yeux effarouchés ; j'avançai le bras, le saisis et posai un gros baiser sonore sur sa joue :

— N'aie aucune inquiétude, Bonbon, tous mes hommes sont gentils et Jambon bien davantage. Il connaît aussi des histoires. Va, va t'amuser !

Bonbon quitta la pièce à reculons tandis que nous riions, sa maîtresse et moi-même de son air confus et coquin. Je dégustai à petits traits le délicieux breuvage ambré de mon hôtesse, bercé par sa voix mélodieuse qui me contait mille et une historiettes légères.

— Par un vague cousinage, m'expliquait-elle, avec la famille Poisson, j'ai eu mes entrées à la Cour dès les années 49. C'était une époque légère et gaie, la marquise était alors très aimée du Roi qui se pliait à toutes ses volontés ! Il faut avouer qu'elle se donnait beaucoup de mal : les bals, les représentations se succédaient sans interruption. Je me souviens par exemple de la représentation d'*Acis et Galatée*, de Lulli, où la marquise jouait avec le vicomte de Rohan. La marquise portait ce soir-là une grande jupe de taffetas peinte de roseaux et de coquillages, un corset rose tendre et une mante de gaze vert et argent.

— Des gaspillages scandaleux, lançai-je, incapable de me retenir plus longtemps, tandis que l'on ne trouve pas d'argent pour restaurer la marine de guerre et que nous perdons les colonies où l'on a envoyé tant de jeunes gens de nos campagnes mourir pour la France.

— Mais, mon cher capitaine, c'est que le service des Bâtiments du roi est dirigé par l'oncle de madame de Pompadour. Il dispose de sommes considérables pour de petites bâtisses sans valeur qui coûtent autant que les somptuosités de la marquise qui, elles, ne durent qu'une saison. Cette seule année, le roi dépensa plus d'un million pour ramener madame Victoire du couvent de Fontevrault. Elle fut reçue à Paris comme une dauphine. Mais l'opinion fut moins frappée par ces déraisons qu'elle ne fut indignée par l'expulsion du prince Charles-Édouard*.

— « *Peuple jadis si fier, aujourd'hui si servile...* »

— Ah ! Vous connaissez ce vers de Desforges ? Savez-vous que pour cette seule phrase, le Roi l'a fait mettre pour longtemps en cage à Saint-Michel ?

— Comment supporte-t-on tant d'horreurs quand on a de l'esprit et du cœur, madame, et je crois que vous ne manquez ni de l'un ni de l'autre ?

Elle me répondit par un demi-sourire fin, me tendit une main engageante pour m'aider à me relever.

— J'ai tout cela en effet et également une chose rare que l'on appelle une chambre de bains qui ressemble en tout à celle de la marquise de Pompadour à Bellevue. Voulez-vous la voir ?

C'était une magnifique salle tout en mosaïque italienne, éclaboussée de soleils de mille couleurs perçant à travers des vitraux teintés qui servaient de fenêtres. Au centre, il y avait un bassin profond rempli jusqu'au bord d'une eau odorante. Deux bergères aux tons pastels et une coiffeuse ornée d'une scène de toilette très osée complétaient l'ameublement. Décidé-

* L'Angleterre réclamait Charles-Édouard à qui Louis XV avait donné asile et protection. Mais le roi, convaincu par une grosse somme, donna l'ordre qu'on fît arrêter, garrotter et jeter dans une voiture jusqu'à la frontière ce prince qu'il avait assuré de son soutien.

ment, la voluptueuse créole avait des goûts raffinés et de quoi les satisfaire.

— Bonbon adore cette pièce, il y joue les trois quarts du temps, à tel point qu'un jour, il a failli se noyer en s'endormant dans l'eau ! Je suis arrivée à temps. C'est lui qui vous a tout préparé.

— Voilà qui est digne d'un prince, madame ! dis-je. Sentirais-je un peu fort ? Il est vrai qu'à courir sus aux gâpians sur les grands chemins, c'est une peine qu'il faut savoir endurer.

Elle se tenait debout devant moi, souriant nonchalamment, je l'attrapai à la cavalière, la serrai dans mes bras. Elle se ploya comme une liane, respira sans rechigner l'odeur sauvage que lui offrait ma chemise et n'en parut pas si mal à l'aise, enfin elle se laissa embrasser avec beaucoup de bonne grâce. Mais comme je ne voulais pas l'indisposer et que ce bain généreux laissait agréablement présumer des délices à venir, je desserrai mon étreinte et commençai d'ôter ma chemise.

— Quelle charmante attention ! Je vais donc me rafraîchir dans ce joyau, mais à une condition : que vous me teniez compagnie.

Elle se mit à rire d'un joli éclat jeune et très gai qui me fit soudain rêver d'îles lointaines aux oiseaux multicolores, aux ciels cléments.

— Permettez-moi de faire un tour aux cuisines afin de m'assurer que tout va bien pour vos compagnons d'infortune. J'ai fait mettre quelques habits là sur ce dressoir, j'espère qu'ils seront de votre goût.

Elle disparut dans un frou-frou d'étoffes odorantes. Décidément, les femmes légères étaient encore celles qui me convenaient le mieux.

Je choisis l'habit de satin gris perle brodé et la fine chemise de dentelle qui l'accompagnait, je me parfumai d'eau de verveine et entrai, ainsi paré, dans la chambre de la belle.

Il faisait presque nuit, les douces chandelles répandaient une lumière de songe. Mon hôtesse avait troqué ses mousselines contre une tenue plus vaporeuse encore et surtout totalement transparente. Sa bouche rose sombre s'ouvrait doucement dans un sourire malicieux :

— Eh bien ! mon cher capitaine, vous auriez fait un splendide pair de France ! s'exclama-t-elle, sincèrement surprise de la transformation. Vous voilà aussi fringant que le prince de Conti ou le duc de Villeroy.

Je tressaillis à ce nom et la fine mouche le remarqua. Je savais Diane proche parente du duc.

— On le dit pour lors, fort entiché d'une parente à lui, une nièce, je crois. Une jeune comtesse aux seize quartiers qui n'a fait pourtant que quelques apparitions à la Cour, mais fort remarquées dit-on ! Voyons, insistait-elle en me regardant, comment s'appelle-t-elle... oh ! Tout le monde sait son nom. On ne parle plus que d'elle ! Vous l'avez sûrement rencontrée, car elle est souvent en Savoie ou en Suisse où elle a aussi beaucoup de relations du côté de la philosophie.

Elle faisait semblant d'avoir oublié, pensant que j'allais m'avancer jusqu'à énumérer quelques noms. Décidément, le monde se faisait bien petit. Elle me laissait languir en m'observant, tandis qu'un domestique apportait le repas et disposait les plats au fumet délicat sur une petite console en bois de rose.

Elle me fit signe de prendre place face à elle et, tout en me servant une tartelette de mousse de jambon, elle reprit :

— Voyons, n'est-ce pas Marie de Miret ? Non ! C'est un plus joli nom que ça. Ah ! J'y suis. Diane de Fleury. Cette petite ira loin, non seulement par sa beauté, que personne ne discute, mais par son esprit. N'est-elle pas... ? Bref ! Je ne sais pourquoi, le roi s'était mis en tête de marier cette très jolie petite comtesse. Peut-être avait-il quelques vues sur elle. Une femme mariée est toujours plus commode, surtout quand elle est dame de France. C'est alors que Villeroy s'est dévoilé en opposant un refus net au roi. Vous imaginez-vous cela ? Il a sorti ensuite toutes sortes d'arguments, dont pas un n'avait un semblant de réalité, c'était tellement clair que personne n'a osé intervenir.

Malgré moi, la lenteur avec laquelle elle me distillait mon malheur me paraissait délicieuse puisqu'il s'agissait de Diane. Diane que j'imaginais dans les salons de Versailles, courtisée par ce Villeroy que l'on disait bel homme, ses yeux posés sur lui et son sourire accueillant ses fadaises. Mais, décidément, je n'étais pas homme de cour. Je n'avais que peu de talent pour la dissimulation et, quand je conçus que mon hôtesse se jouait de ma trop évidente curiosité, je tâchai de me dominer. Je me saisis de sa fine main et lui baisai le bout des doigts avec application et insistance.

— Je vois que mon bavardage ne vous intéresse pas, continua-t-elle. C'est curieux ! Je ne saurais dire pourquoi, mais il m'avait semblé que l'histoire de cette jeune fille vous concernait. Pourquoi donc y pensé-je en vous regardant ? Ah ! Voilà encore une bien savoureuse anecdote.

— Vous êtes intarissable, ma chère, et si divine conteuse.

— Écoutez plutôt ! Après souper, dans les petits cabinets de Trianon, on joue, et le roi, bien qu'avare, se mêle souvent de la partie tout en servant lui-même le café. Nous étions là, un soir, oh ! il y a de cela à peine quelques lunes, une vingtaine de privilégiés, dont mademoiselle de Fleury, un grand honneur pour elle. Voilà qu'un courtisan lance, pour intéresser la partie et surtout le roi qui avait ce soir-là l'humeur sombre : « Il faudrait jouer quelque chose qui en valût la peine, ou quelqu'un ? » À ce moment, toujours à la pointe de tout, s'avance ce grand fat de Bouret d'Érigny qui s'écrie : « Que ne jouons-nous la tête de ce bandit qui saccage nos caisses ? — Qui donc ? demanda le roi soudain intéressé. — Mais ce Mandrin, Sire ! Il n'est plus question que de lui dans nos feuilles. Ses portraits courent le pays, on le prend pour héros à la Comédie ! »

— Qui est ce Bouret d'Érigny si bien renseigné de mes faits et gestes ?

— Un de vos plus chers ennemis, un Fermier général et des plus opulents. On l'appelle le grand Bouret. Laissez-moi finir ! Alors, chacun d'applaudir et Bouret tout heureux de son idée s'assied à la table, invite mademoiselle de Fleury, qu'il lorgnait sans discrétion depuis tout un moment déjà, sans même qu'elle lui jetât un seul regard, ce dont il n'a pas l'habitude, le pauvre cher homme ! On dit qu'il se cache, change de Folie chaque jour pour échapper à ses galantes... Alors Diane de Fleury, pâle soudain à s'évanouir, s'approcha de lui, le fixa de manière insultante et d'une voix blanche, alors que le silence s'était fait comme par enchantement, elle dit : « Je croyais que l'on ne jouait que des femmes au jeu chez vous, monsieur ? » Voilà Bouret embarrassé et le roi qui tend l'oreille, attentif. « Mais, madame, c'est une plaisanterie... et puis, cet homme dont je parle n'est qu'un voleur. » « Ah bon ! me voilà rassurée, répliqua Diane, en ce cas, vous accepterez que je joue votre tête contre la sienne ? » L'assistance, un instant consternée, se mit à rire de Bouret à la suite de la marquise qui ne le porte pas non plus dans son cœur, et le roi n'en fut pas mécontent, mais il interrompit le jeu en faisant mine d'avoir sommeil.

— Ce qui fit qu'on ne sut pas ce qu'il advint de nos deux têtes ? demandai-je poliment, pour cacher mon trouble.

— Non ! Mais, le lendemain, Bouret récolta les fruits de sa suffisance en étant nommé contre vous. Vous l'ignoriez ?

— Pardonnez-moi, dis-je, je n'y étais pas !

Elle rit de ce rire ensoleillé et gai auquel je me joignis volontiers. Diane ! Ma Diane. Ma folle ! Où trouvait-elle tant d'audace et de courage ? Qui l'avait dotée d'un cœur si généreux et dans quel dessein ?

La nuit s'avançait douce et sereine. J'entendais monter les rires heureux de mes hommes et plus loin, quelque part dans le parc, la flûte de Jambon.

Les bras de mon hôtesse m'accueillirent lorsque je fus à point. Le corps de cette femme était un régal pour les sens, j'y puisais tous les plaisirs partagés de la chair, il n'y manquait rien que l'amour.

Nous nous séparâmes au matin, heureux de nos présents mutuels. La douce dame des îles m'invita à la venir visiter quand je le souhaiterai. Je sentais dans mon dos, alors qu'elle me donnait un dernier baiser parfumé d'oranger, le regard lourdement inquisiteur de Jambon, qui, en plus de son goût marqué pour l'ascèse, prisait peu l'exotisme.

Notre campagne, qui avait été très brève, prenait fin là. Nous fîmes tous ensemble quelques lieues vers le sud, le long du Rhône, jusqu'à l'embouchure de l'Isère, et nous nous quittâmes au soir comme à l'accoutumée, chacun rentrant chez soi par ses propres moyens.

J'allais bientôt pénétrer dans un pays où l'on me connaissait trop pour marcher à découvert ou prendre le risque d'emprunter des routes fréquentées. Je fis halte près de Romans chez un réformé, ami de maître Henni, et repartis au petit matin pour Vizille.

Les gazettes publiaient à plumes déployées la liste des croupiers. Villars, comme je l'avais prévu, me désignait à tous vents, comme « auteur téméraire de ce coup porté à la tyrannie ». Dans la position où je me trouvais, je ne pouvais ni le dédire ni l'approuver. J'enrageais. Mais Diane n'était plus qu'à quelques heures de ma colère.

17

Le château de Vizille était l'un des plus connus en Dauphiné, non qu'il fût particulièrement remarquable par son architecture, mais surtout parce que son histoire était intimement liée à celle de notre province.

Construit sur un éperon rocheux, cette ancienne forteresse abrita plusieurs rois de France : Louis XI, Charles VIII, Louis XII et François Ier. Puis il s'endormit dans sa grandeur et fut brutalement réveillé par les guerres de religion. Protestants et catholiques se l'arrachèrent. En 1562, les catholiques, maîtres des lieux, y installèrent une garnison ; l'année suivante, passé aux mains des protestants, il y resta, en quelque sorte, puisqu'il fut acquis par le duc de Lesdiguières, tête de pont du parti réformé. Devenu grand connétable de France, Lesdiguières dut abandonner la Réforme, du moins officiellement, mais il conserva le château, le fit reconstruire avec un faste inouï dont les vieux parlent encore aux veillées car il y reçut le roi de France, Louis XIII. Depuis quelques décennies, Vizille avait perdu de son faste, il n'était plus habité qu'à de rares moments par la famille des Villeroy, héritière des Lesdiguières.

De loin, tout éclairé par les derniers feux du couchant, l'énorme bâtisse était réellement imposante. Plus je m'approchais, plus j'étais pris dans le flot des carrosses et des voitures, des cavaliers qui s'y rendaient. Je portais toujours l'habit de satin gris dont m'avait fait présent mon hôtesse créole, mais j'avais glissé dans ma ceinture mes pistolets et, au côté, mon épée, ce qui au demeurant n'avait rien de surprenant dans ce pays infesté de brigands !

J'arrivai dans cette sorte d'état d'esprit au château. Étrange état en vérité, car si je voulais créer la surprise, je savais qu'elle pouvait se retourner contre moi ! Il ne me déplaisait pas de surprendre Diane dans son élément, en plein amusement, entourée sûrement de ces deux damoiseaux aux cheveux poudrés et hauts talons, ces deux duègnes espagnoles qu'elle traînait après ses jupes ; de lui lancer à la tête toute l'indignité de sa conduite et l'inconséquence de ses actes. Je voulais lire sur son visage son regret et peut-être la tristesse de m'avoir manqué de parole. Que voulais-je d'autre ? Le récit de la dame des îles m'avait un peu adouci tout d'abord, mais j'avais eu le temps de me ressaisir. Je me raffermis encore : j'étais ici pour dire à cette jeune écervelée ce que je pensais d'elle et de ses manières. Quelque chose en moi me faisait valoir que c'était un peu court, un peu léger d'aller risquer ceci pour cela, mais rien n'y fit.

Je laissai Gavotte au coin discret d'une tour d'angle et pénétrai dans le château au milieu d'un groupe d'invités. La nuit tombait, on ne me remarqua pas dans l'intense va-et-vient des laquais et des invités qui se pressaient. J'allai jusqu'au grand salon qui ouvrait sur le parc par un magnifique escalier à volées. Dans le flot des robes légères et fort décolletées, je remarquai des tissus qui ne m'étaient pas inconnus. Je m'apprêtais à en faire le compte quand, tout à coup, on me saisit par le bras. Je me retournai, la main à la ceinture, c'était Villars ! Il éclata de rire.

— Ça ! Mon cher Belle Humeur, on dirait que vous travaillez pour moi ! Voilà encore ma feuille toute écrite ! Mais que faites-vous ici ? Je sais que nous sommes en fief protestant et que vous y êtes chez vous, mais enfin, il traîne toujours quelque indiscret... si l'on vous reconnaissait ?

— Villars, vous tombez bien, je cherche mademoiselle de Fleury, où est-elle ?

— Oh ! Oh ! doucement... elle est en bonne compagnie, à la bibliothèque, avec son oncle Joly de Fleury et ces messieurs de la philosophie : Voltaire, Rousseau qui se déchirent à coups de vers latin et Divernois et Chossat et Saint-André...

— Comment se rend-on à la bibliothèque ?

— Venez, je vais vous y conduire par un chemin discret.

Je le suivis dans les dédales de l'immense château. La réception se donnait au premier étage, dans le salon d'honneur, que nous évitâmes en empruntant de petits couloirs où nous croisâmes cependant deux ou trois grandes figures de la Réforme qui avaient troqué leur allure austère et leurs costumes sombres pour des tenues plus joyeuses ; mais leurs visages, quoi qu'ils fissent, semblaient porter toujours les stigmates de leur interminable et honteux exil. La famille de Diane, dont je ne savais rien, devait être partagée entre ces deux camps, catholique et protestant, toujours farouchement opposés.

Parvenu sur les lieux, Villars me fit signe de patienter sur la terrasse tandis que lui-même allait tâter le terrain, en passant directement du petit salon dans la bibliothèque.

— Si je le puis, je vous enverrai Diane. Ne vous impatientez pas.

La terrasse, à cet endroit, était déserte. Les invités, égaillés partout, attendaient en se promenant, l'heure du souper. Je demeurai là un long moment, impressionné malgré moi par cette antique demeure et tous les souvenirs qui s'y rattachaient.

La soirée était claire et chaude. De la grande porte-fenêtre ouverte sur la terrasse me parvinrent des bruits et des voix que je m'efforçai d'identifier. On parlait de moi d'ailleurs, ce qui me força à me rapprocher davantage, tout en restant en retrait, dans le noir, de sorte que l'on ne pût m'apercevoir. Un homme, jeune encore, à la voix assurée, Joly de Fleury sans doute, disait avec vivacité :

— Je n'aime guère ce tapage autour d'un homme. Il a pris Rodez, c'est entendu. La garnison s'est cachée ? Fort bien ! Il fait peur, comme tous les brigands, et alors ?

Rousseau, je le reconnus pour sûr sans l'avoir jamais vu, à son air doux et timide, ajouta :

— Il a ouvert la prison, libéré les déserteurs, est-ce la coutume chez les brigands ?

Joly reprenait, sans faiblesse :

— Cela ne va pas plaire au roi !

On se mit à rire. En m'avançant encore, j'aperçus Voltaire tout émacié, l'œil perçant, qui riait fort. Diane se tenait au milieu d'eux, assise, sur le bord d'une bergère à oreilles, le regard lointain, absente. Chossat faisait l'avantageux debout derrière elle, aussi près que possible bien sûr. Il devait pouvoir respirer le parfum de sa chevelure car elle ne portait pas de perruque ; à son habitude, elle avait ses cheveux remontés en grosses boucles souples qui lui faisaient comme une couronne sur le haut de la tête. Comme je la contemplai, elle regarda de mon côté. Je crus qu'elle m'avait aperçu et me reculai vivement. Joly reprenait :

— Mais enfin ! Je ne comprends pas votre engouement pour ce Mandrin, Voltaire. Qu'a-t-il de plus ou de moins que ses comparses ?

— Un projet ! immense ! populaire ! Le peuple l'aime à la fureur.

Divernois, toujours aimable et pondéré, intervint :

— Il faut convenir qu'il n'est pas ordinaire, il vous séduirait.

Saint-André, qui fumait la pipe un peu à l'écart, dans un magnifique habit bleu d'azur, s'en mêla :

— Il est vrai que c'est un être assez remarquable. Les hommes de cette trempe se font rares. Qu'a-t-il à gagner en prenant le parti qu'il a pris ? Il aurait tout aussi bien pu se vendre à une puissance étrangère. Son talent militaire, son audace, sont des qualités rares et fort recherchées.

Voltaire se leva en gesticulant, fit les cent pas, ce qui m'obligea à battre à nouveau en retraite.

— Le peuple s'intéresse à celui qui mange les mangeurs de gens ! Mandrin a des ailes, il a la vitesse de la lumière ! On l'a vu il y a deux jours à peine à Saint-Chamond... où est-il aujourd'hui * ?

En passant, il faillit fouler le pied de Rousseau qui cherchait sa réplique :

— Il aurait sa place dans mon *Discours sur l'origine et les*

---

* Voltaire : lettre à madame de Saxe-Gotha. *Correspondance...*

fondements de l'inégalité que je prépare en ce moment, car il a conscience qu'il est manifestement contre nature qu'une poignée d'hommes regorgent de superfluités tandis que la multitude affamée manque du nécessaire.

Diane l'interrompit en levant légèrement sa longue main délicate comme une aile de colombe. Elle parlait, mais je ne reconnaissais pas sa voix, triste, sans timbre, morne. Elle me fit mal.

— ... et du superflu, chose si nécessaire ! ajouta-t-elle amèrement. Imaginez cette multitude nourrie, engraissée, mais abrutie d'obligations et de contraintes, de labeur, de devoirs et de distractions convenues ! Où trouve-t-on l'humanité là-dedans ? Voilà une opulence bien grise où la liberté ne va que jusqu'à choisir la couleur de son ragoût.

Villars tardait trop, je ne pouvais plus attendre et puis tout cela me concernait au premier chef !

— Du pain et des jeux. Vieilles béquilles ! lançai-je en franchissant le pas de la porte-fenêtre.

L'assistance resta figée. Je m'avançai vers Joly de Fleury, le saluai le plus civilement du monde en le rassurant de ma voix la plus aimable :

— Je ne viens pas troubler votre fête, monsieur. Ni me plaindre de n'y avoir pas été convié. Si j'ai pris la liberté de m'y inviter, c'est que j'avais interrompu à Rodez, pour les besoins de mon affaire, une conversation du plus grand intérêt que je savais pouvoir reprendre céans.

Diane me fixait, debout, les mains crispées sur le fauteuil. Le sang s'était retiré de ses joues, je sentais en moi l'effort qu'elle faisait pour ne pas s'évanouir.

Villars, dans son costume couleur de dragée rose, trop grand, qui lui donnait un air de bouffon du roi, entra fort à propos, joua à merveille la surprise tandis que Voltaire susurrait à Divernois :

— Vous nous aviez peint un capitaine courageux. Je vois un prince ! Quelle allure, quelle aisance, quelle intelligence du moment !

Je me tournai vers le grand courtisan éconduit :

— Monsieur de Voltaire. Voyons ! Qui étiez-vous en train d'égratigner ?

— Mes yeux ! mes yeux ! Belle Humeur, le bien nommé.

Joly s'était penché vers Diane dont il tapotait la main. Elle se remettait un peu tandis que, pour la réconforter sans doute, et dans l'ignorance de ce qui nous liait, il lui confiait :

— Il est vrai qu'il n'est pas sans grandeur ! J'aime les bandits quand ils sont grands.

Tout en saluant Diane de la tête, j'attrapai la balle au bond :

— On me calomnie monsieur, en m'appelant bandit. Je fais, il est vrai, avec les agents du fisc des affaires dans lesquelles leur volonté est subordonnée à la mienne.

— ... du vol, lança-t-il pour ne pas avoir l'air d'abandonner trop vite.

— Je vole, prétend-on, la recette des Fermes ? Mais lorsque j'emporte de l'argent, je leur laisse de la marchandise. Je leur vends des ballots de tabac. Et vraiment je ne suis pas cher ! Quant aux droits d'entrée que j'esquive, la belle affaire ! parcelles d'or dérivées du pactole !

Joly semblait s'amuser soudain. Divernois, remis de sa surprise, s'était assis, Chossat et Saint-André entouraient le fauteuil de Diane en m'observant. Joly poursuivait avec un bel aplomb :

— Certes, ce sont des gens que nul ne songerait à plaindre ! Mais on dit que vos manières sont parfois... impolies ?

— La politesse des manières cache trop souvent la médiocrité du cœur, dis-je. Celle-là n'a-t-elle pas été inventée pour pallier celle-ci ? Je lui préfère la sensibilité, comme monsieur Rousseau. Une politesse du cœur en somme.

Rousseau hocha la tête en se parlant à lui-même, c'est en tout cas l'impression qu'il donnait :

— Le cœur ? Voilà un organe dont les grands n'ont pas besoin.

Il allait poursuivre quand un domestique vint annoncer que le souper était servi.

Un brouhaha de plus en plus conséquent montait du rez-de-chaussée. Joly qui devait présider le repas eut l'air soudain embarrassé. Il se tourna vers Diane, totalement remise et qui ne me quittait pas des yeux, puis s'adressant à moi :

— Monsieur, puisque aussi bien vous voilà des nôtres, voulez-vous vous joindre à nous pour le souper ? me proposa-t-il.

— Mais n'est-ce pas quelque peu dangereux, mon oncle ? intervint Diane. Nous ne sommes pas à l'abri des espions dans une telle foule.

Villars abonda dans son sens.

— En effet ! dit-il en pointant vers la porte son doigt plein d'encre encore. Il y avait par ici, quand je suis monté, une sorte de coquin à l'œil fouineur, que personne ne semblait connaître et qui m'a tout l'air d'avoir aussitôt disparu ! Il se tenait là, dans ce petit salon attenant à la bibliothèque.

Joly parut étonné. Saint-André proposa d'aller se renseigner auprès des domestiques et Chossat courut jusqu'au petit salon. Mais je les rassurai en riant franchement :

— Laissez ! C'est quelque espion des Fermes. Ils fleurissent sur mon passage !

Nous rejoignîmes la grande salle à manger du rez-de-chaussée où les convives s'étaient déjà attablés. J'en saluai quelques-uns au passage qui restèrent bouche bée, la fourchette en l'air ; mais Diane me dirigeait vivement vers une table discrète, installée dans un angle entre deux portes-fenêtres ouvrant directement sur le parc, ce qui n'était que sage précaution. Le décor était grandiose et les invités de marque, tous ou presque princes de la Réforme. Joly alla prendre place à la grande table qui tenait le centre de la salle, Voltaire près de lui et Rousseau non loin. Nous nous trouvâmes donc Divernois, Villars, Chossat, Saint-André, Diane et moi assis ensemble. Diane ne m'avait pas encore adressé une parole ; quant à ses deux acolytes, ils hésitaient toujours entre des sentiments contradictoires ou que je jugeai tels. La situation m'amusait et je m'y sentais fort à mon aise, mais visiblement, j'étais le seul !

À la table voisine, Voltaire qui, cependant, ne s'exprimait pas plus haut que les autres dominait très nettement le brouhaha et le cliquetis des verres et des couverts. Tout le monde était sûrement très avide de l'entendre, si bien que ce fut dans un silence presque religieux qu'il lança sa question :

— Avez-vous ouï parler de cette liste des croupiers, dérobée par un inconnu dans les coffres de la Ferme, à Lyon ? demandait-il à Joly en souriant à demi.

Diane, qui avait pris soin de se mettre loin de moi, à l'autre bout de la table, me jeta un regard tandis que le feu lui montait aux joues. Chossat se pencha un peu trop vers elle, pour lui chuchoter une sottise sans doute, tandis que Villars hochait la tête dans ma direction.

— Certes ! acquiesçait le maître de maison, ce ne fut dans toute la France qu'un cri d'indignation lorsqu'on apprit qui tirait profit des séquestres. On trouve les noms les plus illustres et les plus obscurs !

— Du monarque au plus vil de ses sujets. Le roi... énumérait Voltaire, avec une part de Fermier général. Puis la marquise de Pompadour, avec une demi-part. Puis le Dauphin, ses sœurs, les tantes du roi avec trente mille livres, et la nourrice du duc de Bourgogne, et le médecin de la Reine, et son abbé, et sa chanteuse ! J'allais oublier toutes les dames qui ont plu ou plaisent encore...

Chacun s'esclaffait d'indignation et il y avait de quoi. Quand on savait comme Divernois, Villars ou moi, d'où provenait cet argent, quand on savait qu'il s'agissait de vols manifestes à l'encontre des plus démunis, il y avait bien sûr matière à s'indigner. Pour le moins.

Rousseau dit à son tour :

— C'est à qui se partagera les dépouilles de la France.

Et comme les oreilles restaient tendues vers l'orateur, j'ajoutai pour conclure en regardant mon hôte :

— La ruine d'un peuple entraîne celle de son roi.

Cette fois, on se tourna vers nous. Diane aurait voulu entrer dans un trou de souris, elle cherchait désespérément où poser les yeux.

Un murmure s'était levé, tout doux d'abord, puis chacun cherchant auprès de son voisin le nom de cet audacieux inconnu, une sorte de clameur de surprise s'ensuivit dont l'habile Voltaire s'empara à bon escient, si bien que les fourchettes et les verres reprirent leur cadence.

Le repas se termina sans que Diane ne m'ait dit un mot. Les invités, enfin repus, se levaient tandis qu'une musique entraînait les plus jeunes vers le grand salon. Je me levai aussi et me dirigeai vers l'escalier qui conduisait au parc. J'étais venu voir Diane, mais peut-être ne pourrions-nous pas nous parler. Sans doute ne le souhaitait-elle pas et peut-être n'était-ce plus nécessaire ? J'étais simplement venu me repaître d'une certitude, jongler avec le sort !

Villars m'avait rejoint, et pour une fois il restait silencieux. La nuit était des plus douces et, de là où nous étions, les bruits du salon nous parvenaient comme en écho. En me frappant amicalement l'épaule, il me dit :

— Ne vous éloignez pas, Voltaire m'a dit qu'il souhaitait vous entretenir.

En attendant, le philosophe avait, comme à l'habitude, mobilisé l'attention générale en improvisant un petit concours de la meilleure anecdote dont le sujet tombait fort à propos : « Voleur ! ». Nous tendions l'oreille et déjà Villars sortait son papier pour noter, mais Rousseau refusa de commencer, Joly s'en sortit par une pirouette, enfin, ce fut le tour de Voltaire et le cercle des curieux et des admirateurs se resserra autour de lui : « Il était une fois un Fermier général, commença-t-il, ma foi, j'ai oublié la suite... ! » Et tout le monde applaudit.

Nous étions parvenus au bas de l'escalier monumental quand Divernois, Saint-André, Chossat, Diane et Voltaire nous rejoignirent. La fête se donnait là maintenant ; déjà un feu d'artifice pétaradait, les robes des femmes fleurissaient de taches claires la pelouse éclairée, çà et là, par de grosses torches. Je regardais Diane marcher à petits pas, les yeux fixés à terre. À quoi songeait-elle ? Saint-André, comme poursuivant une réflexion intérieure, s'adressa à moi de but en blanc :

— Pourquoi ne pas vous mettre au service du roi, de votre pays ?

— Mais à quel service croyez-vous que je sois ? Je veux nous délivrer de l'épouvantable tyrannie des Fermiers généraux, ruiner leur entreprise de scélérats. Je veux qu'ils rendent à nos campagnes l'or qui remplit leurs matelas, je veux qu'ils suent de peur, je veux que cette race d'individus disparaisse et je m'y emploie nuit et jour. Comment pourrait-on être plus utile à son pays ?

Voltaire hochait la tête en regardant partir les fusées. Il intervint cependant :

— Du temps de Romulus et Thésée, Mandrin eût été un grand homme. Mais de tels héros sont pendus aujourd'hui ! * Vous n'êtes pas venu à votre temps, Belle Humeur, vous êtes trop grand, votre tête dépasse, votre audace fait peur et votre popularité vous condamne.

Saint-André s'était mis près de moi, tandis que Chossat avait pris la main de Diane qu'elle ne lui laissa pas.

— Demandez votre grâce au roi et un brevet pour le servir ! Voyez Duguay-Trouin, le corsaire ; non seulement Louis XIV l'a anobli, mais il lui a confié sa flotte, insistait Saint-André.

— ... et compte tenu du fait que vous voilà reconnu pour un chef militaire redoutable, il se peut fort bien que vous l'obteniez cette grâce. L'Anglais nous presse de toutes parts, il nous nargue sous nos fenêtres, après nous avoir grignoté une à une toutes nos colonies. Le roi n'ignore pas qu'il est entouré d'incapables à boucles dorées. Si vous faisiez amende honorable ? Si vous le suppliiez ? Nous trouverions bien le moyen de vous y aider.

— Ne vous méprenez pas, répondis-je à Voltaire, je ne suis pas un penseur, assis sur la pierre angulaire, attendant que Dame Histoire lui fasse signe.

— Mais un jour, vous vous trouverez à la croisée des chemins ?

— Je m'y trouve. Je m'y trouve chaque jour, chaque instant. Il n'y a que ceux qui ont remis leur conscience en d'autres mains qui ne se posent pas de questions. C'est pour cela que je hais l'armée comme toute autre servitude.

Chossat eut un haut-le-corps.

— À quel prix ? lança-t-il.

---

* Voltaire : *Correspondance*.

— Au prix de ce qu'on ose encore si grossièrement appeler le bonheur.

Chossat s'envenimait.

— Vous ! Un homme douloureux ?

— Une douleur lucide, lui renvoyai-je explicatif, regardant Diane.

Chossat ne se reconnaissait pas vaincu. C'était sans doute le genre de joute qu'il préférait.

— Bah ! Vous êtes un révolté à la tête d'une bande de loups.

— Des loups qui n'ont pas su se dérober à ce que l'on trouve en soi de justice suprême.

Voltaire voulait participer à l'échange, ou nous faire baisser le ton qui commençait à attirer les curieux. Il chuchota :

— Mais vous ne connaissez nul repos, vous êtes harcelé de toutes parts. Combien de fois êtes-vous déjà condamné à mort, deux, trois ?

Il m'amusait décidément avec son sens de l'à-propos.

— Ah ! Pardonnez-moi ! C'est un domaine dans lequel mes comptes ne sont pas à jour.

— Vous êtes mal avec votre temps, monsieur le capitaine !

— Un temps de mascarade dans un âge de pierre... murmura Diane.

Saint-André reprit, insistant :

— Si vous preniez ce brevet, vous pourriez continuer votre combat, mais du moins sans courir le risque du médiocre : on vous respecterait, on vous écouterait.

— Oui ! Humilié, l'âme bourrelée de petites vexations et de grands manquements... et dans la moindre éraflure se glissera la gangrène. Non ! Merci !

Saint-André me dit à l'oreille, comme en confidence, et cela me surprit :

— Vous comprenez que vous vous coupez de toutes vos espérances ?

— Désolé, messieurs, je ne renoncerai pas à ma part de violence ! Il y a un monde entre lutter pour vivre et lutter pour ne pas mourir : d'un côté de la chaussée, le déserteur ; de l'autre, le militaire.

Voltaire souriait. Peut-être trouvait-il le mot à son goût ?

— Il en va ainsi, tout homme jeune se croit appelé à transformer le monde. Belle Humeur, vous ne serez pas mieux que votre temps, au mieux vous serez ce temps.

— Et voilà le philosophe ! dis-je, amusé. Il déforme la misère pour nous la rendre plus supportable.

— Le système que vous combattez se détruira de lui-même, conclut Voltaire.

— Voilà bientôt un siècle qu'il ne se détruit de lui-même qu'en nous détruisant. Non, messieurs ! Voyez, s'il me fallait d'aventure accepter un brevet des armées, je m'en servirais pour...

Je fus interrompu dans mon propos par une énorme pétarade qui allait couronner le feu d'artifice, et nous nous avançâmes jusqu'à l'extrémité de la terrasse tandis que la foule des autres invités envahissait les lieux pour admirer les derniers « bouquets ». L'orchestre jouait maintenant au bas des marches. Je me demandais ce que nous fêtions, je cherchais des signes dans cette pluie d'étoiles de feu. Peu à peu, tout s'éteignit, le calme se fit une seconde, déchiré par les bravos et les rires.

Nous étions là, immobiles à l'écart, seuls soudain, elle et moi. Je me tournai vers elle, ému malgré moi. Toute la scène de Rodez me revenait en mémoire avec intensité. Que s'était-il passé depuis ? Diane ne m'avait pas regardé ou presque, pas accordé un sourire. Elle était là, glacée, presque méconnaissable. Lui avais-je failli, manqué en quoi que ce soit ? Ou bien, plutôt, avait-elle honte maintenant de cet élan qui l'avait poussée vers moi ?

Soudain, elle me lança, presque agressive.

— Qu'êtes-vous venu faire ici ? Vous y êtes en danger. Qui sait si quelque domestique n'aura pas été quérir les gendarmes ? Nous ne pouvons nous assurer de tous nos convives. Je sais que vous prisez par-dessus tout le danger, mais...

— Je suis touché de l'attention que vous me portez, mademoiselle, lui rétorquai-je, un peu ironiquement. Mais s'il est vrai que je dispose de peu de temps, j'entends cependant en disposer à ma guise. Quant à votre question, voici la réponse : je suis venu pour vous, sans autre pensée que celle de vous revoir et de vous dire...

— Mais c'était trop d'inconséquence ! Ne pouviez-vous faire autrement ? M'écrire ?

— J'eusse été philosophe à l'âge de cent ans. Mais j'ai le sentiment que je n'y parviendrai pas et qu'il va me falloir vivre vite. Gentilhomme, j'eusse été, le lendemain même de notre rencontre, demander votre main à cet oncle qui vous tient lieu de père. Bourgeois, je me serais fait gentilhomme. Mais, Mandrin je suis, et c'est sans doute pour cela que vous avez cru pouvoir vous moquer de moi, tromper ma confiance...

— De quoi parlez-vous ? Je ne vous ai fait aucune promesse, si ce n'est de ne pas encombrer votre chemin.

— Décidément, mademoiselle, je vois que nous ne parlons pas le même langage, ou peut-être avez-vous oublié déjà notre rencontre à Rodez ?

Nous avions atteint en parlant l'extrémité de la terrasse. Diane s'était adossée à la tour d'angle. Il faisait très sombre.

Je sentais son malaise et il me faisait mal. D'abord, elle avait peur que je ne sois en danger, mais, par ailleurs, elle n'ignorait pas ce qui m'avait poussé à prendre délibérément ce risque. Alors cette froideur, cette distance, qu'elle s'efforçait de mettre entre nous tenait-elle à autre chose ? Peut-être quelque bonne langue lui avait-elle parlé de mes conquêtes ? Peut-être n'était-ce que jalousie ? Je demeurai là, perplexe, face à elle. Je voulais la toucher, mais je souhaitais qu'elle le fasse la première, qu'elle vienne à moi.

Au lieu de cela, elle me fit face, je voyais mal son visage, mais la voix était dure, presque forcée :

— Monsieur, vous n'avez rien à me commander, ni à me reprocher. Vous avez cherché à m'arracher une promesse que je ne vous ai pas faite d'ailleurs.

— C'est curieux comme on peut se tromper ! J'avais pris votre attitude pour... pour quelque chose qui ressemblait fort à de l'intérêt. Je n'avais pas compris que je ne devais vous servir que de commis ou de prête-nom.

— Arrêtez ce ton persifleur. Vous savez très bien pourquoi je me suis chargée de cela et, d'ailleurs, je pensais en le faisant aller dans votre sens, apporter ma modeste contribution à votre entreprise. Si je me suis trompée, veuillez m'excuser.

— Vraiment ! Je vois bien que tout cela n'est qu'un jeu pour vous. Et comme la vie est monotone, il faut bien de temps à autre se divertir. Mais je n'aime pas, moi, que l'on se divertisse à mes dépens. Au fait, lorsque vous avez joué ma tête chez le roi contre celle de Bouret, laquelle vouliez-vous gagner ?

Je l'avais prise par les épaules, je la serrais peut-être un peu fort. Je n'avais pu réprimer mon élan, cette envie de la toucher, tous mes soins pour demeurer froid s'avérant vains. Elle prit un air tout désorienté. Je continuai, plus calme, ses deux mains dans les miennes :

— Ne recommencez jamais ce genre de tromperie, Diane, je ne vous le pardonnerai plus. Vous êtes là, seule, comme un oiseau sur la branche et vous vous mettez à courir tous les périls. On dirait que...

Je la voyais mieux maintenant, nos yeux s'accoutumant à l'obscurité. Son visage avait changé d'expression depuis Rodez. Ses traits s'étaient un peu creusés, ce qui donnait à ce délicat ovale quelque chose de tragique.

— J'aurais pu vivre ainsi, me dit-elle en me montrant les invités qui se promenaient nonchalamment dans le parc, au milieu de tous ces gens qui se mêlent d'exister de gré ou de force, libre de la nostalgie inhérente à l'espérance d'un monde meilleur. Il aurait fallu se complaire à la chute, se satisfaire de charité indécente, résumer sa souffrance à la pitié, besogner dans les concepts en vogue. Je goûte les joies de ces festins ordinaires, mais j'écoute une autre musique : je n'ai aucun rêve d'avenir. C'est ma manière à moi d'être irréprochable.

Elle me fit peur. Je la voyais soudain s'avancer sur un fil tendu au-dessus d'insondables abîmes. Je l'avais crue un peu hâtivement embarquée, par désinvolture vindicative, dans une cause exotique, étrangère à ses intérêts. Elle continua plus doucement, sur un ton las :

— Quand l'argent sera répandu entre tous, et quand nous n'aurons plus cette frontière que vous cherchez à reculer, monsieur, il s'en reconstruira d'autres : les hommes sont inaptes à vivre ensemble, leurs bonnes volontés s'annulent ; ce trésor philosophique de « l'être social » n'est qu'une spéculation stérile, un optimisme obligatoire, une nécessité commerciale, dont je ne cherche pas à m'accommoder. Quoi que nous fassions, nous n'arriverons qu'à l'égalité par l'argent, dont seuls les bourgeois petits ou grands tireront profit.

Cette diatribe me laissa pantois. Je n'avais pas imaginé un instant qu'une très jeune femme de la haute noblesse pût s'engager dans une réflexion philosophique ou politique profonde, susceptible de remettre en cause les valeurs de sa caste et de compromettre sa vie. Diane rejetait à raison le monde des apparences et des simulacres dont elle avait sondé la futilité et la cruauté. À ses yeux, le monde des privilèges ne tiendrait guère davantage, mais elle n'en proposait aucun autre. Peut-être jouait-elle ? Peut-être ne fallait-il y voir que rhétorique ? Ou me mettait-elle à l'épreuve ?

— Ainsi, vous ne croyez à rien ? Mais alors pour qui, pour quoi avez-vous pris de tels risques, jusqu'à mettre votre vie en danger ?

— Bah ! Je fais ce que je sais le mieux faire, tout comme vous, monsieur, mais au moins je ne me berce pas d'illusions.

— Ainsi, vous pensez que j'ai tort ? Il faudrait contempler, rester spectateur ? Je n'aime pas, moi, le spectacle que l'on nous donne à nos frais.

Je voulais croire qu'elle ne pensait pas tout ce qu'elle avançait. Qu'elle ne faisait qu'exprimer une déception momentanée. Elle reprit :

— Vous ! Vous êtes un forcené en possession de tous ses esprits, un dieu antique plein d'une rage lucide. Les rêves du peuple sont désormais inséparables de votre marche en avant, et vous le savez et cela vous grise. Vous lavez leur honte et leur misère, vous les raccommodez avec l'idée d'un paradis accessible. Mais si vous réussissez, ils le rendront irréalisable ; si vous échouez, ils vous jetteront dans les ténèbres de la vindicte et du vice. Et si le peuple, qui a parfois bonne mémoire, n'y parvenait pas, les historiens s'en chargeront ; le bonheur entrevu serait trop lourd à porter.

— Ainsi, voilà votre nouvelle philosophie ? Je comprends

qu'elle vous attriste jusqu'à vous éteindre, jusqu'à vous faire oublier l'essentiel.

— L'essentiel ?

— La vie, Diane. Le plaisir, l'amour ? Qu'en avez-vous fait ? Je ne les vois nulle part dans votre discours. Ce que vous me dites ce soir me paraît à cent lieues de vous. Que s'est-il passé ?

— L'amour... la haine, voilà des sentiments bien galvaudés, des mondes agités de vents passagers dont la première pluie aura raison. L'amour, dites-vous ?

— Oui, Diane, je le dis.

— N'est-ce pas ce qui fleurit sur votre passage ? Embaume vos nuits, parfume votre casaque, à toutes les étapes de vos campagnes, dans chaque ville, après chaque bataille, monsieur le conquérant ? Je n'appartiens pas, moi, à ce cortège d'hétaïres et de bayadères pâmées, courtisanes complaisantes qui bordent le chemin du vainqueur. J'ai de l'admiration, certes, pour votre courage...

— Assez ! Vous avez perdu confiance en moi et vous êtes en train de m'insulter, de tout confondre. Vous ne croyez plus en moi. Et vous vous vengez en vous faisant mal à vous-même, en vous détruisant. Et c'est bien le seul moyen de m'atteindre en effet. Votre jalousie est mal placée, Diane, et votre vengeance insupportable. Je ne tenterai pas de me justifier. Je suis ainsi, léger et lourd, superficiel et profond. Mais le portrait que vous venez de brosser de moi, ce paillard grossier, ce jouisseur aveugle ne me correspond pas...

— Ah vraiment ?

— Ne jouez pas l'indifférente, ma très chère. Vous me connaissez : vous m'avez percé à jour dès le premier regard. Pourquoi croyez-vous que je sois venu ici, ce soir, au péril de ma vie ?

— Vous aimez le danger. Il vous est devenu un poison indispensable. C'est à ce prix que vous vous sentez vivre...

— C'est vrai ! Mais de tous les dangers auxquels je m'aventure, le plus périlleux est encore cet un élan immodéré, aveugle et constant qui m'attire à vous, me lie à vous, sans recours et sans faille.

Brusquement, je l'attrapai par la taille qu'elle avait ridiculement fine, l'amenai contre moi et sans chercher à contrôler mon goût d'elle, si fort qu'il balayait tout, je l'embrassai longuement. Ses lèvres fraîches presque froides s'animèrent peu à peu. Je voulais la reprendre, me pénétrer d'elle et lui communiquer ma chaleur. Je la sentais dépérir, ce m'était une tristesse odieuse. Je m'en vis soudain responsable. Comment aurait-elle pu croire à mon amour ? Imaginer qu'elle occupait toutes mes espérances ? Comment lui dire sans ridicule qu'elle avait fait de moi un autre homme ? Que si je n'étais plus ce simple corsaire des bois, c'est parce qu'elle était venue à moi, qu'elle s'était avancée d'abord.

— Je briserai tous les obstacles pour vous rejoindre, Diane. Il faut me croire, il faut croire en nous. Laissez-moi vous aimer et vous le dire et vous en convaincre. Venez à moi, quittez cette désespérance. Regardez-moi !

Je lui pris la main, la posai sur ma chemise à l'endroit où battait fort mon cœur.

— Diane ? Promettez-moi, jurez-moi que vous viendrez me rejoindre en Savoie avant la fin de l'année ?

Elle me regardait de tout près, ses yeux immenses brillaient un peu. Sa main sur ma chemise fine tremblait, chaude maintenant à mon contact.

C'est à ce moment que Villars accourut tout essoufflé. Il s'arrêta stupéfait à un pas de nous :

— Capitaine ! les gendarmes encerclent le château et le parc ! C'est cet espion que j'ai vu qui les aura alertés. Vite ! Partez ! Chossat et Saint-André sont allés chercher des chevaux, ils vous attendent à la porte de l'écurie.

Je tendis l'oreille et perçus un bruit de cavalcade accompagnée d'un cliquetis d'armes.

— Voici, sans doute, les courageux défenseurs de la Ferme ! Je vais être au regret de devoir vous quitter. Villars, veuillez saluer nos hôtes pour moi.

À l'arrivée de Villars, Diane s'était écartée de moi ; je repris sa main que je serrai plus fort tandis que le messager repartait en courant.

— Ne vous affolez pas, ma chérie, lui dis-je. Je suis à

quelques lieues de la Savoie et ma jument est plus rapide que leurs vieilles bourriques.

Diane, soudain, sembla reprendre vie. Elle me dit énergiquement :

— Suivez-moi ! Je vais vous conduire jusqu'aux écuries. On ne peut passer ni par l'escalier ni par la porte des salons.

Elle m'entraîna à toutes jambes le long de la balustrade de la terrasse, en direction de la tour d'angle. C'est elle qui me serrait fort la main maintenant. Nous pénétrâmes dans la cour, descendîmes quelques marches dans le noir, puis il fallut encore courir le long d'un corridor très sombre qui tombait dans une sorte de resserre, proche des écuries comme l'odeur le laissait présumer.

Parvenus à la resserre, nous nous arrêtâmes un peu essoufflés. Pour toute lumière, il n'y avait que la clarté de la lune. Diane tourna son visage vers moi, l'émotion lui donnait des couleurs, ses grands yeux saphir avaient perdu leur mélancolie. Je l'étreignis fort, corps contre corps.

— Peut-être, chuchota-t-elle, serait-il plus prudent de vous cacher dans le château ?

— Je ne puis accepter votre offre qui me touche profondément, murmurai-je en la gardant serrée contre moi. Cela mettrait votre oncle en fâcheuse position, sans parler de tous vos amis protestants qui sont là ce soir, comme par hasard ! On nous convaincrait de complot ou de je ne sais quoi encore. Et vous Diane ? Vous savez de quelles folies je suis capable pour vous tenir, ne serait-ce qu'un instant, dans mes bras, mais là, trop de vies sont en danger. Non, il faut au contraire que je parte et qu'ils me voient partir et qu'ils me poursuivent. Ne vous souciez pas, ils ne m'attraperont pas, je suis amoureux !

— Louis ?

— Amoureux fou, éperdu, de vous seule, Diane.

Elle rougit très fort, la lune me le montra.

— Allons ! Ne perdez plus une seconde ! Où est votre cheval ?

— Ma jument est tout près d'ici, si mon sens de l'orientation ne me trompe pas.

J'ouvris la porte de la resserre, sifflai. Gavotte apparut

presque à l'instant. Je sortis mes pistolets de mes fontes, les repassai tous à ma ceinture et me tournai à nouveau vers Diane.

— Suffirait-il d'une province où je suis un hors-la-loi pour nous séparer ?

Je me penchai sur elle une dernière fois et crus voir briller une larme dans ses yeux. Je lui pris la main, la baisai ardemment :

— Les pirates font jurer sur leurs pistolets... jurez sur moi que vous viendrez en Savoie me rejoindre, je ne partirai pas avant !

J'ouvris ma chemise, pris sa main et la posai sur ma poitrine. Je sentis sur ma peau, dans tout mon corps, comme une brûlure intense. Diane, la voix blanche d'émotion, me dit en me regardant bien droit au visage :

— Je viendrai Louis, si je le puis.

Je me penchai, embrassai ses boucles défaites. Chossat et Saint-André se présentèrent à cet instant dans l'encadrement de la resserre. Je sentis au geste de colère qu'il réprima, l'effort que faisait Chossat pour ne pas se jeter à ma gorge. Saint-André, plus calme en apparence, me fit signe de monter en selle et de le suivre.

— Monsieur, ajouta-t-il froidement, nous allons être cernés comme des rats et tirés comme des lapins dans moins d'une minute. Allons, en route !

Chossat, raidi dans sa fureur contenue, attendait que je fus passé pour fermer la marche. Je dois avouer qu'il avait fière allure ainsi droit sur son cheval, le geste élégant, la voix posée :

— À charge de revanche, monsieur, c'est à notre tour de vous escorter jusqu'à ce que vous soyez hors de danger.

À l'heure où l'honneur, cette vertu confisquée par la noblesse, tombait en déconfiture, la grâce de Chossat me confondit. Qu'il soit homme d'honneur le rendait à la fois plus sympathique et, surtout, oh, combien plus dangereux !

— Allons donc ! Vous plaisantez, messieurs ! leur dis-je en sautant en selle. Je vous remercie de votre intention, mais je saurai me défaire de cette valetaille tout seul.

— Pas le moins du monde ! me répondit Chossat en me saluant les dents serrées mais toujours très courtois.

Je fis un dernier salut de mon feutre à Diane et nous nous éloignâmes au grand galop à travers le parc, bientôt suivis des sbires de la Ferme.

Saint-André, habitué des lieux, ouvrait le chemin. Couchés sur nos montures, nous longeâmes le mur immense qui ceignait la propriété. Il faisait nuit noire maintenant, et cela n'était guère aisé, mais au moins nous étions à l'abri des coups de feu des poursuivants qui tiraillaient d'ailleurs en tous sens. Nous allâmes ainsi, au plus vite de nos chevaux, pendant une lieue environ, à la suite de Saint-André qui cherchait une brèche, l'unique qu'il y eût dans cette immense enceinte dont on disait qu'elle n'avait pu être faite que par le diable. Enfin, nous y parvînmes et je les arrêtai là.

— Merci messieurs, et au plaisir de vous revoir !

Mais ni l'un ni l'autre ne l'entendait ainsi.

— Sautez, que diable ! me dit Saint-André, et poursuivons !

Je voulus protester ; nous arrivions en campagne, de l'autre côté de l'enceinte, je pensais pouvoir me guider seul, j'en étais même certain.

— Sautez, sangdieu ! Nous perdons du temps ! me lança Chossat entre ses dents.

Nous sautâmes. La campagne s'ouvrait face à nous, boisée d'abord, puis bientôt cultivée de petites terrasses en espaliers. Nous allions traverser un petit bourg, quand, au détour du chemin, une brigade de gendarmes nous barra la route en criant : « Qui vive ? » Saint-André fonça droit devant lui sans s'arrêter et nous aussi au botte à botte, si bien qu'ils nous prirent en chasse et se mirent à nous tirer dessus comme des lièvres. À l'entrée du bourg, nous nous heurtâmes à leurs comparses qui nous attendaient avec une bonne décharge de mousquets. Saint-André avait encore accéléré son allure et cherchait à couper à travers champs.

Enfin, nous atteignîmes les bords de la Romanche que nous traversâmes à gué, sans encombre. Les gendarmes semés, nous nous arrêtâmes un instant pour laisser souffler nos montures : je n'étais plus qu'à quelques lieues de la Savoie, sain et sauf !

Nous étions là, tous trois, soufflant comme nos bêtes, et je songeais que le train d'enfer que nous avions mené depuis Vizille était digne de ceux de ma première campagne ; mais je fis grâce à mes deux anges gardiens de la comparaison qui ne les aurait sans doute que peu flattés. Je me tournai vers Chossat qui se tenait en retrait, il me parut un peu trop penché sur sa gauche, comme en déséquilibre, alors que le terrain ne s'y prêtait pas. Je m'approchai pour le remercier et je m'aperçus alors que sa veste était entièrement déchirée et qu'il perdait du sang du bras gauche. Il n'avait rien dit. Je descendis de cheval, allai vers lui :

— Mais vous êtes blessé, chevalier ! Que ne le disiez-vous ?

— Cette blessure-là n'est qu'une égratignure, monsieur, poursuivons, je vous en prie.

— Je suis à une heure à peine de la Savoie et je connais le chemin, je n'accepterai pas que vous alliez plus avant car ce serait trop vous compromettre que de traverser la frontière en ma compagnie. Il faut au contraire que vous retourniez au château afin que votre absence ne soit pas suspecte.

— Décidément, vous ne cherchez qu'à vous débarrasser de nous ! lança Saint-André à la cavalière.

Nous rîmes de bon cœur. Nous étions soudain émus. La lune, fantaisiste, nous éclaira complaisamment. Chossat et Saint-André mirent pied à terre. Chossat fit une grimace de douleur tandis que les rayons de lune accrochaient le cordon de Saint-Louis. Je pris mon foulard de cou, le serrai autour de son bras, au-dessus de la blessure, puis cherchai dans mes fontes une fiole d'alcool et la lui tendis. Il but tandis que je réfléchissais tout haut :

— Je ne sais ce qui vous a valu ce cordon militaire, chevalier, mais...

Il s'arrêta de boire en me regardant, tendit la fiole à Saint-André et me répondit sur un ton presque joyeux, avec une pointe d'ironie :

— Bah !... le mauvais côté de la chaussée !

Le rire nous reprit, un rire amical, presque chaleureux. Je remontai en selle, les saluai et, avant de tourner bride, en manière d'adieux, je leur dis mon sentiment :

— Je n'ai retenu qu'une seule phrase des textes sacrés, et

quand j'étais enfant de chœur à Saint-Étienne-de-Saint-Geoirs, je me la répétais souvent. Elle est de saint Paul : « Ce que l'on fait parle toujours plus haut que ce que l'on dit. » Adieu amis !

La lune se couvrit, je ne les vis plus.

QUATRIÈME PARTIE

Face au roi

18

Ma quatrième campagne, qui ne dura que quinze jours, du 20 août au 5 septembre, fut heureuse. Elle aurait manqué de sel si j'avais ignoré tout le mal que se donnait ce joueur de têtes pour avoir la mienne !

Bouret d'Érigny, l'opulent qui avait été effectivement désigné par le roi et le contrôleur général des Finances pour cette basse besogne, avait entrepris, avec la plus grande diligence et les deniers du royaume, une considérable fortification des frontières.

C'est aussi à cette époque qu'on put lire dans les gazettes les choses les plus scandaleuses pour mes ennemis, qui me réjouissaient d'autant plus qu'elles les faisaient enrager d'impuissance. En voici quelques exemples : *« Les grenadiers du régiment de Piémont, stationnés à Vienne, aux confins du pays sillonné par les contrebandiers, désertent par groupes pour se joindre à ces hors-la-loi... des Volontaires de Flandre, établis à Bourg pour les surveiller ont passé la frontière avec les chevaux de leurs officiers et s'en sont allés grossir les troupes de ce Mandrin... Les milices bourgeoises montrent de plus en plus de répugnance à protéger les intérêts des Financiers et la maréchaussée est impuissante quand elle n'est pas tout simplement leur complice ! »*

Le contrôleur général des Finances fit donc envoyer des corps spéciaux, empruntés aux troupes légères. Nous avions déjà, à Pont-de-Beauvoisin, les Volontaires du Dauphiné qui paradaient dans leurs uniformes ventre-de-biche, habit et culotte bleus ; mais il parut bientôt nécessaire de les renforcer par de curieuses troupes, que l'on avait précisément sous la main, composées de fusiliers et de dragons sans vocation particulière. Ces soldats qui avaient fait campagne en Bohême et en Flandre sous les ordres d'un dauphinois, Alexis de La Morlière, demeuraient tristement connus pour leurs exactions sans nombre. Si l'armée les appelait « Volontaires de Flandre », le peuple, qui s'y connaissait mieux en hommes, les surnommait les « Argoulets » ou « Argousins » ; quant aux paysans, ils les avaient rebaptisés « les croque-moutons », car ces valeureux soldats ne se gênaient pas pour leur voler leurs bêtes. Au demeurant, « Argoulet » était passé dans le vocabulaire courant comme une insulte et un terme de mépris aux yeux de toute l'armée.

C'est sans doute pour ces qualités particulières que les Fermiers généraux, à l'éthique purement mercantile, choisirent de faire défendre leurs couleurs par ces « Argoulets » et les envoyèrent, La Morlière à leur tête, nous barrer la route.

À la Cour, on se flattait que l'annonce de l'arrivée des « La Morlière », précédés de leur honorable réputation, jetterait les nôtres dans la consternation la plus vive, leur épargnant ainsi la peine qu'ils auraient à nous détruire. C'était calculer un peu hâtivement.

Hélas, les Argoulets se montrèrent très vite à la hauteur de leur réputation : à Voiron, ils tuèrent un homme qui ne répondait pas assez vite à la sommation de la sentinelle ; à Ballon, en Savoie, ils envahirent le village un jour de foire en criant : « Tue ! tue ! » L'officier renchérit : « Qu'on tire sur ces gueux de Savoyards ! » Puis La Morlière, lui-même, commit la plus grosse erreur en faisant arrêter un consul français dans l'exercice de ses fonctions et revêtu de son chaperon* !

En quelques semaines, les Argoulets se firent honnir à l'égal des gâpians qu'ils traitaient eux-mêmes sans nuance de canailles. Mais il faut croire que cette vermine ne suffisait guère à rassurer Bouret d'Érigny, puisqu'il y adjoignit une

* Chaperon : bourrelet placé sur l'épaule gauche d'où pend devant et derrière une bande d'étoffe garnie d'hermine.

foule d'autres troupes. Un immense cordon fut constitué qui interceptait les passages depuis le Jura jusqu'à la Méditerranée. Apparemment, seul le marquis de Ganay s'en trouva offensé dans son honneur de soldat : *« Quand fera-t-on cesser cette chaîne humiliante et coûteuse de tant de troupes assemblées dans trois ou quatre provinces, uniquement à cause de ce bandit ? »* Quatre mille soldats et jusqu'à six mille hommes en tout avec les employés des Fermes pour nous couper la route ! C'était un éclatant hommage à notre puissance. Mais c'était trop ou trop peu. Je ne le vis pas tout de suite.

Ma cinquième campagne fut marquée par des événements que j'eusse dû prendre pour des signes et me faire expliquer par un mage, mais il ne s'en trouva pas sur mon chemin puisque enfin je n'en cherchais pas, dans l'assurance où j'étais que les augures me seraient favorables. En effet, plus j'allais, plus j'étais certain de trouver en tous lieux aide et assistance, et cela même alors que je n'en demandais pas.

C'est à ma cause que l'on s'alliait, car, à l'exception des profiteurs, chacun pouvait s'y reconnaître. Si j'ai manqué de jugement face au danger qui me guettait, ce n'est pas par suffisance ou inconséquence, mais par crédulité, en accordant à mes ennemis, à des Bouret, à des La Morlière, à des Fischer, un soupçon d'honneur et de droiture. Je les prenais pour des hommes, ce n'étaient que des valets.

Nous entrâmes en France le 4 octobre vers les onze heures du soir, par Nantua, où personne ne nous accueillit. Tous ces valeureux passèrent sans doute la nuit sur ou sous leurs lits, car nous n'en rencontrâmes aucun. Nous prîmes cependant le temps de prélever sept cents livres à l'entrepôt des tabacs et celui de nous rafraîchir dans les cabarets avant de repartir en direction de Bourg-en-Bresse.

À Bourg, j'eus la surprise de me trouver nez à nez avec Joly de Fleury qui était en mission, en plein exercice de ses fonctions d'intendant de Bourgogne et de Bresse. La surprise fut de taille dans les deux camps ! Nous étions entrés comme la foudre dans la ville ; en quelques minutes, nous nous étions rendus maîtres des lieux stratégiques et je fus comme à l'ordinaire me présenter chez le receveur des tailles. Il s'y donnait une grande réception, en élégante compagnie et en l'honneur de monsieur de Fleury. L'élégante compagnie, affolée, trouva refuge chez les Capucins dont le couvent jouxtait la maison du receveur, tandis que Joly me recevait gracieusement et en tête-à-tête devant une bouteille de vin d'Espagne.

— Monsieur, me dit-il, j'ai peu d'admiration de reste, vous êtes parvenu à m'en soutirer. Je le dirai au roi, il m'entendra peut-être, pourvu que l'on ne braille pas trop fort contre vous dans le même temps. Tâchez à vous faire oublier maintenant. Faites cela pour vos amis, dit-il en me souriant finement.

Je repartis troublé et chargé des vingt mille livres que m'avait fait livrer Joly pour mon tabac. C'était un grand personnage du royaume. Jusqu'où allait réellement sa sympathie à mon égard et que voulait-il faire ? Que pouvait-il demander au roi ? Ma grâce ? Qu'en ferais-je ? Était-ce Diane qui lui avait suggéré cela ? Lui avait-elle demandé d'intervenir pour moi ? J'en doutais ! Et même si cela était... si le roi, accédant aux supplications ou arguments de Joly, m'accordait cette grâce en m'envoyant guerroyer pour son compte sur quelque champ de bataille lointain, je ne pourrais l'accepter. Les champs de gloire de la France n'étaient pas mes champs d'honneur, je haïssais la guerre, ses carnages, ses massacres et cette éternelle déchirure... Flanqué du déguisement de capitaine ou de colonel royal, je m'achèterais le droit au crime contre de pauvres bougres qu'on aurait traînés là pour ma gloire ? Non ! Diane n'avait pas pu imaginer cela, ou alors... c'est qu'elle ne m'aimait plus. Toutes ces longues semaines sans nouvelles d'elle finissaient par me faire douter.

Nous passâmes le Beaujolais, le Forez, le Velay, la Bourgogne. La remontée vers le nord, par Charlieu et Cluny, s'effectua sans encombre, nous commençions à nous ennuyer. Le Puy, où je reçus malencontreusement une balle dans le bras, fut le seul épisode distrayant : la blessure n'était pas grave et l'amusement très divertissant. Celui qui nous attendait au détour du chemin de Pont-de-Vaux le fut bien davantage.

— Mon... Mon... Monseigneur, M... M...

Il m'amusait le drôle ! C'était un postillon de grande maison qui devait précéder le carrosse d'un notable. Il avait heureusement rempli sa mission puisqu'il s'était trouvé nez à nez avec nous au détour du chemin de Vaux où nous nous avancions en bon ordre.

J'en perdais le souffle d'amusement. Épouvanté à notre vue, le postillon avait tourné bride comme une flèche et je l'avais suivi, si bien que nous nous trouvions maintenant, lui et moi, devant le carrosse qu'il précédait. Il était dans un tel état d'effarement qu'il en perdait l'usage de la parole. Il répétait :

— Monseigneur ! Les M... M... M... les Man...

Un militaire, sérieusement galonné et médaillé, passa la tête par la portière en l'interpellant sévèrement :

— Allons ! Qu'est-ce ? Articulez !

Le malheureux postillon, tout rouge, bouche ouverte, était sur le point de perdre connaissance. Je m'approchai, saluai le militaire d'une voix brève et l'invitai sans ambages à descendre au plus vite de son carrosse et à se présenter. Il ne songea pas à refuser, j'avais été très convaincant, mais de la voix seulement ; cependant, qu'est-ce qu'un militaire reconnaît mieux qu'une voix impérieuse ?

— À qui ai-je l'honneur ? interrogeai-je poliment une fois qu'il eut mis pied à terre et considéré la situation.

— Baron d'Espagnac, mestre de camp du maréchal de Saxe et gouverneur de la Bresse et du Bugey.

— Ainsi, monsieur le baron, vous voilà parcourant en chaise de poste le pays où vous allez devoir exercer votre commandement. Car vous avez été nouvellement nommé contre moi, je crois ?

Le baron faisait triste mine et il y avait de quoi : un vainqueur de Fontenoy contre un « bandit » !

— Décidément, dis-je, les Fermiers généraux ne se refusent rien ! J'espère qu'ils vous paieront bien, monsieur.

Je me tournai vers mes hommes et leur présentai cette grande figure de l'armée qui venait en renfort de toutes les autres se battre contre nous.

— Compagnons, c'est trop d'honneur ! Voici monsieur le

baron d'Espagnac qui nous fait l'amitié d'une discrète reconnaissance de l'ennemi. Nous allons lui montrer à qui il aura donc affaire.

Puis me tournant à nouveau vers le baron, je lui tendis mon cheval :

— Monsieur le mestre de camp, veuillez me faire une faveur !

— Une faveur, monsieur ?

Il me regardait, stupéfait, il n'était pas rassuré, mais il n'avait pas l'apparence de la peur, et heureusement pour lui, car je n'étais pas sûr de pouvoir contrôler Bélissard qui, voyant là une bonne prise dont nous pourrions tirer profit, tout au moins échanger contre nos prisonniers, me faisait des signes de plus en plus clairs.

— Oui ! Une faveur, repris-je, en m'amusant de l'embarras de ce héros.

Que pouvait-il ressentir en voyant en face de lui la poignée d'hommes contre laquelle il devait déployer son armée, et comment appelle-t-on ce genre de guerre ? J'avançai un cheval, je lui fis signe de monter en selle, il s'exécuta sans discuter.

— Eh bien, monsieur le gouverneur, je suis Mandrin, capitaine général des contrebandiers de France et je vous salue ! Faites-moi l'honneur de passer mes troupes en revue, vous jugerez ainsi plus à l'aise de votre tâche.

Le baron me considérait, éberlué, puis voyant que je ne plaisantais pas, il se mit face à mes hommes et prit à cœur de passer cette troupe insolite en revue selon les règles militaires les plus strictes.

J'observais, au fur et à mesure des manœuvres, que son visage, d'abord maussade, s'étonnait ; puis il se prit au jeu et commença à réclamer de plus en plus de rapidité et d'exactitude à mes cavaliers qui n'y trouvaient que matière à amusement et s'exécutaient au doigt et à l'œil. Quand il eut terminé la manœuvre, il revint à moi :

— Vous disposez là d'une troupe d'élite, monsieur, pleine d'exactitude et de rapidité.

— Je voulais m'en assurer, voilà qui est fait ! Je vous cède le chemin. Allez dire au roi que j'aime mon pays, monsieur, mais s'il fait donner l'armée contre nous, nous nous défendrons, il y aura des morts. À vous revoir, monsieur !

Quand il fut remonté en carrosse, je l'entendis parler à un autre homme, j'appris plus tard qu'il s'agissait du comte de Tavanes, son supérieur hiérarchique.

— Je n'ai pas rêvé, vous avez bien passé la troupe de ce brigand en revue ? lui demanda l'autre, furieux.

— Et quelle troupe ! J'ai rarement rencontré des militaires aussi prompts, aussi exacts. Si vous voulez mon avis, ces hommes sont fort redoutables, répondit le baron encore surpris.

— Mais combien sont-ils ? Cent ? Deux cents ? Une poignée ! Nous en aurons vite fini.

— Voire ! murmura encore le baron, rêveur cette fois. Ce Mandrin n'est pas l'homme qu'on dit...

Je n'en entendis pas davantage, la voiture prit une route différente de la nôtre et disparut, son postillon encore tout ébahi.

C'est aussi dans ce temps que j'appris que les Fermes avaient loué l'armée royale, fait unique. En effet, la Ferme payait la solde des militaires, subvenait à ses charges de nourriture, d'hébergement et au nécessaire. Dans cette guerre livrée contre moi, le roi avait cédé son armée, en partie seulement, mais une grosse partie, au contrôleur général des Finances. Il ne l'avait certainement pas fait sans contrepartie, mais pour lors, je ne connaissais pas la monnaie de l'enjeu. Je me promis de questionner Villars et Divernois à ce sujet, dès mon retour en Savoie qui devait être imminent.

Au sortir du Pont-de-Vaux, la route de Saint-Amour court en ligne droite, sur un plateau légèrement ondulé, dénudé et cela jusqu'aux premiers contreforts du Jura. En cette fin octobre, les chemins étaient difficiles déjà, défoncés par les pluies et le passage des troupeaux. Puis nous quittâmes la Bresse pour entrer dans le Jura, nous nous dirigions vers l'est, vers le Revermont fermé de roches violettes, creusé de ravines sentant bon le champignon.

Tandis que nous faisions halte à Saint-Amour, en Comté, le 27 octobre, pour y panser la blessure que j'avais au bras, Jambon s'en alla seul, malgré mon ordre, à l'assaut des crêtes, sous les taillis, sous les noyers, dans la forêt étrangère.

Nous avions établi notre campement dans une clairière avenante, autour de bons feux pétillants. Le repas champêtre sentait bon, l'atmosphère était cordiale, nous rentrions heureux car les choses tournaient au mieux de ce que j'espérais. Mon système ou plutôt ma manière à moi d'exercer la contrebande avait été tout à fait adoptée par mes chefs et leurs hommes que notre popularité montante ne pouvait que flatter. Je n'ignorais pas que plus mon système se renforçait, plus les risques augmentaient. La rencontre avec le baron d'Espagnac, si elle m'avait réjoui, m'avait aussi conforté dans l'idée que nous allions avoir tôt ou tard à affronter les soldats en bataille rangée. Tout ce déploiement militaire, pour être grotesque, n'en était pas moins alarmant. Il me faudrait bientôt prendre une décision grave car les choses avaient été plus vite et plus loin que je ne le présumais. Je repoussais dans un coin de ma conscience ce moment critique sous prétexte que je ne disposais pas de tous les éléments ; et puis je voulais croire au bon sens ordinaire qui montrait à l'évidence d'où venait la gangrène et quel remède y apporter. J'étais celui qui avait dénoncé le mal et ce faisant, n'avais-je pas rendu service à mon pays ?

C'est lorsque le Major m'invita à prendre place près de lui, pour le repas du soir, que je m'aperçus de l'absence de Jambon qui se tenait toujours à ma gauche. Quand le Camus me dit qu'il l'avait vu partir depuis plusieurs heures déjà avec des paniers sous le bras, je lâchai mon chapon à peine entamé et me tournai vers le Major, interrogatif.

— Capitaine, il a une passion pour la botanique et, surtout, pour les champignons, il a dû aller à la cueillette, il va revenir, m'affirma-t-il sur un ton rassurant.

Je m'étais attaché à Jambon plus qu'à aucun autre de mes compagnons, et son absence m'atterra. N'était-il pas allé se jeter dans une gueule de loup de gâpian ou de sergent recruteur ? Étant déjà déserteur, il serait immédiatement mis à mort.

Je me mis en selle sur-le-champ et mes canonniers qui ne me quittaient jamais en campagne me suivirent sans mot dire, regrettant bien toutefois l'agréable repas qui leur passait sous le nez.

Nous nous engageâmes dans la direction indiquée par le Camus, à travers la forêt. Le chemin étant très étroit, nous galopions en file indienne depuis tout un moment déjà quand un énorme tronc de châtaigner, barrant la route, nous força de nous arrêter. Avec quel soulagement je vis Jambon, venant à pas rêveurs à notre rencontre, ses paniers pleins. J'étais pris entre l'envie de le serrer dans mes bras et celle de lui donner une bonne correction ; je refoulai l'un et l'autre élan et lui fis signe sans un mot de monter en croupe derrière l'un de mes hommes. Il comprit, sans doute à mon air, que je ne plaisantais pas, car il ne dit rien non plus, sauta derrière Carnaval et nous regagnâmes notre campement.

Je ne lui adressai pas la parole de la soirée, ce qui fut la pire punition que je pouvais lui infliger. Il me fit toutes sortes d'avances, promena ses paniers de champignons et d'herbes magiques à la ronde sans aucun succès, puis, en désespoir de cause, maugréant que nous n'étions qu'un ramassis d'ignares, il s'assit tristement à l'écart.

Le lendemain matin, à l'aube, avant de partir, je lui dis sèchement, en me forçant :

— Jambon, tu te tiendras à mon côté jusqu'en Savoie, nous règlerons nos comptes là-bas !

Il me regarda de biais, derrière ses bésicles et me dit tout bas :

— Vous n'aurez donc pas de dame à visiter ?

Un terrible orage déchirait les cimes des sapins séculaires quand nous franchîmes le col de La Chaux-du-Dombief. L'automne teintait d'or et de cuivre la forêt de hêtres qui borde le lac du Ratray, les feuilles, roussies par les chauds soleils d'été, jonchaient le sol, flottaient sur l'eau paisible du petit lac tranquille. Traversant les terres froides, sous les crêtes dénudées qui les entourent, nous passâmes vite ces lieux-dits aux appellations sinistres : le goulet de l'Enfer, la Malcombe, le chalet du Massacre, et nous atteignîmes le col de la Faucille où s'ouvrent brusquement les terres accueillantes de la Savoie et de la

Suisse. À nos pieds, le croissant du lac Léman et, dans les lointains indécis du Valais, Genève s'étalait comme une plage de cailloux bordée de montagnes.

C'est le 28 octobre que je rentrai en Suisse, conduisant mes deux cents hommes jusqu'à Nyon et Coppet. Nous avions parcouru deux cent cinquante lieues et Voltaire, mon voisin, me consacrait : « *Voici le plus magnanime des contrebandiers. Toutes les caisses des receveurs sont réfugiées à Strasbourg. Mandrin fait trembler les suppôts du fisc. C'est un torrent, une grêle qui ravage les moissons dorées de la Ferme !* »

Je me proposai un mois de repos. Comme à l'accoutumée, les gazettes faisaient le récit de mes dernières campagnes et, dans les grandes lignes, c'était assez proche de la réalité. C'est aussi vers cette époque que l'on se mit à faire des pièces de théâtre dont j'étais le héros, pas toujours honorable, puisque l'une d'elles me comparait à Cartouche pour lequel je nourrissais le plus grand mépris.

J'appréciais davantage les poèmes simples, les petits vers de mon ami le curé de Saint-Médard qui, faute d'autre papier sans doute, m'avait couché sur son registre de baptême. J'ai toujours préféré les myosotis aux couronnes de lauriers :

Brave Mandrin
Que ne fais-tu rendre bon compte
Brave Mandrin
À tous ces maltotiers
De sel, de tabac, qu'ils n'ont pas honte
De voler au pauvre, riche ou comte ?
Brave Mandrin
Quelle nation
Eût jamais fait de connaissance,
Quelle nation
Avec gens de telle façon !
Qui, sans étude ni science
As parcouru toute la France,
Sans émotion,
Passant partout,
Dans les villes, à la campagne

Passant partout,
Sans craindre La Morlière du tout
Ta troupe et toi as l'avantage
De faire un pays de cocagne
Passant partout.

Mais à Paris, on chantait une autre chanson.

19

À peine avais-je reposé le pied en Suisse et en Savoie que le gouvernement français réclama mon extradition avec la plus grande véhémence. « *Il serait à souhaiter*, écrivait le contrôleur général, *que l'on fît un exemple de cet homme dont le nom n'est déjà que trop célèbre... Il n'est bruit que de lui. Déjà naissent à son sujet mille et mille légendes qui sont venues jusqu'à nous. Arrivait-il qu'on arrêtât quelqu'un : c'était Mandrin ; parlait-on d'un audacieux coup de main : il était de Mandrin. On a vu Mandrin partout, il a été partout... De là, une infinité de gobelets dans lesquels il a bu, de bottes qu'il a chaussées, de fers dont sa jument a été ferrée, de pièces d'indiennes dont il a fait présent à des dames de château, de pistolets et d'épées dont il a exterminé les suppôts de la Ferme, que l'on conserve comme des reliques dans tous les coins de France... Les portraits que les graveurs de Paris et de Lyon ont tirés de sa figure le mettent dans le rang des personnages célèbres... Il s'en débite beaucoup plus d'exemplaires que de celui du feu maréchal de Saxe, le vainqueur de Fontenoy, et presque autant que de ceux du roi Henry IV...* »

Même le pauvre La Morlière, à la tête de ses croquemitaines, se plaignait ouvertement : « *Les habitants du Dauphiné favorisent les contrebandiers. Les gens de naissance eux-mêmes et ceux qui sont en charge leur donnent des avis pour les garantir des mesures que les troupes du roi prennent contre eux...* » « *... Les chefs contrebandiers ont adopté un costume vert pour qu'on les confonde avec les capitaines des Fermes, mais Mandrin, à qui répugne toute dissimulation, continue de* *se vêtir de son costume voyant, cet habit gris perle à boutons jaunes, sa veste de panne rouge, son grand manteau écarlate et son feutre noir festonné d'or...* »

C'est alors que l'on trouva Fischer et son corps de chasseurs d'élite. Fischer, d'origine allemande, s'était distingué au siège de Prague. Les chasseurs de Fischer, quatre cents à pied et deux cents à cheval, avaient la réputation d'être des soldats résolus et braves. En 1754, les hommes de Fischer étaient tous alsaciens ou allemands et c'était là l'avantage car, ne comprenant pas notre langue ni notre combat, aisément endoctrinés par Fischer, ils se croyaient engagés dans une noble cause. On les plaça à Cuiseaux, en Bourgogne, et sur la route de Bourg, à Lons-le-Saulnier. De là, soit que nous entrions en France par les Rousses et le pays de Gex, soit que nous percions par le Bugey, ils devaient nous atteindre, à l'issue des gorges ou au passage de la Loire. Fischer avait l'ordre de me poursuivre sans relâche et d'attaquer partout où il me rencontrerait.

Et puis, comme si tout cela n'était pas assez convaincant, on se servit des tribunaux. Certains avaient rendu des « *arrêts capables d'épouvanter ceux que mon exemple pourrait séduire* ». On les fit publier à sons de trompe sous les halles et dans les carrefours, on les fit afficher sur les murs des rues, aux portes des églises et des monuments publics et aux poteaux des grands chemins. La voix des crieurs, sur les places publiques, énumérait en détail le supplice auquel on me condamnerait : « *Mandrin lui-même sera coupé en quatre parties, la tête séparée du corps, mise et attachée sur une des portes de la ville de Rodez, et les jambes et les bras exposés ainsi que le tronc sur des roues plantées dans le chemin par lequel les contrebandiers sont entrés en Languedoc et en Rouergue...* »

La voix des crieurs se perdit dans le vent qui emporta les affiches. Mais tout cela sentait fort la poudre, d'autant que nombre d'officiers chez les royaux, ayant appris d'où leur venait leur solde et à quelle fin on les avait postés sur la frontière savoyarde, commencèrent à se faire tirer l'oreille et, au lieu de se soumettre aux ordres des Fermiers, s'en allèrent se lier de sympathie pour mes compagnons.

Le scandale arriva à son comble par l'un d'entre eux et non des moindres, le comte d'Estaing* qui ne put s'empêcher d'exprimer publiquement ses sentiments :

— Je suis révolté, dit-il, du service que l'on m'impose à la solde et sous la surveillance des Financiers, d'autant que je me vois plutôt plein d'estime pour la vaillance et pour la valeur militaire, pour l'indépendance de caractère et pour les aspirations généreuses de ce Mandrin qu'on présente comme un abominable scélérat. Je ne puis demeurer plus longtemps sous les ordres de ces râcleurs d'argent qui veulent régenter les soldats.

Le comte d'Estaing fut remercié et remplacé par un autre à l'honneur plus vénal, mais l'éclat fit tâche d'huile. Il restait les Fischer. Dieu sait ce qu'on leur avait raconté à ceux-là !

Les enchères étaient montées si haut que je crus un instant qu'il se trouverait à la Cour une tête bien faite pour en finir avec les Fermiers avant que le pays ne soit engagé dans une véritable guerre civile.

Je me trompais, j'étais candide. J'appris quelque temps plus tard quelles réactions avaient suscité ces derniers événements. La scène dont on me fit le récit me consterna : le roi avait délibérément pris parti contre la plus grande part de ses sujets, contre les intérêts de son pays.

De manière extrêmement directe, la nouvelle des dernières décisions royales me vint du marquis de Saint-Albin de Vaulserre, président du parlement de Grenoble. Il me convia à lui rendre visite en son château situé sur la frontière, très exactement à cheval sur Béron en Savoie et Saint-Albin en France. Je connaissais bien le lieu pour y avoir séjourné assez régulièrement : c'est par là que je faisais passer la plupart de mes marchandises de Savoie en France.

J'étais fort estimé et non moins fêté chez les Saint-Albin qui

---

* Comte d'Estaing : jeune officier destiné à une carrière illustre au cours de laquelle il devait remplir l'Europe des récits glorieux de sa bravoure et de son intrépidité. Il combattit aux côtés de Lally-Tollendal aux Indes et de La Fayette aux États-Unis.

engageaient de belles sommes dans mes campagnes et toujours avec bénéfice.

Ce soir-là de la mi-novembre, le marquis m'avait fait tenir un billet me priant de venir plus tôt qu'à l'accoutumée, car « il avait des choses d'importance à me communiquer ».

Saint-Albin était un homme aimable, volubile, fort intéressé et fort précis en affaires et très au fait de celles du royaume. Quand il ne tenait pas ses informations de sa fonction, il les obtenait de son beau-père, le comte de Marcieu, homme considérable et notamment lieutenant-général du Dauphiné.

Si la plupart du temps, je me réjouissais du cocasse de ma situation qui me mettait en Savoie sur le pied des grands, prié avec mille grâces à leur table, il m'arrivait aussi, tandis que je parcourais villes et villages de France en m'efforçant de lutter avec opiniâtreté pour ce bonheur « sur mesure » que je m'y taillais, d'y songer avec amertume. Je n'étais grand, en Savoie, que par la taille du supplice qui me guettait en France !

Saint-Albin me reçut dans le fumoir. Nous nous enfonçâmes dans les immenses fauteuils en cuir de Cordoue, chacun de nous sortit sa tabatière et Saint-Albin entra sans préambule dans le vif du sujet.

— Mon cher, me dit-il, on m'a rapporté les dernières nouvelles de Versailles, elles vous concernent beaucoup, c'est pourquoi je vous ai prié un peu hâtivement, veuillez me pardonner.

— Je vous suis très reconnaissant, au contraire, lui assurai-je, de me tenir informé, monsieur le Marquis. Mais je vous vois tout agité, la chose doit être sérieuse ?

— Écoutez, capitaine, la marquise a invité quelques amis à son « chocolat » et, ceci en confidence, une très jolie femme pour vous ! Nous aurons peu de temps à nous, voici donc ces nouvelles, je vous les livre telles quelles. Écoutez-moi sans m'interrompre et faites-en l'usage qu'il vous plaira !

Voici ce qu'il me rapporta :

Le Fermier général Dupin s'était allé plaindre de moi au comte d'Argenson. Il paraît que notre incursion dans la ville du Puy lui avait presque donné un coup au cœur. Il avait dû se faire saigner et subir quelques clystères avant de reprendre ses esprits qui l'avaient immédiatement conduit chez le ministre de Sa Majesté.

Le comte d'Argenson, qui ne lui portait qu'une amitié relative et tout intéressée, le reçut d'abord froidement :

— Monsieur Dupin, lui dit-il avec hauteur, quels sont ces faits d'importance dont vous avez mandé à m'entretenir d'urgence ? J'espère qu'il ne s'agit pas de cet entrepôt de tabac visité et saccagé puis vendu aux enchères par ce Mandrin dans notre bonne ville du Puy ? Le scandale est assez conséquent comme cela !

— Hélas, si ! Monseigneur ! geignit le gros Fermier, se tenant la panse. Et il s'est trouvé des acquéreurs pour acheter à bas prix tout le mobilier et toute la garde-robe de mon pauvre receveur.

Là, il paraît que le comte, dont la patience n'est pas la prime vertu, commença ostensiblement à fulminer. L'autre, qui s'y attendait, sortant de sa poche un bon signé de ma main, continua sans sourciller :

— Dans son audace sans limite, ce Mandrin délivre maintenant des quittances signées de sa main. Voici que ces pillards réalisent leurs forfaits en présence de juges et d'huissiers.

Le ministre, qui était déjà au fait de tout cela, ne serait-ce que par les gazettes, ne s'en émut pas davantage et tenant l'autre à distance, se fit cinglant :

— Cependant, c'est vous que le peuple surnomme « les Pillards généraux », tandis qu'il acclame ce Mandrin comme son libérateur ? Il est vrai, monsieur Dupin, que la garde-robe, les effets vendus aux enchères par les contrebandiers et publiés par toutes les feuilles de France, en grand scandale, sont dignes de ceux de la Reine.

Et, prenant sur son bureau la *Gazette de Hollande* qu'il n'omet jamais de lire avec attention, il se mit à énumérer :

— Je lis... voyons... cinquante chemises à dentelles du Puy, vingt corsets, trente camisoles, dix cornettes de nuit, cinq bonnets piqués, six à dentelles, huit de mousseline, manchettes brodées et festonnées, coiffes et coiffures de mignonnette, de dentelle, de gaze, de taffetas noir... Ah ! et les robes de votre

« pauvre » receveuse ! Voulez-vous la liste des robes ?... si !... si !... Il y en a de toutes sortes : persienne, gros de Tours, taffetas, soie, satin, gros de Naples, indiennes...

Bref ! La liste était si considérable que le ministre s'en étouffait de colère et peut-être de jalousie. Comment un simple receveur avait-il pu atteindre ce luxe ? La réponse n'était que trop évidente ; aussi Dupin chercha-t-il à l'en détourner et voici comment il s'y prit :

— Nos employés sont terrifiés, Monseigneur, et sans défense contre ces bandits impunis. Bientôt nous ne trouverons plus personne pour nous servir et les caisses du royaume seront vides.

Mais le ministre ne mordait pas à l'hameçon, d'autant que l'on fait volontiers antichambre trois semaines chez lui pour obtenir une charge de Fermier quand il s'en trouve une vacante.

— Allons ! Allons ! reprit le comte avec humeur, comment expliquez-vous qu'il se trouve encore à ce jour où je dois y pourvoir deux cents prétendants pour une seule charge de Fermier ? Voyez vous-même ! Ces gens campent dans mon antichambre, ces malheureux apeurés dont vous me parlez font la queue nuit et jour pour être reçus.

Dupin chercha alors une autre tactique, plus convaincante :

— Un tribunal n'aurait guère plus de rigueur, Monseigneur ! Croyez que nous remplissons notre charge du mieux qu'il nous est possible. Mais si le peuple gronde, ce n'est peut-être pas uniquement contre nous, Excellence...

Les sous-entendus déplaisent toujours et bien davantage encore aux gens de cour dont la situation est si mal assurée que la moindre rumeur peut les en faire choir. Or le comte d'Argenson, que la marquise de Pompadour n'apprécie guère, se sait à la merci des mauvaises langues. Sa réaction n'en fut que plus vive :

— Monsieur le Fermier général ? Quoi donc ? Croyez-vous que l'excès de votre luxe tapageur, ce faste presque royal ne soit une preuve manifeste de vos malversations ?

— Les employés malhonnêtes ont été poursuivis et condamnés, et ce n'est pas à ces rares faits passés qu'il faut attribuer la mauvaise humeur populaire, son refus de se soumettre à l'impôt et son soutien aveugle à ce Mandrin, reprit le renard qui flairait enfin un terrain sûr.

— Et à quoi donc, s'il vous plaît, monsieur ? Faut-il vous rafraîchir la mémoire ? Vous rappeler les derniers exploits dont vos amis, ces « pauvres » Fermiers généraux, furent les héros incontestés ? Brissard, arrêté dans le bois de Bondy alors qu'il fuyait en chaise de poste ? Sa voiture était si chargée d'or que l'attelage avait peine à la traîner ! Et Préaudaud qui, après une banqueroute de quatre millions, a réussi à gagner l'Angleterre, ses malles bondées de valeurs ?

Il s'étouffait le malheureux. Et c'est ce mauvais moment que choisit Bouret d'Érigny pour faire son entrée dans un habit pailleté d'or, tout moussant de dentelles, bagué et paré comme une femme. Il s'avança confiant, dans un silence glacial, tenant sans vergogne le mollet bandé et la main au feutre. Le ministre le laissa plonger dans un salut poudré et parfumé, puis l'interpella à son tour :

— Au fait, monsieur Bouret, vous qui êtes des proches de ce Préaudaud... on me dit qu'il mène une existence opulente dans ses propriétés de Gravelane ? N'a-t-il pas dans ses écuries les meilleurs pur-sang d'Angleterre, et auprès de lui toutes ces actrices pour l'amuser de leurs chatteries et lui faire oublier son pénible exil ?

En dépit de sa superbe assurance, Bouret resta interdit tandis que Dupin se jetait à la mer :

— Certes ! Monseigneur, nul n'est parfait ! Mais ma police me rapporte...

Voilà qui semblait être une erreur, car il est entendu que les Fermiers ne font jamais étalage de leur police, laquelle doit théoriquement demeurer secrète et entièrement subordonnée à la police royale.

— ... Il y a, Monseigneur, continua Dupin cauteleux tel Raminagrobis, un certain mécontentement moral qui atteint précisément toute la moralité du royaume dont nous ne sommes pas responsables... la Cour... la noblesse, le clergé... voilà ce qui importe à notre bon populaire et c'est de là qu'il est déçu...

— Comment cela ? La Cour déçoit ? Expliquez-vous ! s'emporta le fragile ministre de Louis XV.

— Eh bien... ces vols d'enfants, par exemple, remplissent les Parisiens de haine contre leur roi. Et quand le peuple de Paris gronde, tout le royaume tremble. Souvenez-vous de la Fronde ! L'orage s'amoncelle... On crie à nouveau dans les faubourgs : « À Versailles ! Brûlons Versailles ! »

Dupin y avait mis le geste et le ton du bon comédien, le comte s'y prit :

— Pourquoi crie-t-on cela ?

— Allons donc, Monseigneur ! Croyez-vous que l'on ignore que ces enfants volés le sont pour le compte du roi ? Pour remplir son « parc aux cerfs » ? Ou ses bateaux pour les colonies ? On devrait organiser tout cela avec plus de discrétion. Votre nom même, Monseigneur, n'est pas en dehors de l'affaire.

— Comment osez-vous ? s'indigna le ministre de Sa Majesté très chrétienne, lequel ne pouvait ignorer que ces ordres étaient effectivement signés de sa main.

— Laissez-moi finir, reprit Dupin avec assurance. Nous pourrions, nous, nous charger de ces tâches désagréables, plus discrètement, si de votre côté vous nous aidiez à...

— Ah ! Il s'agit d'un marché ! s'exclama le ministre rassuré.

— ... si de votre côté, reprenait sans relâche Dupin, vous nous débarrassiez de ce Mandrin.

Le comte d'Argenson perdit sa morgue, sinon son mépris. Il se savait en situation de faiblesse, à la merci d'un déshonneur public si les choses arrivaient au parlement.

Et voilà comment les Fermiers obtinrent carte blanche pour ma capture. Certes, ils avaient déjà acheté l'armée, mais pas tous les militaires et assez peu d'officiers pour lesquels l'or des Fermes sentait trop la charogne.

L'épilogue de cet entretien eut lieu à Versailles où le comte d'Argenson entraîna Bouret. Pour les besoins de cette juste cause qui le liait désormais pieds et poings aux Fermiers, il avait toutefois besoin de l'aval du roi.

Dans le carrosse qui leur fit parcourir les sept lieues qui les séparaient de la Cour, le comte d'Argenson et Bouret eurent peu le loisir d'affiner leurs plans. Ils traversèrent en effet, à grand-peine, un Paris tumultueux ; les badauds les conspuèrent puis s'en prirent au carrosse, tant qu'à la fin les laquais durent dégainer pour s'ouvrir le passage. L'agitation qui régnait partout venait à point nommé pour renforcer les craintes du ministre et faire avancer les affaires de Dupin. C'est le beau Bouret, tout particulièrement chargé de moi, qui fit les frais de la mauvaise humeur du ministre. Mais Bouret n'était pas prêt à se laisser morigéner, aussi fit-il valoir les difficultés de la tâche qui lui incombait. Un chasseur doit être à la taille de sa proie. Bouret raffolait de mousselines, d'eaux parfumées, il excellait à minauder dans les boudoirs de femmes légères, comment diable s'était-il laissé fourvoyer dans cette galère où il y avait pour lui peu à gagner et beaucoup trop à perdre.

— Il faut, Bouret, vous m'entendez ? Il faut décidément nous débarrasser des agitateurs ! Je vous ai confié la prise de ce Mandrin qui déshonore notre armée, se joue de notre police, soulève nos campagnes, voire notre noblesse, bien qu'il n'y ait réellement personne qui le soutienne.

— Personne ? La moitié du royaume ! N'est-ce personne ? Les magistrats, les philosophes, les gazettes, sans parler des femmes qui en raffolent toutes.

— Bref ! Qu'avez-vous fait, Bouret ? s'énervait le comte qui ne voyait guère de solution honorable à proposer au roi.

— J'ai obtenu de bonnes informations, répliqua Bouret pour gagner du temps. Je le fais surveiller par un homme habile. Il sera bientôt entre nos mains... Mais il me faudrait une lettre de grâce pour mener tout cela à bien.

— Vraie ou fausse ? demanda le ministre que la désinvolture de l'autre exaspérait.

— Peu importe !

— Et que comptez-vous faire avec un bout de papier ? Vous avez entendu Dupin ? Le Puy, une ville prétendument imprenable ! Il y pénètre en toute impunité, y pratique sa contrebande, force l'entrepôt, vend les objets des Fermes à son profit, va ouvrir la prison. Où étiez-vous, vous et vos hommes sûrs ?

— Il paraît facile, Monseigneur, reprenait Bouret en agitant son mouchoir de dentelle, il paraît facile de Paris de cerner quelques contrebandiers, de défendre une ville, mais celui-ci n'est pas un contrebandier ordinaire.

— Allons donc ! Ces contrebandiers extraordinaires sont au plus deux cents, trois cents ? De combien d'hommes disposez-vous, vous ? Quatre mille ! Quatre mille soldats, plus les milices, les employés des Fermes, vos espions, vos domestiques et que sais-je encore... quelques-unes de ces intrigantes dévouées qui jalonnent votre route ?

— Mais il s'agit de Mandrin, Monseigneur ! répétait Bouret.

Plus ils approchaient de Versailles, plus le ministre se voyait au pilori, au ban de la nation, toutes ses petites intrigues dévoilées, ses affaires rendues publiques. Il ne voulut rien entendre.

— Mandrin ! Qu'est-ce que ce petit voleur de grand chemin qui vous affole ? Vous ?

D'habitude, les êtres vaniteux se laissent volontiers prendre au piège de l'orgueil ordinaire. Le ministre connaissait mal son monde, celui-là ne plaçait pas sa vanité dans l'honneur ou le déshonneur de lui plaire.

— Tenez, demandez donc au baron d'Espagnac ce qu'il pense de Mandrin, Monseigneur ! Voici quelqu'un qui peut témoigner que nous n'avons pas à faire à n'importe quel coupe-jarret, lui rétorqua Bouret sans ménagement.

— Ne vous laissez pas impressionner par ces fanfaronnades ! D'ailleurs que pouvait-il faire, votre homme si extraordinaire, face au baron d'Espagnac ?

— Mais vous plaisantez, Monseigneur !

— Répondez-moi ! insistait l'autre.

— Ce n'est pas à vous, Monseigneur, que je vais expliquer quelle formidable monnaie d'échange pouvaient constituer Espagnac et Tavannes, sans parler du ridicule que ce coup nous aurait porté ? Le plus grand, le plus illustre soldat de France aux mains de Mandrin ? C'eût été pour le roi pire qu'une défaite militaire, un irréparable affront dont le monde entier se serait gaussé !

— Ne vous emportez pas, Bouret. Nous y avons échappé, se félicitait Argenson, la sueur au front sans doute. Ce Mandrin, continua-t-il, n'est donc pas un homme aussi redoutable qu'on le croit. Il n'a pas su saisir sa chance !

— Il ne l'a pas voulu, rétorqua Bouret avec une certaine perspicacité.

— C'est un sot, voilà tout ! Un fanfaron, vous dis-je, et c'est justement par ce biais-là qu'il faut tenter sa capture.

— Vous vous trompez ! S'il ne s'est pas emparé de ces deux grands personnages du royaume, c'est que cela lui a paru trop facile, sans gloire.

— Quel homme chevaleresque ! se moqua Argenson. Un simple maquignon, vous dis-je, qui n'a pas vu son profit dans ce marchandage. Je me suis laissé dire qu'il a l'intelligence étroite en dépit de son goût affecté pour la philosophie et les belles-lettres.

— Étroite ? Suffisante en tous cas pour tenir la moitié du royaume. Mais je préfère surestimer l'ennemi !

Le carrosse était parvenu devant les marbres roses du grand Trianon ; déjà les laquais se précipitaient pour ouvrir les portières tandis que les courtisans s'agglutinaient autour des favoris du jour.

Comme pour se donner courage à lui-même, le comte d'Argenson dit encore :

— Venez, Bouret, et raffermissez-vous ! Je vais parler au roi, nous obtiendrons ce que nous voulons, vous partirez sur-le-champ.

L'autre ne répondit pas, il paraît qu'il avait d'autres projets.

Dès qu'ils eurent pénétré dans l'antichambre royale toute bruissante de courtisans comme à l'accoutumée, Bouret s'en fut de son côté, profitant que le comte d'Argenson, happé par les quémandeurs, lui lâchait le bras.

Si l'on en croit les chroniqueurs, l'antichambre royale ressemble fort à la Cour du roi Pétaud, sans doute est-ce pour cela que Louis XV, qui ne manque pas d'à-propos, a trouvé bon de surnommer ses filles, les princesses du sang, par des sobriquets qui ne détonnent pas trop dans le décor : Chiffe, Graille, Coche et Loque ! On dit qu'il le fit d'abord pour s'amuser, il est vrai qu'il s'ennuie tellement... ce qui ne manqua pas de clairement apparaître quand il aperçut le comte d'Argenson et sa mine de mauvais augure. Aussi lui tourna-t-il le dos sans ménagement.

Dans les encoignures, on se murmurait la dernière « poissonnade* » à la mode. On le faisait dans le dos de la marquise, mais on faisait en sorte qu'elle l'entendît un peu ou que quelqu'un de son entourage la lui puisse rapporter. Celle d'alors était on ne peut mieux dans le ton du moment :

Les grands seigneurs s'avilissent
Les financiers s'enrichissent
Et les Poissons s'agrandissent
C'est le règne des vauriens...
Fille d'une sangsue, sangsue elle-même
Poisson dans ce palais, d'une arrogance extrême
Fait afficher partout, sans honte et sans effroi
Les dépouilles d'un peuple et l'opprobre d'un roi...

La favorite, qui revenait de Paris, harcelée elle aussi par une foule hurlante, accusait une pâleur inaccoutumée. Elle cherchait le visage ami de Bernis, tout en évitant soigneusement le regard du roi auquel elle voulait à tout prix cacher son trouble. La Pompadour n'avait plus guère d'alliés à la Cour si ce n'est le cardinal Bernis. Celui-ci avait toujours été l'homme de confiance de la maîtresse royale, et bien avant cela de la petite madame d'Étioles, alors simple postulante à la faveur suprême. C'est lui qui lui avait enseigné les bonnes manières ou, tout du moins, les manières bonnes en Cour.

— Bernis ! Je vous cherchais, lui dit-elle, il se passe des choses si graves...

Bernis qui connaissait bien la marquise, pour avoir largement participé à son ascension, savait qu'elle n'était pas de nature écervelée. Le voilà donc qui se soucie à son tour, tout en faisant en sorte de sourire afin que le roi qui les observe ne se doute de rien.

— Bernis..., dit-elle à voix basse, je rentre de Paris à l'instant, ou plutôt je m'en suis enfuie.

* La marquise de Pompadour était née Antoinette Poisson. Elle devint madame d'Étioles par mariage. Louis XV lui attribua le marquisat de Pompadour.

— C'est à ce point, madame ? interroge Bernis qui, abbé de la Cour, se rend rarement dans la capitale.

— La foule de Paris hurle sous les fenêtres de cet imbécile de Bérier.

— Le chef de la police ?

— Jugez plutôt, lui explique la marquise, je me rends chez ma fille. À peine m'ouvre-t-on. Tout pâle, un ami me dit : « Mais madame, vous ne pouvez dîner ici, vous allez être mise en pièces ! » Je réclame une explication. On me dit que les archers du roi ont été pris par la foule en flagrant délit d'enlèvement d'enfants.

— Et l'on accuse ?

— Sa Majesté, de mauvaises mœurs, et moi... Le clergé attise ces rumeurs pour ne pas se soumettre à l'impôt de Machault*. Nous ne sommes plus en sûreté, il faut agir et promptement. Je suis rentrée immédiatement dans ce but, non sans avoir changé de carrosse pour n'être point reconnue.

— Madame, dit le confident que ces sautes d'humeur populaires impressionnaient peu, calmez-vous ! Je suis certain que le roi est au fait de tout cela.

— Écoutez, mon ami, je crains pour le roi. Il faut mettre des gardes au pont de Sèvres et au défilé de Meudon. Que l'armée entoure le château, que l'on renforce la garde royale, insistait la marquise en déchirant son petit mouchoir.

Du fond de nos campagnes reculées, Versailles était à l'image de l'Éden, un paradis sucré, rutilant, inaccessible. Que le peuple de Paris, ces grenouilles si veules, si soumises, fassent enfin trembler ces célestes cieux sourds et impénétrables à nos souffrances ordinaires, voilà qui déchirait un voile. Que cette secousse se transforme en ouragan, se fasse tremblement de terre... une révolte prenant Paris que nous aurions rejointe en moins de temps qu'il n'en faut pour le dire ? C'était l'espoir, le rêve qui se concrétisait.

---

* Machault, alors ministre des Finances, voulait faire payer un impôt au clergé immensément riche. Il réclamait pour cela que les biens de l'Église soient rendus publics.

Le ministre de la Guerre ne le voyait pas du même œil. Il était enfin parvenu jusqu'au roi qui fronçait le sourcil, tandis que Bouret traînait les plumes fragiles de son feutre aux pieds de la favorite.

— Madame, susurrait-il, comme je m'ennuie loin de vous ! Croyez-vous que l'on a imaginé de me confier une chasse à l'homme à cent lieues d'ici, une bête qui ne se laisse point traquer ? Je la voudrais céder à mon frère qui est si bon chasseur.

— Vraiment ? dit la marquise poliment. Et de quelle chasse parlez-vous et quel est le nom de cet animal qui ose vous résister ?

À grandes enjambées, le roi, flanqué de ses deux principaux ministres, le comte d'Argenson et Machault, avait rejoint la marquise. Bouret, peut-être à dessein, omit de les voir et continua :

— Il paraît que notre terre de France est ravagée par le plus grand bandit de la planète, un homme terrible, invaincu, invincible, un contrebandier extraordinaire qui ose se mesurer aux dieux.

Alors le Roi qui n'aime guère que l'on parle en lui tournant le dos, l'interrompit sèchement.

— Comment appelez-vous cet homme qui fait trembler les honnêtes gens, Bouret ?

Le Fermier, surpris dans son tour de charme, virevolta sur ses hauts talons, et plongea aux pieds du roi qui fixait la marquise avec reproche. Sans répondre au salut de son financier, le roi lui arracha des mains la gravure qu'il s'apprêtait à montrer à la marquise.

— Louis Mandrin, surnommé Belle Humeur... Ceci est son portrait réalisé lors de la prise de la ville de Bourg, Majesté, murmura Bouret.

La marquise, qui ne se remettait décidément pas de son expédition dangereuse dans la capitale, s'exclama un peu vivement :

— La prise de la ville ?

C'est alors que Machault et le comte d'Argenson, ennemis fidèles, cherchèrent à tirer chacun la courtepointe à eux. Le comte d'Argenson parce que, en tant que ministre de la Guerre, il ne pouvait s'honorer d'un bandit impuni, meilleur stratège que ses militaires ; Machault parce qu'il voyait là une bonne occasion de faire valoir que le peuple était las d'assumer à lui seul des impôts trop lourds et que son idée d'imposer le clergé pourrait bien être la bonne, la seule, l'unique solution susceptible de calmer les esprits. Le moment était bien choisi car l'on savait la marquise favorable à cet impôt, non par bonté d'âme, mais par opposition à la reine et au Dauphin qui étaient du parti de l'Église et lui faisaient la guerre.

— La prise de la ville est un bien grand mot, dit le comte en haussant les épaules et le ton. Mandrin et ses complices ont occupé les lieux quelques instants et se sont enfuis à l'approche des soldats.

— Enfuis ? reprit Machault ironique. Et comment expliquez-vous que cet artiste ait eu le temps de faire ce portrait ? Allons donc ! Mandrin ne s'est pas enfui le moins du monde. Il est allé paisiblement se désaltérer dans une auberge où la foule l'est venue saluer et contempler tout à loisir. Car il n'a rien à craindre des villageois, tout au contraire. Le but de cet homme, tout le monde le sait, n'est pas tant de s'enrichir que de rançonner les Fermes qu'il prétend même ruiner. Et s'il continue à ce train, il y parviendra, Sire !

La marquise étudiait le portrait, tendrement penchée vers le roi qui lui demanda ironiquement :

— Bel homme ! Qu'en dites-vous, madame ? N'est-ce pas votre ami, monsieur de Voltaire, qui apprécie ce genre de caractère ?

Puis le roi se tourna vers Machault :

— Appauvrir les Fermiers, dites-vous ?

Et il se mit à rire, d'un rire communicatif, auquel seul Bouret n'osa se joindre. On attendait la suite. Elle vint :

— Voilà un bandit bien ambitieux ! Dites-moi, mon cher comte, que font les autorités suisses ? Car tous ces gens-là vivent en Suisse ?

— Non, Sire. Mandrin, lui, vit en Savoie.

— Chez notre neveu Charles-Emmanuel ? Eh bien alors ?

Argenson reprit vite la parole de peur que Machault ne le

ridiculise à nouveau. Encore deux ou trois plaisanteries qui fassent rire le roi et son ministère lui filerait sous les chausses.

— Tout n'est pas si simple, Majesté. Charles-Emmanuel n'a rien à reprocher à Mandrin, au contraire ! Les gens riches, nobles ou bourgeois, investissent dans sa contrebande, lui procurent des armes, des chevaux et font vendre leurs marchandises et y trouvent beaucoup d'avantages et de gros bénéfices.

Le roi fronça le sourcil. Voilà qui s'avérait plus grave. Charles-Emmanuel ne jouait donc pas franc-jeu, et le moment était mal choisi pour lui en faire la remontrance dans ce temps où la guerre contre l'Anglais était aux portes. Une alliance de la Savoie avec l'Angleterre conduirait, à coup sûr, à une issue catastrophique.

La marquise, toujours sous le coup de la crainte qu'avait fait naître en elle l'agitation parisienne, chercha à nuire au ministre de la Guerre qu'elle soupçonnait d'être l'auteur de quelques poissonnades nauséabondes :

— Cet homme a la physionomie ouverte et dominatrice des guerriers vainqueurs. Ça ne doit pas être un petit soldat de salon.

Machault se fit alors lyrique en regardant ironiquement Bouret, qui se faisait tout petit dans son habit trop voyant :

— La Ferme a fait afficher partout à ses frais, c'est-à-dire aux vôtres, Majesté, des édits interdisant sous les peines les plus sévères d'acheter des marchandises de contrebande. Mandrin rétorque en assurant haut et fort sur les places publiques qu'il défendra lui-même toute personne poursuivie puis, comme pour s'amuser, et voilà qui est nouveau, il se rend directement chez les entreposeurs auxquels il impose une vente forcée : il laisse tant de ballots de tabac suisse et se fait verser en échange une somme qu'il détermine lui-même.

Les yeux se fixaient alternativement sur le ministre et sur Bouret qui tournait et retournait le chaton de ses bagues avec nervosité.

— Attendez, je vous en prie, Sire ! reprit Machault. Pour que tout soit en règle, selon les propres termes de ce Mandrin, il donne acte de sa vente devant juge et huissier et ce depuis un an ou plus. Ces affaires conclues, il ouvre les prisons et libère les prisonniers de son choix. Des déserteurs de préférence, jamais des criminels.

— Croyez-vous que ces détails de brigandages intéressent Sa Majesté ? interrompit le comte d'Argenson.

— Ils commencent à me passionner ! On m'avait parlé d'un faux-monnayeur, d'un voleur, monsieur. Il ne s'agit pas du même homme ? interrogea perfidement Louis XV.

— Dernièrement, au lieu de remporter en Savoie des armes en surnombre prises sur les gâpians, Mandrin les laissa en dépôt. Où ? Chez les gendarmes de la ville, en précisant qu'il les viendrait reprendre lors de sa prochaine visite ! acheva Machault.

Le roi, levant les yeux au ciel, se fit admiratif :

— Certes ! Il y a peu de chefs militaires qui laissent leurs armes chez l'adversaire pour la prochaine guerre. Voilà peut-être une bonne idée. En tout cas, dit-il en fixant le comte d'Argenson, je ne doute pas qu'elle intimide l'ennemi.

Le vaillant ministre, se voyant perdu, opéra une rapide contremarche, et, rusant, il prit la voie ouverte par Machault.

— Ce Mandrin, Sire, est encouragé par la sympathie des populations, par les habitants des villes et villages où il passe qui, non seulement lui achètent ses marchandises mais lui ouvrent le chemin tandis que l'on détourne nos soldats. Ce bandit, pour accroître son crédit, se fait passer pour un justicier, séduit les simples, tient des discours dangereux sur les places publiques, fomente avec la Réforme qu'il alimente en livres interdits et en armes. En Auvergne, Fischer qui le poursuivait à la tête de ses dragons nous signala la présence de plusieurs centaines de vauriens décidés à gagner ses rangs...

— Combien sont les Fischer ? demanda insidieusement la marquise.

Le comte voulut ignorer la question, mais le roi attendait la réponse.

— Environ six cents. On dit même que ces contrebandiers et leurs mules s'allieraient à l'Angleterre si...

— Six cents dragons contre une poignée de contrebandiers ? s'étonna le roi. N'êtes-vous pas en train de sous-estimer l'ennemi, monsieur le ministre ? Si mes calculs sont justes, il me semble que cela fait trois contre un ?

— Pardon, Majesté ! Vous n'y êtes pas ! reprenait Machault gaillardement, trois contre un n'est pas la bonne réponse ! Mais c'est que l'on vous a passé sous silence les Volontaires de Flandre, du Dauphiné, les régiments de Navarre, de Bretagne, de Bigorre, de Nice, de Vaubecourt, de la Roche-Aymon, les dragons dauphins, les régiments du Languedoc et les Argoulets de La Morlière.

Cette fois, le roi perdit jusqu'à l'ombre de son sourire. Avait-on omis de l'informer qu'une partie de ses armées était bloquée sur la frontière de Savoie, ou bien trouvait-il soudain la situation périlleuse ? Si tous ces mécontents n'étaient plus soudain une horde de traîne-savates anonymes ? S'ils s'organisaient jusqu'à se rejoindre, là, bientôt, sous ses fenêtres ?

— Et combien cela fait-il de soldats contre ce Mandrin ?

— Plusieurs milliers, Sire, répondit Machault calmement.

Le roi fit quelques pas vers la croisée, regarda attentivement le paysage. Une légère brume tombait sur les eaux glauques du grand canal. Il demanda presque à voix basse :

— Jusqu'où fait-il ses incursions ?

— En Dauphiné, essentiellement, Majesté, c'est son pays d'origine, murmura le comte d'Argenson en foudroyant Machault qui, déjà, dessinait de la main une carte de France trop éloquente en commentant à son tour :

— En Dauphiné, Sire, oui, bien sûr ! et en Languedoc, Guyenne, Lyonnais, Auvergne, Bourgogne, Franche-Comté, car, partout dans ces provinces, il a ses amis, ses étapes, ses guides, ses relais. J'oubliais Saint-Étienne, la Capoue de Mandrin, où il se sert directement à la manufacture d'armes.

Le roi se retourna vivement, se mit à marcher de long en large, s'arrêta devant la marquise qui lui prit le portrait des mains :

— Sire ? Cela me semble être un homme précieux. Pourquoi ne pas nous l'acquérir ? Confiez-lui un titre, une armée, envoyez-le se battre en Amérique ! Il se fera rôtir par les sauvages ou il rapportera des épices et des étoffes. Voyez comme les corsaires nous sont utiles ! suggéra-t-elle.

— Je vois surtout que ce visage vous inspire, madame. Votre idée n'est pas malheureuse, dit le roi en lui baisant la main, puis se tournant vers le comte d'Argenson :

— A-t-il demandé sa grâce ou fait savoir quelque chose en ce sens ?

Le comte d'Argenson s'apprêtait à répondre par la négative, quand Machault lui coupa une fois de plus l'herbe sous le pied :

— Monsieur Joly de Fleury, intendant de Votre Majesté et homme sage, nous a fait tenir une demande de grâce en sa faveur. Il estime que le personnage, qu'il a vu de près, avec lequel il s'est même entretenu, est digne d'intérêt.

La marquise sourit à Machault en hochant la tête.

— Sa Majesté ne saurait gracier un bandit, l'honorer d'une armée royale ! D'ailleurs, on m'a rapporté qu'il ne le souhaitait pas, bien au contraire. Ne libère-t-il pas les déserteurs chaque fois qu'il en trouve dans une prison ? s'écria le comte d'Argenson au désespoir.

Mais le roi ne l'écoutait plus vraiment, il se tourna vers Bouret qui s'éventait le visage de son feutre.

— Vous qui étiez sur place, Bouret, comment se fait-il que notre armée ne soit pas venue à bout de ce manant, car il n'est pas titré ?

Bouret eut l'air torturé, il en déchira son mouchoir. Tous les yeux le fixaient. Le roi frappa du pied d'impatience tant la réponse se faisait attendre :

— Pardonnez-moi, Votre Majesté, non ! Je ne vois pas qu'il le soit, mais... cependant il est reçu partout et à bras ouverts par la noblesse savoyarde et française même, Sire, ce qui fait que beaucoup d'officiers répugnent à se battre contre lui...

— En dépit des ordres ? questionna le roi réellement étonné.

Il ne voulut pas en entendre davantage. Le peuple de Paris hurlait sous les fenêtres de son chef de la police, les officiers se rebellaient ; la situation avait rarement été aussi critique pour le trône. Louis XV était un faible, au jugement faux. Il s'en prit à ses subordonnés et d'abord à son ministre de la Guerre :

— N'est-ce pas ce que l'on appelle la pagaille, monsieur ? Faudra-t-il que j'aille moi-même, à la tête de nos armées, combattre ce petit roitillon ?

Machault, qui avait conservé tout son sang-froid, proposa calmement :

— Ces temps d'agitation sont peu propices à des condamnations spectaculaires. Si donc Votre Majesté ne peut gracier cet homme de manière honorable, il faudra l'écraser avant peu.

Le roi regarda du côté de la marquise en qui il avait toujours eu grande confiance, puis, se tournant vers le comte d'Argenson :

— Une dernière fois, monsieur, a-t-il demandé sa grâce ?

— Non, Majesté ! et je ne vois pas qu'il le fasse, répondit fermement Argenson.

— Alors, écrasez-le, messieurs, et parlons des affaires du royaume.

— Encore un mot, Sire, dit le comte rasséréné. Les Fermiers s'épuisent à entretenir des armées entières aux frontières contre ce bandit. Une autre solution se présente, plus discrète et plus rusée. Pensez-vous qu'il faille en avertir le roi de Savoie-Sardaigne ?

— Ni le roi de Sardaigne ni le roi de France ! conclut Sa Majesté dans un dernier geste de lassitude qui marquait la fin de la discussion.

20

Un homme averti en vaut deux, dit-on. Cet avertissement fit de moi un homme doublement malheureux. Je savais peu des grands et rien du roi. Et malgré moi, je lui avais longtemps prêté, comme tous, une grande bonté et rejeté sur ses subordonnés tout le mal qui découlait de son mauvais gouvernement. La découverte des croupes m'avait à peine ouvert les yeux ; Saint-Albin me les écarquilla. Je me mis à espérer, comme un enfant, que le roi souffrait et je puisais dans cette espérance une fantomatique consolation à tant d'iniquité. Je voyais maintenant un homme recroquevillé sur quelques instants de règne stérile, à la fois vide et comblé, acharné à préserver un trésor qui l'appauvrissait.

Si la qualité d'une âme se dit aussi par sa capacité à distinguer ses amis de ses ennemis, nous étions flanqués d'un souverain pauvre, aveugle, inapte, sans recours. Cette constatation funeste sonnait aussi le glas de toute espèce de devenir pour moi. Espoir que j'avais beaucoup malmené certes, mais qui peut se vanter de gagner un tel combat contre soi-même ?

Mes vœux se transformaient en utopie ordinaire et ne me donneraient que les moyens de ma chute. Peut-être ! Mais dans mon impatience d'avenir immédiat, j'étais l'expression d'une réalité profonde. Je n'avais pas vécu, je ne vivais pas en imagination : j'avais semé les fondements prospères d'une révolte qui ne s'éteindrait pas avec moi. Nous n'étions pas vingt ni trente brigands dans une bande, nous étions gens de France, en marche dans une même trace. Toutefois, agir et vivre sans l'espérance de parvenir à l'aboutissement allait me peser comme le plus lourd des fardeaux.

Oh, bien sûr, j'aurais pu écouter le chant des sirènes, me retirer du combat, comme un mercenaire qui a touché sa solde et s'estime trop heureux d'avoir en prime la vie sauve. J'avais choisi de lutter pour vivre, je repasserai donc en France le 15 décembre à l'aube, comme prévu.

— Est-ce bien nécessaire ? me demanda de sa voix enjôleuse la petite présidente, qui était aussi gourmande et accourait toujours au chocolat des Saint-Albin.

— On dit que vous vous êtes construit une belle fortune, monsieur le capitaine ? enquêtait madame de J..., une nouvelle venue à l'œil de velours que Saint-Albin m'avait présentée comme une conséquente femme d'affaires cherchant à investir dans ma compagnie.

J'aime l'inconnu, surtout quand il se présente sous les traits d'une très jolie femme à l'air libertin.

Le « chocolat », chez les Saint-Albin, était une cérémonie quasi religieuse. Madame de Saint-Albin vint me prendre le bras pour nous faire passer dans le petit salon tout particulièrement dédié au nouveau breuvage et qu'elle surnommait sa « chocolatière ». Ce petit salon, situé au rez-de-chaussée de la tour d'angle, était une des pièces les plus étranges et les plus mystérieuses que l'on ait jamais vues. En y pénétrant, on quittait le monde, on s'enfonçait dans la grotte d'Ali Baba. Le charme agissait sur l'âme la plus récalcitrante. Était-ce le décor ? Ces murs tendus de tapisseries persanes aux teintes chaudes, ces tapis de haute laine où le pied s'enlisait avec délice ? En fait de sièges, la plupart n'étaient que des carreaux de velours de soie jetés tout autour d'un petit lit à la turque en satin doré et couvert d'un jeté de damas écarlate ; une crédence et de petits guéridons en bois de rose complétaient le mobilier. Il ne manquait que la lampe d'Aladin.

Un domestique apporta de grands pots fumants qu'il alla déposer comme le saint sacrement sur la crédence, et notre hôtesse s'offrit à nous servir.

— Mes amis, je vais, je l'espère, vous étonner, car je me

suis fait porter les toutes dernières nouveautés de Londres, de ce fameux club du *Cacao Tree* qui est devenu le plus célèbre et le plus prisé du monde. Voici donc les nouvelles merveilles : du chocolat analeptique au salep pour qui a perdu l'appétit, du chocolat à la fleur d'oranger qui fait merveille pour les nerfs fragiles et celui-ci, au lait d'amandes, qui adoucit les âmes et les caractères irritables, enfin le « chocolat des affligés » pour ceux qui ont besoin de soutien !

Elle fut très applaudie. Déjà le salon s'était rempli de la savoureuse odeur. La nouvelle venue était à demi allongée sur le lit à la turque dont la couleur cramoisie s'accordait admirablement avec le taffetas gris rosé de sa robe. Elle m'invita à me mettre à ses pieds sur l'un des coussins, le plus proche en réalité.

J'étais toujours pris par la conversation que je venais d'avoir avec mon hôte et, sans doute, ma préoccupation était-elle apparente, car madame de Saint-Albin me servit d'autorité le chocolat des « affligés » qui fit merveille, je dois le confesser. Je lançai la conversation sur les origines du chocolat, ce qui eut comme avantage de ravir mon hôtesse et de me laisser ainsi le loisir d'étudier en détail les charmes de ma nouvelle conquête.

— Le chocolat se répand partout en Europe, dis-je négligemment, mais comment expliquer que sa fabrication en demeure toujours si primitive ? Les ouvriers restent agenouillés devant des pierres chauffées, pétrissant la pâte heure après heure pour la transformer en petits pains.

— Non ! Non, mon cher ! Il n'y a plus que dans certaines fabriques familiales que l'on procède ainsi, m'interrompit madame de Saint-Albin. On s'est heureusement aperçu que cette attitude gênante, outre le désavantage d'ôter de leur force aux ouvriers, avait l'inconvénient de ruiner en peu de temps leur santé, de sorte qu'il était peu de métier aussi dangereux. L'ouvrier travaille maintenant debout, au-dessus d'un feu de charbon de bois.

Monsieur de Saint-Albin ne résista pas à nous faire pour la millième fois l'historique de cette plante des dieux.

— C'est que nos ouvriers travaillaient comme les Aztèques.

Les voix se croisaient dans un échange rituel. En prenant ce merveilleux breuvage, on sacrifiait à la tradition, on rappelait son histoire, sans se lasser, comme pour honorer ces dieux lointains et conjurer le sort. C'était comme une comédie, où chacun disait son morceau. Saint-Albin, dont la gorge ne se desséchait jamais, avait pris la part du lion :

— Quand les six cents routiers espagnols de l'Estramadurien Cortez commencèrent la conquête du Mexique, empire des Aztèques, ils furent intrigués par certaines coutumes des indigènes qui offraient aux dieux de mystérieuses tablettes brunes que les prêtres mangeaient dans les temples. La légende veut que Quetzalcoatl, le dieu de la lune, ait ravi la plante sacrée au pays des fils du soleil pour la donner aux hommes afin de leur procurer des joies inconnues.

— Et le mystère intrigua les conquistadors toujours avides de sensations fortes ! complétait la marquise. Ils se firent servir cette boisson de « tchocolath », réservée aux gens de qualité qui la consommaient en grande quantité...

— L'ont-ils appréciée ? demanda la belle madame de J...

— Pas du tout ! répondit vivement le marquis. La boisson n'était pas sucrée, mais aromatisée de poivre et de piment très fort.

— En dépit de ce manque d'enthousiasme, et voilà bien l'intelligence de ces pionniers, renchérissait une autre dame, ils remarquèrent que les fèves, aussi bien que la boisson à laquelle on attribuait toutes sortes de vertus merveilleuses, provenaient d'une seule et même plante, assez peu répandue, que l'on appelait le « cacaoyer ». Ils s'en réservèrent aussitôt l'exclusivité tout en augmentant considérablement la production, puis ils en firent commerce en l'améliorant et l'étendirent à toutes les Amériques espagnoles sous la forme de cette boisson chaude que nous connaissons maintenant.

— Je suis sûre que son essor doit être mis au compte de quelque actif contrebandier, conclut la belle inconnue en me caressant du regard.

— Oui, dis-je, et à la reine Anne d'Autriche qui en faisait une consommation immodérée, ce qui en lança la mode. La belle Ninon de Lenclos attribua à ce breuvage la conservation de sa beauté...

— Et c'est d'ailleurs chez elle que notre jeune Voltaire a bu pour la première fois cet élixir des dieux, conclut le marquis.

La nuit était tombée, je saluai mes hôtes en même temps que la nouvelle venue. J'étais à cheval, elle en carrosse, elle m'offrit de monter à ses côtés. J'hésitai pour le principe, un voyage en voiture auprès d'une jolie femme est toujours plus plaisant qu'une longue randonnée solitaire à cheval. Elle habitait à Naveisy, à cinq lieues de Genève, et je me rendais chez Divernois non loin de là, dans l'espoir d'y trouver des nouvelles de Diane.

Je m'attendais à être assailli par cette belle dame à peine installé, mais il n'en fut rien, bien au contraire ! Si bien qu'au bout de quelques instants de silence, alors que les chevaux nous menaient bon train, je me trouvai assez honteux d'avoir tant présumé de mes attraits. Il est vrai, à ma décharge, que les femmes de haute naissance, à l'exception de Diane, ne m'avaient guère habitué à leur faire la cour ; elles s'étaient, en général et en particulier, jetées à ma figure. Je me demandais s'il s'agissait là d'un stratagème et quelle devait être ma conduite. Je la détaillai bien franchement.

Elle pouvait avoir trente ou trente-cinq ans peut-être. Sa tête appuyée sur les coussins, elle me considérait d'un air distrait, presque distant, avec un rien de nonchalance amusée. Elle était belle, d'une beauté majestueuse, mise avec recherche, mais sans affectation. Tout en elle donnait une impression de volupté profonde. Nos regards s'attachèrent. J'avais connu beaucoup de femmes et leur réservais la plus grande part de ma sensibilité, tout en rejetant avec désinvolture les coquettes et leurs agaceries ; les jalouses et leur insupportable velléité d'être uniques ; les prudes, les hypocrites et leurs ennuyeuses simagrées. Je n'étais ni impressionné ni impressionnable, mais cette madame de J... était d'un tour qui désorientait mon imagination. Je me sentis pénétré par son regard. Elle posa sa main délicate un bref instant sur mon bras.

— Le voyage va être long, dit-elle, parlez-moi de vous. En dépit de tous vos efforts pour être galant, je vous sens très préoccupé ?

Je ne répondis pas, tant j'étais étonné. Elle poursuivit :

— ... et c'est en fait ce qui m'a intéressé en vous ! On vous a tellement dépeint comme un homme intrépide, fort, rude, sans faille... le conquérant auquel rien ni personne ne résiste, que ce brin de tristesse qui voile votre beau visage m'est apparu soudain comme ce que vous aviez de plus séduisant. N'est-ce pas une femme qui vous manque ?

Cette violation de territoire me cingla de plein fouet. Si la main de Diane n'avait cessé de me brûler le cœur depuis la soirée de Vizille, si j'avais passé tous ces mois dans une attente vaine, si je m'étais rendu à toutes les soirées où l'on ne cessait de me convier, dans le seul espoir de l'y trouver, si certains soirs, cette attente se faisait intolérable jusqu'à me rendre fou, tout cela n'en était pas moins mon affaire et je n'entendais la partager avec personne. Je me retranchai dans le fond de la voiture, m'adossai aux coussins moelleux et regardai dehors. Il neigeait depuis une semaine déjà. J'allais bientôt repartir en campagne et le silence définitif de Diane me poussait à me jeter à la tête des dangers les plus pervers.

— Vous êtes amoureux, n'est-ce pas ?

Je me redressai, comme piqué par une méchante guêpe.

— Seul l'amour peut entamer un homme comme vous. Je connais Diane de Fleury et je sais votre secret.

J'étouffais. J'eus envie de descendre. J'ouvris la portière. Elle me retint la main calmement.

— Personne ne m'en a rien dit, mais j'étais présente il y a un an à la soirée des Piolenc, où la petite présidente vous faisait du genou tandis que vous n'aviez d'yeux que pour mademoiselle de Fleury. J'ai revu Diane à deux ou trois reprises cette année, et qui, par ailleurs, ne connaît le scandale de la Cour où elle a osé insulter Bouret devant le roi, pour vous défendre ?

Je la regardais, muet, presque hostile. Où voulait-elle en venir ?

— Vous ne dites rien ? Donc je ne me trompe pas ! Voulez-vous des nouvelles de Diane ? Elle est à Belley, terrée. Elle ne sort pas, ne bouge pas de sa chambre, ne reçoit ni ne voit personne. Ses proches en sont très malheureux et moi aussi, car je l'aime bien cette petite. Elle est particulière, étrange et belle ! Je ne sais quelle éducation on lui a donnée, plutôt celle d'un garçon je pense, car elle a la réputation d'être redoutable à l'épée et au pistolet. Elle sait tout de ce qu'une jeune fille doit ignorer en somme ! Il est vrai que son rang lui cède beaucoup de droits, mais il faut convenir que ce plat-là, dit-elle en me montrant au visage, monsieur le bandit, est de ceux qu'elle ne peut servir à Versailles !

Je l'écoutais me parler elle aussi de Diane. Décidément, je ne pouvais rencontrer une femme sans qu'elle m'en parlât. Et tout le monde savait au moins une chose d'elle que j'ignorais.

— Que voulez-vous, reprit-elle, qu'elle fasse d'un aussi scandaleux penchant ? Peut-être s'efforce-t-elle de vous oublier, ce qui ne doit pas être aisé !

— Que me conseillez-vous, chère madame, puisque mon sort a l'air de tant vous intéresser ?

— Partez pour les Amériques, prenez un autre nom, couvrez-le de gloire et revenez dans quelques années : le temps fera votre affaire.

Madame de J... me tendit une main amicale et continua de m'entretenir. Elle me parla encore de Diane et de ses parents qu'elle avait connus. Elle me dit combien Diane et Saint-André, son cousin, étaient liés depuis leur enfance et comment Chossat, ami de celui-ci, s'était naturellement glissé dans leur intimité. Puis à la fin, elle me proposa son aide dont je ne sus que faire si ce n'est l'en remercier, puis elle se proposa tout court, ce que j'accueillis volontiers, comme un onguent éphémère sur cette brûlure qui me dévorait les entrailles.

Madame de J... habitait une spacieuse chartreuse sur un vallon, entourée de doux pâturages. La maison elle-même, dans son architecture extérieure, n'annonçait rien de la délicatesse du décor intérieur, minutieusement étudié pour le bien-être et le plaisir des sens. Jamais je ne vis une telle variété de canapés et de sofas, de duchesses, de bergères et de veilleuses, d'ottomanes, de turquoises et de paphoses et tout cela dans un décor de jardin exotique où s'épanouissaient, dans une exubérance polychrome, les variétés d'arbres les plus rares.

Madame de J... me devint une amie véritable, non parce qu'elle accepta sans réserve mes hommages, mais bien plutôt en raison du contraire. Un homme qui commande dans les dangers perd vite l'habitude d'être critiqué, ce qui, en retour, en fait aussi vite un imbécile. Madame de J... avait la manière : le ton direct de ses propos dans lesquels je n'avais pas à démêler, sous un fatras de balivernes, le vrai du faux. Elle m'initia aux plaisirs de l'amour donné et reçu sans duperie ; elle s'exprimait sur la qualité et la profondeur de la jouissance avec la même liberté que d'autres sur la couleur des plumes de leurs chapeaux. C'est avec elle et grâce à elle que je compris combien le plaisir amoureux des femmes pouvait être différent du nôtre. Elle m'enseigna toute la douceur des prémices qui précèdent l'amour que j'avais jusqu'alors négligées, soit par ignorance, soit par égoïsme, soit par précipitation : j'avais pris les femmes comme on prend des citadelles, et, à une exception près, je les avais peu appréciées et donc mal aimées. Je ne connaissais pas leur cœur et presque rien de leur corps. Sans jamais leur faire violence cependant, je me comportais en elles comme en terre conquise, et le plaisir puisé, je m'en dégageais hâtivement. La satisfaction immédiate des sens qu'elles m'avaient procurée m'avait suffi. Sans doute aussi, et je ne le dis pas en manière d'excuse, n'en attendaient-elles pas davantage de moi.

J'étais ignorant des bonheurs que je pouvais faire éclore. Je m'instruisis avec délices à la subtile connaissance des corps, science inexacte et insondable, dans laquelle madame de J... excellait. Elle me montra qu'une femme prise, même sans être violentée, n'était pas forcément une femme satisfaite et qu'il y avait à cela mille raisons qui n'avaient rien à faire avec les sentiments, et autant de recours à ce manquement et des plus délicieux où chacun trouvait son bonheur pour peu qu'il s'y appliquât.

Mon penchant naturel m'entraîna à ne rien marchander ; ses conseils me furent les plus précieux du monde, elle les poussa si loin que je me trouvai bien vite autre, entre ses mains : elle me fit valoir la douceur incomparable d'un baiser qui savoure la peau, en estime la texture, en reconnaît le parfum ; la résonance d'une caresse avide de cette connaissance...

— Un homme aussi, mon cher capitaine, peut sentir bon,

avoir la main douce, la chemise fine à caresser, le vêtement élégant, l'haleine fraîche. Il n'est que de faire appel à Dame Nature qui nous a pourvus de toutes les fleurs odorantes, de tous les élixirs et de toutes les vertus de ses plantes, pourquoi s'en priver ? Ne méritons-nous pas ce qu'il y a de meilleur ? Le faudrait-il laisser en dépôt à quelque race supérieure dont la qualité reste à définir ?

J'étais persan.

Je sortis de son école le cœur malade, la poitrine brûlante du désir de Diane, tiraillé entre l'amour que je ne pouvais m'empêcher de lui porter et la conviction profonde que je l'entraînais vers un monde de dangers incontrôlables dont l'issue ne pouvait être que cruelle.

Cette recherche de moi-même, si elle me transforma en apparence, comme on ne manqua pas de me le faire remarquer, m'ébranla bien davantage intérieurement. Il m'avait toujours paru suffisant de savoir jauger les hommes, je vivais maintenant dans un univers où les femmes ne m'étaient plus étrangères, mais qu'allais-je faire de cette sublime connaissance si elle ne concourait qu'à m'éloigner de mon amour ?

CINQUIÈME PARTIE

L'heure ultime du choix

21

Je repassai en France le 15 décembre à quatre heures du matin, par la Franche-Comté en contournant les Rousses, où les brigades de gâpians demeurèrent en complète hibernation. Nous nous engagions dans la vallée de Joux quand l'aurore se leva très pâle, teintant de cuivre clair un paysage lisse.

Les chevaux enfonçaient jusqu'aux jarrets dans la neige qui n'avait cessé de tomber toute la nuit, mais, frais et dispos, nous avancions rapidement dans ce paysage contrasté où l'Orbe roule ses eaux sombres. Nous passâmes Pontarlier aux maisons grises, aux toits aigus comme des nids d'aigles. Après avoir franchi sans peine le Drugeon, petit affluent du Doubs, notre longue caravane s'enfonça dans la forêt. Nous descendîmes une forêt piquante de touffes de houx, puis la neige se fit moins épaisse en bas des plateaux et nous prîmes par les gorges de la Loue. Là, la route taillée dans le roc tournait en lacets autour des rochers aux teintes chaudes, tandis qu'en bas la rivière se brisait en écume glacée.

Le 15 au soir, éclairés par un soleil plat d'hiver, nous fîmes halte à trois lieues de Besançon.

Hardis et rapides, nos mouvements avaient dérouté l'adversaire : le duc de Randan, alors gouverneur de Franche-Comté mais surtout homme de salon, transporta à Dôle son émoi où il tint un conseil de guerre dans le boudoir d'une baronne. Elle y convia, dit-on, tous les notables, dont le commissaire des guerres, le trésorier et quelques dames qui s'évanouirent à l'idée des pires malheurs qui n'allaient manquer de les frapper ! C'est là qu'il fut donc décidé de garder une partie des troupes dans la ville et d'envoyer le reste à ma poursuite, mais le lendemain seulement.

De bon matin, le duc de Randan mit en campagne cent cinquante dragons de Beaufremont, cent vingts cavaliers d'Harcourt, cinquante cavaliers de Fumel et soixante de Moutiers, cent carabiniers et deux compagnies de grenadiers de Courten. Le gouverneur de Lyon, alerté, mobilisait, de son côté, un détachement de Volontaires de Flandre, un corps de dragons de Saint-Étienne et, parallèlement, donnait ordre à Fischer, l'homme à tout faire, cantonné à Pont-de-Vaux, de se lancer avec ses chasseurs, ignorants mercenaires, dans « *une poursuite sans relâche, jusqu'à ce qu'il eût exterminé le dernier des mandrins* ». Enfin, du sud, partait aussi un autre détachement de Volontaires de Flandre, sous le commandement du capitaine Diturbide-Larre qui avait pour mission de nous prendre à revers.

J'ignorais, au moment où nous parvînmes à Mont-sous-Vaudrey à quatre lieues de Dôle, qu'un tel déploiement militaire nous honorait de sa présence. Nous nous étions arrêtés pour souper dans une grosse ferme, lorsque nos sentinelles, postées à une lieue, nous avertirent de l'arrivée des cavaliers d'Harcourt, épées au clair. Nous les accueillîmes à la carabine : il n'y eut guère que deux tirs. Le premier tua un homme, le second en blessa deux autres, et les cavaliers d'Harcourt prirent la fuite abandonnant le corps de leur camarade.

Jusqu'à ce jour, j'avais évité de m'attaquer aux soldats du roi, pour ne m'en prendre qu'aux gâpians ; mais du moment où l'armée régulière, à la solde des Fermes, se mobilisa contre nous, force me fut de me tourner aussi contre elle, c'est-à-dire contre le roi. L'avertissement de Saint-Albin de Vaulserre avait fait de moi un homme malheureux mais non pas hésitant. Cependant ce soldat mort se dressait comme une réalité définitive : c'était la guerre.

Une guerre civile où cent hommes portant les couleurs de la révolte allaient devoir s'affronter à plusieurs milliers de soldats. Mais notre chevalerie de guerriers tissait son étendard dans le courage de dire et la force de faire. J'avais un projet à poursuivre, un combat à mener, mon bonheur tiendrait à la rigueur de mes principes.

Cependant, j'allais la poitrine prise dans une tenaille. Je devins irritable, susceptible à l'extrême, et comme la vie n'est jamais qu'une auberge espagnole, cette sixième campagne que j'avais prévue dure me fut un enfer.

Nous touchâmes Seurre, sur la Saône, le 17 décembre en fin d'après-midi. Bourgeois et artisans, en gens raisonnables, n'eurent garde de se mêler de ce qui ne les regardait pas et les habitants venus calmement entendre ma proclamation s'en furent à leurs travaux comme je les y incitais tandis que nous rendions visite à l'entreposeur des tabacs. J'échangeai, dans le plus grand calme, quelques bennes de tabac contre deux mille livres et un reçu, puis comme cet entreposeur avait l'air d'un brave homme, je décidai de lui laisser en dépôt toute ma cargaison, c'est-à-dire cent quarante-six ballots de tabac, avec mission de n'en délivrer que sur présentation de bons signés de moi. Ce faisant, l'allure de ma troupe, trop ralentie par cette quantité énorme de marchandises, s'en trouverait allégée et je n'aurais plus, dans les villes où nous passerions, qu'à délivrer un bon en échange de l'argent reçu. Nous visitâmes aussi le grenier à sel et enfin le capitaine général des Fermes. Celui-ci, en dépit des renforts, s'était enfui ! Tandis que mes hommes, placés sous la direction de Broc, « visitaient » sa maison, je me rendis à la prison où le geôlier ne se fit pas prier pour m'accueillir. Quand tous les prisonniers, la plupart enfermés pour le sel ou pour dettes comme à l'accoutumée, furent élargis, il était minuit.

Le lendemain, nous gagnâmes Beaune où Tavannes, toujours sous le choc de notre charmante rencontre avec le baron d'Espagnac, faisait régner une frayeur panique.

L'alarme avait été donnée par des commères de Corberon où nous avions passé la nuit, si bien qu'à notre approche, une grêle de sons de cloche fracassa l'air : le tocsin se propageait de clocher à clocher. Beaune était une grosse ville de huit mille habitants, entourée de fortifications imposantes et précédée de faubourgs fermés par des barrières. Les commères avaient alerté le maire de la ville qui décida de faire fermer les portes en ne tenant que le guichet ouvert, puis il remplit les remparts de miliciens et promit que « *les Beaunois étonneraient la France par l'énergie de leur résistance...* »

Nous nous comportions civilement dans les villes et villages où nous faisions halte, nous n'y rudoyions que les gens de la Ferme ; mais cet accueil au tocsin et à coups de fusils nous outragea. Pour éviter toute effusion de sang inutile, je commandai à la population de rentrer dans les maisons, de laisser les rues désertes et de clore les volets.

J'étais parfaitement instruit de ce qui concernait cette ville comme de toutes celles que j'ai visitées. J'avais étudié avec soin la topographie des lieux. Une partie de mes hommes pénétra dans la ville en suivant le flot des chalands, tandis qu'une autre gagnait le haut des remparts par un escalier situé à côté de la porte. À midi, Saint-Pierre pénétra dans les rues de Beaune à la tête de soixante-cinq de nos hommes. Mes compagnons, furieux de cet accueil, tiraient des salves en l'air, les habitants fuyaient, il était midi.

Je m'étais installé, par prudence, au logis de *La Petite Notre-Dame* dans le faubourg de la Madeleine. Cette auberge était la plus proche des remparts dans lesquels je ne cherchai pas à pénétrer me sachant harcelé par les royaux. Je fis placer des sentinelles au pont, à la porte et sur les remparts, puis quelques balles bien placées firent taire le tocsin et j'envoyai quérir le maire de la ville, Pierre Gillet, qui avait jugé prudent de se cacher après tant d'efforts.

Je lui présentai d'abord que son accueil, rien moins que chaleureux, nous avait déplu et qu'il lui en coûterait cinq mille livres d'amende, tout en lui réclamant au demeurant vingt mille livres. Gillet se récria, me fit mille excuses, envoya chercher de bonnes bouteilles à sa cave et m'avoua qu'il ne disposait pas d'une telle somme. Bertier, un de mes lieutenants, le moins patient, proposa de l'emmener, ce qui fit qu'il trouva rapidement une solution : il envoya quérir l'argent chez le receveur du grenier à sel et chez l'entreposeur de tabac.

La ville étant redevenue tranquille, je laissai mes hommes

se répandre dans les cabarets pour s'y désaltérer ou chez les armuriers pour faire réparer leurs armes. L'auberge se remplit de curieux qui demandaient à me voir et à me parler. Je les laissai pénétrer, si bien qu'en quelques instants il y eut foule dans ma chambre. Enfin sur les deux heures et demie, l'argent me fut apporté, j'en donnai quittance et fis en outre un bon sur le tabac de Seurre.

Une bonne vieille se présenta alors tout en larmes, se plaignant que mes hommes lui avaient volé des effets, un horloger fit de même :

— Voyez, dis-je à la foule qui se pressait dans ma chambre, dès lors que vous les avez traités comme des pillards, mes hommes s'y sont tenus ! Cependant c'est un principe que je n'admets pas, car il n'entre pas dans mon dessein de me modeler sur l'armée et d'en prendre les mauvaises manières.

Je rendis à la femme cent vingt livres et commandai à Saint-Pierre d'aller faire restituer à l'horloger tout ce qui lui avait été butiné. Broc ayant libéré les prisonniers, nous repartîmes dans la sérénité, à quatre heures de l'après-midi, salués par le maire et ses ouailles. Il paraît même qu'ils nous regrettèrent amèrement quand, sept heures plus tard, les royaux se présentèrent aux remparts, sollicitant de la ville logement et nourriture pour la nuit, ce qui leur fut refusé tout net ; on les invita proprement à passer outre.

Les soldats de Sa Majesté se conduisirent donc dans les faubourgs de la ville comme il est coutume de le faire en pays ennemi : les maisons marquées à la craie furent forcées d'accueillir autant de soldats qu'elles en purent contenir ; les portes qui ne s'ouvraient pas assez vite furent enfoncées et chacun se pourvut de vivres et de fourrage avec toute la délicatesse soldatesque traditionnelle.

J'avais pris la route de Chalon par Chagny. Nous campâmes à La Rochepot dans la nuit du 18 au 19 décembre autour d'un cochon en broche que nous fournit un des habitants. Mes hommes étaient éreintés, je leur laissai quelques heures de lourd sommeil. Un éclaireur vint m'avertir au petit matin que les Fischer, qui venaient de rejoindre les royaux à Beaune sur les minuit, s'étaient portés contre nous en direction de Chalon. Je bifurquai donc sur Autun. Nous arrivions de Creusefond en longeant les rives de l'Arroux lorsque nous aperçûmes une curieuse file de cavaliers vêtus de longs manteaux de couleur sombre.

D'abord, je crus à une attaque car les hommes venaient à nous, quoique dans une tenue bien étrange et un non moins insolite ordre de bataille... Par prudence, je fis ranger mes hommes, mais quelle ne fut pas notre surprise, quand la troupe fut sur nous, de constater qu'il s'agissait de séminaristes ! Trente-sept jeunes gens des meilleures familles de la ville qui allaient, en l'absence de leur évêque, recevoir les ordres à Chalon. J'abordai sans presse le supérieur de cette digne théorie, l'abbé Hamard, et me présentai à lui.

— Monsieur l'abbé, je vois qu'Autun a fermé ses portes et fait pointer ses canons et ses couleuvrines sur nous.

— C'est que le maire en a reçu l'ordre, mon fils, et qu'il ne peut s'y soustraire ! Les habitants de cette ville ne vous sont pas hostiles, mais les Fermiers les ont menacés de représailles s'ils vous ouvraient les portes.

— Fort bien ! Nous nous les ouvrirons nous-mêmes et vous allez m'y aider, monsieur l'abbé. Nous allons emmener vos jeunes ouailles jusqu'au faubourg Saint-Jean où nous les confierons au couvent des dames bénédictines dans lequel j'établirai mon état-major.

— Voulez-vous dire que vous nous prenez en otages ?

— C'est ce que je veux que l'on pense, en tout cas, et je vous engage à faire semblant d'y croire, vous aussi, car nous épargnerons ainsi des vies et des efforts inutiles.

Tout cela fut exécuté dans la meilleure entente. L'abbé Hamard était un homme aimable, pourvu d'un grand bon sens. Il fit mine de me croire, ses séminaristes en furent quittes pour la peur, peu de temps d'ailleurs, car les Autunois nous dépêchèrent un parlementaire chargé des négociations.

M. de Montaigu nous trouva dans le couvent, occupés à confectionner des cordes, des échelles et des claies pour escalader les remparts. Il s'en repartit très ému et la ville nous ouvrit ses portes. Je décidai d'y entrer seul en compagnie de l'abbé et sans autre escorte que deux de mes hommes. Les représentants des Fermes, sachant les troupes du roi proches, cherchèrent à faire traîner les négociations. Nous convînmes de neuf mille livres que me compta monsieur Duchemain, entreposeur des tabacs. L'homme, qui ne manquait pas d'audace ni d'aisance, m'offrit une prise en me demandant :

— De quel droit, monsieur, levez-vous ainsi des contributions sur les Fermes ?

— Du droit qu'avait Alexandre sur les Perses et César sur les Gaules ! lui répondis-je en m'amusant de son air étonné.

Si les brigands se mêlaient maintenant de connaître l'histoire ancienne et de la vouloir mettre au goût du jour, où allait-on ? me disait sa figure ravagée d'inquiétude métaphysique.

Je repartis seul comme j'étais venu. Les gens me voyant marcher ainsi, suivi de deux hommes seulement, s'approchaient de moi : qui pour m'offrir ses services comme correspondant, qui pour me saluer ou me mettre en garde. Nous quittâmes Autun à l'angélus du soir, pour nous engager au flanc des montagnes sur une route étroite qui domine la plaine de l'Arroux.

Les Fischer se présentèrent à Autun sur nos talons. Un gendarme les informa de notre route. La nuit était noire, le colonel voulait poursuivre, mais il lui fallait un guide. Il ne s'en trouva aucun. Il dut faire halte jusqu'à quatre heures du matin où il remit ses troupes en marche. Il fit éclairer la route enneigée par des brandons et presser les chevaux à coups de canne et d'éperon en suivant nos traces, ce qui le mena d'abord à Brion puis bientôt à Gueunand où nous étions en étape pour la nuit, dans une grosse ferme du village.

Sur les quatre heures du matin, l'un de nos guetteurs ayant levé les yeux par hasard, alors que nous nous disposions au départ, les aperçut, presque au-dessus de sa tête.

J'avais choisi ce village de Gueunand dans la perspective d'une attaque des Fischer que je sentais inévitable. La partie droite, protégée par une petite colline couverte de neige, était inabordable ; la partie gauche, bâtie de plusieurs fermes, était coupée de jardins, clos de palissades de bois solide. Les maisons basses aux ouvertures étroites et rares, percées dans des murs épais, se prêtaient à la défense. Le village ne comportait qu'une seule route dont nous étions les maîtres et que nous nous étions empressés de renforcer d'une épaisse barricade défendue par nos arquebuses à crocs.

Dès qu'ils se virent découverts, les royaux se mirent à sonner et à battre la charge avec toute la vigueur de leurs trompettes et de leurs tambours ; sans doute entrait-il dans leur plan de nous intimider, ou peut-être cherchaient-ils seulement à se donner du courage, et, bien qu'ils fussent très nombreux, il leur en fallut. Une mauvaise cause se défend toujours de moins bon cœur, et je ne doute pas que ce soit pour cela que Fischer fit placer ses Allemands sur le devant et nous les jeta à la tête pour nous couper toute retraite.

— Combien sont-ils ? demandai-je au Major venu prendre mes ordres.

— Plusieurs centaines et très bien armés ! Fischer tient le commandement, mais il y a aussi d'autres troupes.

— Quand vont-ils attaquer ?

— Immédiatement, capitaine !

— Major, nous sommes quatre-vingt-dix. Prends vingt volontaires qui nous aideront à tenir le feu ici, donne l'ordre de dispersion aux autres. Nous protégerons leur retraite. Tu enverras neuf de ces volontaires dans la première ferme, sur la route, à l'autre extrémité du village, et nous autres, nous tiendrons celle-ci.

Ce que nous fîmes. Un combat est toujours le dernier combat. Dans le débraillé de la surprise matinale, en bras de chemise, sans chapeau ni veste, à la tête d'une poignée de vingt braves, je tins tête aux soldats de Fischer, du haut des canardières que nous avions pratiquées dans les maisons. Nos balles cherchaient les chasseurs de Fischer qui tentaient de dissimuler leurs pelisses rouges et leurs cocardes blanches derrière les haies ou dans le creux des chemins.

Nous pouvions tenir un quart d'heure, une demi-heure, une heure tout au plus, en supposant qu'aucun de nous ne fût blessé. Mais Fischer, sentant ses troupes fléchir, parvint à mettre le feu dans la première ferme. Dans la grange s'entassaient jusqu'au faîte des bottes de foin sec. Le feu prit en quelques secondes, l'incendie fut effroyable. Nous entendions les hurlements de nos compagnons brûlés vifs qui continuaient à tirer de leurs mains calcinées. La rue du village était jonchée des cadavres des Fischer. Jambon près de moi, en rechargeant mes armes, m'en tenait le compte précis.

— Dix-sept tués, et cinquante-sept blessés.

J'avais été atteint de deux balles au bras gauche et deux autres de mes hommes étaient blessés. Il fallait faire vite.

— Jambon, nous allons partir. Va préparer les chevaux. Prêt-à-boire, tu porteras le Normand qui est blessé et moi Juron. File Jambon, je compte jusqu'à dix !

C'est au son des fifres et des tambours des nouveaux renforts venus à la rescousse de Fischer que nous disparûmes dans la campagne, poursuivis par le tir des soldats. L'un d'entre eux atteignit mon chapeau galonné d'or qui tomba dans la neige, percé de deux balles. Fischer s'en fit d'abord un trophée pour exciter ses hommes à notre poursuite :

— À cheval, que diable ! Suivez-les à la trace. C'est simple, le chemin doit être marqué du sang de leur capitaine !

Fischer n'était pas rassasié par l'énorme flaque rouge dans laquelle baignait Gueunand, car, sans moi, il n'aurait pas sa récompense ni ses galons.

Poursuivis, cernés de toutes parts par de nouveaux renforts qui ne cessaient d'heure en heure de se joindre aux royaux, nous fîmes dix-sept lieues* dans cette seule journée, portant nos compagnons blessés sur des chevaux de bât. Nous traversâmes la Loire sur les six heures du soir. Je voulais gagner l'Auvergne agitée de mouvements populaires, où les châtelains eux-mêmes, à la tête de leurs paysans, allaient piller les greniers à sel. Au moins, s'il fallait nous battre contre les armées du roi, ne serions-nous plus seuls. Je connaissais bien l'Auvergne, j'y revenais pour la troisième fois, toujours chaleureusement accueilli. Cette province, particulièrement défavorisée, était la seule à s'être réellement révoltée contre la cherté des

* Soixante-dix kilomètres environ.

vivres et l'absolutisme des Partisans*. Les hommes, sans distinction de classe ou de catégorie, avaient pris les armes dans un refus énergique de la misère. Armes du désespoir, jointes à celles de la conscience : je voyais poindre l'aurore.

J'ignorais que Diturbide et ses six cents hommes se jetaient dans le Forez pour me barrer la route.

La Loire franchie, je retrouvai l'ensemble de mes compagnons sous la conduite de Bélissard. Sans descendre de cheval, nous nous saluâmes. Au soir, selon l'habitude, chacun de nous reprit le commandement d'une quarantaine d'hommes. Bélissard longerait la Loire tandis que je m'avancerai vers le sud. Un homme du pays nous prévint que le capitaine Diturbide à la tête des dragons de La Morlière, les fameux Argoulets, n'était pas loin. Ils venaient de quitter Le Puy vers le nord, dans notre direction ; quant à Fischer, l'opiniâtre, il s'acharnait sur nos talons à trois ou quatre heures de distance.

Nous avions atteint Fix-Saint-Geneix, il était minuit, les cloches sonnaient à toute volée : c'était Noël.

La petite église pleine de lumière, vibrante des chants d'espérance d'un peuple à genoux, me fascina soudain comme un mirage auquel on ne peut résister. J'entrai au moment du *Confiteor*, suivi de mes hommes.

La maison de Dieu sentait bon la cire et le cierge ; nous étions là, mêlés aux paysans tranquilles, les têtes des femmes inclinées sous leurs coiffes blanches. De quelle révélation, éternellement différée, espéraient-ils encore l'avènement ? Dieu tardait décidément trop. Ne s'était-il pas assez repu de ces cortèges séculaires de hontes et de misères offertes en échange d'une immortalité hypothétique ? Ces mots usés... ces idées défroquées. Que le monde était vieux ! J'aspirais soudain à l'apocalypse : « *... le ciel s'obscurcira, la lune ne donnera pas sa clarté, les astres tomberont..., toutes les tribus de la Terre se lamenteront... cette génération ne passera pas que toutes ces choses ne soient arrivées... et de sa bouche jaillit un glaive perçant pour en frapper les nations.* »

* « Partisans » était aussi le nom donné aux Fermiers généraux.

Tout s'éclaircit : si Diane ne s'était pas manifestée, c'est qu'elle me savait perdu. Un amour sans avenir est insupportable, comme une passion sans lendemain. J'avais eu beau me répéter jusqu'à l'écœurement que seul importait ici et maintenant, borner mes regards au dépassement immédiat, forcer l'intolérable ; je n'avais qu'interrompu pour quelques instants ce calme de l'horreur partagée. En chemin, je m'étais alourdi d'une trop grande connaissance des autres et de moi-même, privilège onéreux et irrésistible tentation.

À l'*Ite, missa est*, l'allégresse se déchaîna. Je sortis, Jambon sur les talons. Il avait l'air d'un ange déchu dans ses haillons retenus de ficelles : l'uniforme de mes gens depuis le terrible combat de Gueunand. Il me sourit derrière ses lorgnons miraculeusement intacts.

— Alors, Belle Humeur ? Comprends-tu encore le latin ? me lança le Camus moqueur, avec un tutoiement inhabituel que je n'encourageais pas.

Je pris Jambon par les épaules, je me sentais mieux, bien que ces deux balles dans le bras me fissent continuellement souffrir.

— Mes amis, dis-je à mes compagnons qui s'assemblaient autour de nous, j'ai tenté de laisser de côté toutes les idées préconçues, j'ai écarté tous les préjugés qui dorment au fond de moi : j'étais prêt à recevoir la bonne nouvelle. Hélas ! Cette bonne nouvelle n'est pas bonne et elle n'est pas nouvelle non plus !

— Eh bien pour moi et tel que vous le dites, cela en est une car voici vos premières paroles depuis Gueunand, capitaine ! s'exclama Jambon, heureux.

Tandis que nous devisions ainsi, comme si le temps arrêté dans sa course meurtrière nous accordait un répit, les villageois, sortant de la pauvre petite église aux murs nus, s'approchèrent et le curé, leur porte-parole, nous dit :

— Mes fils, si le cœur vous en dit, notre réveillon de Noël sera le vôtre, nous le partagerons de grand cœur.

Et c'est ainsi que malgré les ennemis qui nous talonnaient à quelques heures et en toutes directions, nous fîmes le plus joyeux réveillon qu'âmes damnées puissent rêver.

Nous restâmes à Fix-Saint-Geneix jusqu'à onze heures le lendemain matin et de là, conduits par plusieurs guides bénévoles, nous nous dirigeâmes vers Beyssac, en longeant les bois de Vazeilles, de Ninirolles et de Saint-Jean-de-Nay. Le curé de Fix-Saint-Geneix qui était aussi un peu médecin, ou un peu sorcier, m'avait pansé et soigné d'un onguent de sa façon qui me faisait le plus grand bien. De ce moment, je repris mes hommes en main avec fermeté.

— Il était temps ! me dit Jambon. Berthier qui assumait le commandement depuis que vous êtes blessé a commis plusieurs violences stupides que vous n'auriez pas approuvées.

Berthier était un homme sûr, mais rustre et brutal ; je voyais bien à quels excès la panique et la rancœur pouvaient l'avoir conduit, comme tout être à la conscience floue. Cependant la faute m'en revenait. Affaibli physiquement mais surtout bouleversé par ce terrible carnage de Gueunand, j'avais perdu ma boussole, je sentais ma raison vaciller. Et si mon projet ne menait que là ? Qu'à ça ? Je ne me pardonnais pas la mort atroce de mes compagnons calcinés dans cette grange transformée en brasier, et leurs hurlements de douleur ne cessaient de me hanter. La révolte était devenue guerre. Une guerre inexpiable. Je ne pouvais plus y échapper puisque j'avais maintenant en face de moi des soldats, pour qui tuer est un métier. Ne m'avait-on pas prévenu, informé, avisé ? Pourquoi n'avais-je pas réagi avant, levé à mon tour une véritable armée ? J'en étais capable et j'eusse été suivi. Quelle hésitation fatale m'avait retenu, empêché de franchir cet ultime pas, entraînant par cette faute ces neuf compagnons à la mort ? Ma vie se vidait de sens au rythme du sang qui coulait à flot de ma blessure. Pris, enserrés tels que nous l'étions dans les crocs de l'ennemi, Berthier me voyant replié sur moi-même, muet et gravement blessé, s'était investi du commandement et de la tentation perverse qui est l'apanage des faibles, la cruauté.

De mon bras valide, je fis signe à mes compagnons qui se rangèrent derrière moi et nous nous engageâmes vers La Sauvetat par le plus mauvais chemin dans le but de dérouter les royaux. Nous atteignîmes le village vers cinq heures du matin.

Très écarté, dominant les hauteurs, sur la route de Pradelles, La Sauvetat-en-Velay est bâtie sur une crête volcanique, à cinq lieues du Puy. Les maisons, pauvres, sont construites en blocs de lave oxydée ; dans les rues, la roche volcanique affleure par endroits. Chaque maison est isolée de sa voisine à qui elle ressemble comme une sœur farouche, ne s'ouvrant que d'une petite fenêtre sur le flanc de la porte étroite. En hiver, tous les paysages de montagnes sont rudes, mais celui-ci était rendu plus sombre encore par ses petites murailles formées de gros blocs de lave rouge, entassés les uns sur les autres jusqu'à hauteur d'homme. Nous arrivâmes donc, dans ce village de bastions fortifiés à la fin de cette nuit très sombre et très froide encore. Carnaval et deux hommes s'en furent frapper à la porte d'une écurie.

— Qui vive ? cria-t-on.

Ce genre de question ne peut venir que d'un soldat posté en sentinelle et c'était le cas. Les Argoulets, commandés par Diturbide, nous avaient précédés d'une heure à peine et s'étaient répandus dans toutes les maisons. Dans la nuit noire, nous fusillâmes à bout portant les « croque-moutons » qui tentaient de se rassembler et de récupérer leurs armes. Heureusement, l'obscurité nous était propice, mais avec mes trente-six hommes épuisés, je ne songeais pas à faire une bataille rangée contre ceux-là. Profitant de la panique, les Argoulets se fusillant entre eux dans le noir, nous opérâmes une prompte retraite dans les bois voisins en emportant Carnaval blessé à la cuisse. Deux paysans vinrent nous apporter des vivres et nous indiquer la route, tandis que je lançai l'ordre de dispersion :

— Compagnons ! Vous repartirez par groupes de trois ou quatre au plus. Inutile de livrer bataille en chemin, même si l'on vous y engage, ce qui ne saurait manquer car nous sommes cernés de toutes parts. Depuis Gueunand, nous avons perdu treize compagnons et beaucoup d'entre nous sont blessés. Voici mes conseils : vous voyagerez de nuit et vous vous mettrez à l'abri le jour, ne gardez aucune arme apparente, ne volez pas les laboureurs, payez-les, et faites toujours bonne mesure, c'est à cela qu'ils vous reconnaîtront et vous protégeront. Jambon ! Distribue vingt livres à chacun et disons-nous adieu. Berthier, je te confie Carnaval, je veux le trouver en bonne santé à mon retour. Broc, tu prendras Jambon.

Les groupes s'étaient constitués rapidement, ceux qui disposaient de vêtements de rechange les enfilèrent en hâte, quelques-uns abandonnèrent leurs armes sur place ne gardant qu'un couteau et un pistolet de ceinture. Jambon, qui avait terminé sa distribution, vint à moi, la figure fermée, tandis que le Camus me demandait :

— Et vous, capitaine ?

— Je vais gagner le Vivarais. Là, je n'aurai rien à craindre. J'en connais les montagnes et le pays protestant est pour moi. Certains d'entre vous peuvent couper par Saint-Médard, le brave curé est notre ami, d'autres peuvent prendre par la Loire, au bac du père Louis. À vous revoir, compagnons !

Berthier qui avait pris de l'audace depuis Gueunand me barra la route.

— Je ne vous laisserai pas partir seul, dans cet état, me dit-il.

Tous mes hommes se tournèrent vers moi. Jamais on n'avait discuté aucun de mes ordres depuis cette nuit où Bélissard, la jambe fracassée par une balle de gâpian, m'avait envoyé chercher Prêt-à-boire. Il sentait bien qu'il outrepassait ses droits, peut-être voulait-il prendre, à son tour, le commandement général et jugeait-il le moment propice ? Il retenait mon cheval par la bride.

— Capitaine, blessé et seul et dans ce manteau écarlate que tout le monde connaît, vous n'aurez pas tourné le chemin qu'on vous arrêtera, ajouta-t-il.

— Si l'on m'arrête, Berthier, dis-toi bien que mon manteau n'y sera pour rien. Maintenant, va et sauve-toi, c'est un ordre.

Berthier se détourna et tous se hâtèrent à nouveau à leurs préparatifs, à l'exception de Jambon qui essuyait ses besicles en me regardant.

— Moi, je reste avec vous capitaine, jusqu'à la mort !

— Écoute, Jambon, dès qu'un petit cerveau ne trouve pas d'issue, c'est la mort qu'il conçoit immédiatement. Alors mets-toi dans la tête que nous nous reverrons vivants, en Savoie, dans deux semaines au plus.

Je lui replaçai amicalement son chapeau sur la tête et, comme j'avais perdu le mien, empruntai au passage celui de Broc. Nous étions tous en selle maintenant et mes hommes me saluaient un à un en se dispersant. Jambon se tourna vers les autres, désemparé, me pointant du doigt :

— Mais... où va-t-il ?

Berthier haussa les épaules en installant Carnaval sur le cheval de bât :

— Semer les royaux pour que nous puissions passer.

Jambon se retourna encore tout en donnant des étriers :

— Mais il perd trop de sang, c'est de la folie !

De loin, le Camus lui répondit :

— Oui.

Le jour se levait et le vent aussi, en rafales de neige glacées.

22

Diturbide et les Argoulets n'y gagnèrent que deux chevaux et un soldat blessé. J'atteignis le Vivarais où les réformés m'offrirent leur protection, et ainsi d'étape en étape, je voyageai à travers le sud de la France, en Provence, puis dans le comté de Nice par où je revins en Piémont, à travers le col de Tende. La route de Turin me ramena en Savoie, au château de Rochefort-en-Novalaise, le 24 janvier en fin d'après-midi.

L'accueil que l'on me fit partout en route, en public ou en privé, avait de quoi me tourner la tête : les gazettes faisant état de la prise de Beaune, d'Autun et de la bataille de Gueunand, claironnaient partout que nous avions vaincu l'armée du roi Louis XV, moquaient nos *ennemis si grands par le nombre et si petits par le courage*, traînaient Fischer dans la boue... Le ministre de la Guerre, le comte d'Argenson, joignait, dans sa fureur, ses insultes à celles des plumitifs : « ... *Fischer s'est fait battre à plates coutures* »... et Voltaire, l'insatiable opportuniste, renchérissait au-delà : « ... *Il y a trois mois ce (Mandrin) n'était qu'un voleur, c'est à présent un conquérant. Il fait contribuer les villes du roi de France et donne de son butin une paye plus forte à ses soldats que le roi n'en donne aux siens. Les peuples sont pour lui parce qu'ils sont las de l'impôt et des Fermiers généraux. Si toutes ces nouvelles sont vraies, ce brigandage peut devenir illustre et avoir de grandes suites. Les révolutions de la Perse n'ont pas commencé autrement...* »

Ces couronnes de lauriers bruyantes qui me hissaient au niveau des héros antiques, si elles ne manquaient pas de m'attirer les plus vives sympathies, amenaient parallèlement la haine à son comble chez mes ennemis.

En longeant, en cette fin d'après-midi glaciale, la petite rivière du Guiers qui mène à Rochefort, je méditais sur mon destin. Avais-je encore le loisir de peser dans la balance quand j'avais moi-même lancé les foudres de l'apocalypse, réveillé les monstres de l'enfer, entretenu la fièvre et suscité la révolte ?

— Capitaine... Capitaine... hurla Jambon du plus loin qu'il me vit.

Il était venu à cheval à ma rencontre. Il caracolait autour de moi comme un possédé. Sa joie enfantine, spontanée, me fit chaud au cœur. Il me sauta littéralement au cou, ses besicles s'embuèrent de larmes heureuses.

— Capitaine ! Je vous guettais depuis des jours et des jours, quand tout à l'heure, j'ai vu ce manteau rouge... C'était vous ! Et votre blessure ? Par où êtes-vous rentré ?

Il me pressait de tant de questions, je n'avais le temps de lui fournir aucune réponse.

— Vite ! Il faut la soigner immédiatement. Je vais chercher le médecin de Gauthier sur-le-champ.

Et il était déjà reparti au galop. Mais il revint encore, au moment où je franchissais le portail du château.

— Ah ! Capitaine, j'oubliais ! Nous avons beaucoup de lettres de partout, du monde entier ! Mais il y en a une qui vous fera plaisir... enfin je crois. Je voulais vous le dire... je crois qu'elle est de mademoiselle... elle sent bon... À plus tard... à tout de suite capitaine !

Et il donna des étriers à nouveau en lançant un immense hourra de bonheur qui attira sous le porche une bonne dizaine de mes compagnons venus prendre de mes nouvelles dans l'espoir de mon proche retour : Broc, le Camus, Berthier, Saint-Pierre, Bélissard, Carnaval et d'autres. Dans leur paisible et confortable costume de ville, ils avaient repris l'air satisfait des bourgeois savoyards, confrérie dont je n'étais pas.

Bélissard me serra si fort dans ses gigantesques bras que j'eus peine à ne pas crier de douleur.

— Belle Humeur ! Il faut te faire extraire ces maudites

balles au plus tôt, tu risques tout bonnement la gangrène, alors même que te voilà devenu immortel !

Nos rires joyeux se mêlèrent au choc des gobelets, je fus vite ivre, ce qui aida le médecin que Jambon ramena vers le soir, car il se mit au travail sur-le-champ. Je sentis à peine l'extraction, j'avais trop de joie.

La lettre était de Diane et elle datait de quelques jours. C'était une douce missive où, entre les mots de reproche qu'elle m'adressait vertement, je lisais que le combat qu'elle avait mené contre son attirance pour moi était loin d'être gagné, peut-être même venait-elle de le perdre avec ces quelques mots.

Monsieur,

Comment l'éclat de votre dernière campagne ne serait-il pas parvenu jusqu'ici ? L'air résonne de partout des hauts faits de cet homme à la folle témérité dont la bravoure convainc qu'il tient pour peu à sa vie et pour rien l'amitié qu'on lui porte. D.

C'est Villars qui était allé, passant par là, me conta-t-il plus tard, faire mille récits de Beaune et d'Autun et de Gueunand à Belley où il trouva Joly de Fleury, Chossat, Saint-André et Diane.

— Qu'étiez-vous allé faire là-bas, en vérité, mon cher Villars ? Et comment se portent mes amis ?

Villars me regardait en souriant à demi. Il s'était familièrement posé au pied du lit où je me reposais depuis trois longs jours déjà.

— Vos amis ?... Oh ! Ils vont bien. Voyons, par qui commencerai-je ? Chossat ? Toujours impatient et amoureux, mais il semble que ses espoirs soient sans cesse déçus, ce qui l'affecte bien sûr ! Saint-André, à qui l'on a proposé un régiment contre vous, l'a très catégoriquement refusé. Joly de Fleury poursuit dans la bonne humeur son ascension vers les plus hautes fonctions. Mademoiselle de Fleury m'a semblé plus... enfin moins... Je lui portais justement de fâcheuses nouvelles de son amie Odile, la fille de Divernois, qui ne se guérit pas de cette maladie de poumon. Odile l'a fait demander.

— Ira-t-elle ? Viendra-t-elle à Chambéry ou à Genève ? Où se trouvent Divernois et Odile en ce moment ?

— Mon cher, ils sont je crois à Chambéry mais je ne puis vous dire si mademoiselle de Fleury les y a rejoints car elle semblait elle-même assez lasse. Cependant...

— Me cacheriez-vous quelque chose, Villars ? demandai-je en lui tirant la manche.

Il connaissait mes manières un peu vives et surtout le degré d'amitié que je lui portais, il ne s'en offensa pas outre mesure.

— Oui et non... Vos amis s'inquiétaient de vous, en somme. Joly me confia qu'il n'avait pas reçu de réponse du roi à la demande de grâce qu'il a faite en votre nom, tandis que Bouret, le frère, est sur la frontière où il a convoqué Fischer et La Morlière pour les mettre habilement en concurrence : on parle maintenant d'énormes récompenses pour votre capture. Êtes-vous bien gardé, protégé, ici ?

— Mais je suis en territoire étranger, en Savoie, chez le roi Charles-Emmanuel qui ne me veut aucun mal, bien le contraire !

— Certes, certes... et bien près de la frontière française. Un ruisseau, quelques broussailles, un coteau, à peine une demi-lieue, voilà qui est vite franchi pour des hommes de main... L'or de la récompense promise pour votre capture aura vite fait d'endormir les états d'âme de leurs chefs les plus intègres. Vous les avez vus à l'œuvre ? Ne songez pas un instant qu'ils prennent du répit en attendant la prochaine escarmouche. Ils n'ont de cesse de s'emparer de vous par tous les moyens, et les plus malhonnêtes d'abord.

— Allons, Villars vous voyez les choses en noir et vous m'accordez trop d'importance !

— Gueunand, où vous étiez un contre cent, vous a consacré comme un héros. Vous rendez-vous compte de ce que cela signifie ? L'armée du roi de France, quatre ou cinq mille soldats battus, vaincus, joués par une poignée de rebelles ! Voyez le crédit que cela vous donne auprès du peuple, et la honte dont vous couvrez les chefs militaires du roi et donc lui-même ? À vous, la gloire, à lui l'opprobre ! Je ne connais aucun monarque assez sagace pour tirer la substantifique moelle de la leçon, mais je vois bien où l'orgueil blessé, l'artifice et la perfidie peuvent conduire un roi faible et immoral.

— Sans doute, sans doute Villars... Parlez-moi de vous aussi...

— Ne prenez pas ma mise en garde à la légère, faites-vous protéger nuit et jour. On entre comme dans un moulin ici ! Où sont vos canonniers ?

— Ils se reposent. Ils l'ont bien mérité !

Les propos alarmistes de Villars me touchèrent, mais je n'y accordai pas une once de réalité. La France était un trop grand pays pour enfreindre des lois qu'elle avait elle-même édictées. Violer une frontière représentait une faute grave, entraînant le déshonneur public et la condamnation unanime des alliés. Cela ne se pouvait concevoir de la part de la France, sans danger, sans rompre des relations de bon voisinage et surtout des alliances fragilisées à la veille d'un conflit armé contre l'Anglais. Conflit que l'on disait imminent et pour lequel Louis XV avait grand besoin du soutien du roi de Savoie-Sardaigne, dont j'étais pour lors un invité choyé.

Il fallut accepter les consignes dictées par le médecin, se laisser contraindre par la fièvre, puis consentir à une période de repos, borner pour ce temps mon regard aux quatre murs de cette chambre, à une courte promenade dans la cour du château, appuyé au bras du jardinier ou à celui de Jambon qui s'était vite transformé en nourrice implacable. Et quand il ne me bordait ni ne me berçait, il me faisait office de secrétaire, lisant mon courrier avec attention, voire suspicion, ne s'abstenant qu'avec peine de décacheter les plis parfumés.

C'est au cours de ce long temps de repos forcé que j'eus le plaisir de me délecter des *Lettres persanes* de Montesquieu. Je revenais souvent à celle-ci :

« Qui est cet homme, lui dis-je, qui nous a tant parlé des repas qu'il a donnés aux grands, qui est si familier avec vos ducs, et qui parle si souvent à vos ministres, qu'on me dit être d'un accès si difficile ? Il faut bien que ce soit un homme de qualité ; mais il a la physionomie si basse qu'il ne fait guère

honneur aux gens de qualité ; et d'ailleurs je ne lui trouve point d'éducation. Je suis étranger, mais il me semble qu'il y a en général une certaine politesse commune à toutes les nations ; je ne lui trouve point de celle-là : est-ce que vos gens de qualité sont plus mal élevés que les autres ?

« Cet homme, me répondit-il en riant, est un Fermier, il est autant au-dessus des autres par ses richesses qu'il est au-dessous de tout le monde par sa naissance... »

Je gardais sur moi la lettre de Diane que je relisais sans cesse. J'en avais imaginé tous les sous-entendus, comblé tous les espaces, fermé toutes les parenthèses. Je tentai dix fois d'y répondre ; je déchirais au soir ce que j'avais eu tant de joie et tant de peine à concevoir la journée. Fallait-il s'entêter dans un penchant qui ne pouvait que lui nuire ? Le temps viendrait à bout de ses sentiments, pour peu que je n'aille pas les réveiller : c'était le discours le plus noble que me tenait la raison, tandis qu'en moi mille autres raisons m'en éloignaient.

Quand enfin je pus me tenir à cheval, je me rendis à Carouge, chez Gauthier, visiter notre important dépôt d'armes toujours soigneusement entretenu par les dragons de Savoie.

Sur le chemin, je croisai de nombreuses connaissances qui me donnèrent mille témoignages d'amitié. J'arrivai à l'auberge grisé de bonnes paroles : j'étais au pays des bons troglodytes, dans un exil lointain et si proche de ma terre ingrate, ravagée d'une maladie cruelle et peut-être incurable.

— Capitaine ! Quelle heureuse surprise ! Comment vous portez-vous ?

Gauthier me tournait autour, levant les bras au ciel en me dévisageant, poussant tables et chaises pour me frayer un large passage.

— Fort bien ! Et toi-même ? Voyons, combien d'hôtes as-tu empoisonnés ? Le vin est-il toujours aussi... pétillant ?

— Pétillant ? Vous avez dit pétillant ? Nicole ! Une chope de vin pétillant pour monsieur le capitaine ! cria-t-il en se tournant vers sa femme qui était à deux pas.

Nicole partit et revint avec le vin et une immense omelette aux ceps dont elle savait que je raffolais.

Nous nous installâmes dans la petite salle, près des cuisines, autour d'un joyeux feu de bois qui craquait dans la cheminée. Ces odeurs de châtaignier, de cire et de miel confondues ramenaient à ma mémoire les douces veillées de mon enfance.

— Capitaine, j'ai reçu la visite d'un homme qui désire s'engager dans votre compagnie. Un certain Marsin. Je l'ai découragé, il est revenu avec une lettre de recommandation de notre ami Lasnet.

— Tu sais, Gauthier, que je ne songe pas encore à la prochaine campagne, comme tu dis !

— Ah ? Vous allez abandonner ? Vous auriez peut-être raison...

— Mais ?

— Oh... Vous voilà maintenant couvert de gloire et suffisamment riche sans doute pour prendre un autre chemin.

— Ne crois pas que cette mousse-là me monte à la tête, aubergiste ! Je ne vis pas pour remplir mon bas de laine, mais pour vider le nid des vautours. Cette fois, j'ai besoin de réfléchir à la manière, car ça ne peut plus être une simple campagne, comme tu dis ! C'est la guerre, Gauthier, dans laquelle on m'a poussé, et pour laquelle je n'ai pas de goût.

— Bah ! La France sera bien obligée, tôt ou tard, de dégarnir ses frontières puisqu'il paraît que l'Anglais harcèle ! Alors comme le marin, par bon vent... vous reprendrez la mer.

Gauthier raisonnait en bon commerçant, mais je n'étais pas corsaire, et cette mer-là me semblait abriter les plus noirs écueils.

Marsin se présenta sur ces entrefaites, sûrement averti de mon arrivée par quelque client de l'auberge. Il s'avança jusqu'à moi d'un pas résolu, me salua en me présentant sa lettre de recommandation. Il avait bonne tournure, une taille forte et puissante, la physionomie ouverte. Je l'engageai à m'accompagner le lendemain à Romont où j'allais acheter des chevaux, en chemin nous ferions plus ample connaissance. Le lendemain, laissant Jambon à Rochefort, je partis en compagnie de Marsin pour Romont. Une fois sur place, je lui confiai le soin d'acheter les chevaux dont il prétendait avoir grande expérience et m'occupais de mon côté. À l'heure dite, Marsin était au rendez-vous avec les nouveaux chevaux.

Je n'avais jusque-là aucune raison de me méfier de cet homme et, d'ailleurs, la méfiance n'entrait pas naturellement dans ma nature. Je trouvais un compagnon avenant, joyeux. Sur le chemin du retour, alors que nous montions deux superbes chevaux un peu nerveux, que nous nous efforcions sans cesse de ralentir, Marsin proposa de leur donner un peu d'exercice :

— Capitaine ! Le chemin est long, pourquoi ne pas nous offrir un petit divertissement ? Je vous parie dix louis que votre pur-sang est moins rapide que mon alezane !

L'idée me plut, je pourrais ainsi juger du cavalier tout en faisant plaisir aux chevaux :

— Ne parie pas Marsin, tu es ruiné ! lui rétorquai-je.

— Je parie, et deux fois plus même !

Nous nous élançâmes après avoir fixé le but, Marsin me serrait de près, me forçant à me dévier de la route, quand une voiture attelée de quatre chevaux arrivant en sens inverse nous obligea à nous arrêter. C'étaient trois compagnons : Carnaval, Berthier et Canonnier qui venaient de Rumilly à notre recherche. Berthier regarda Marsin dont les traits s'étaient fortement crispés à sa vue.

— Où alliez-vous de si grand train, capitaine ? me demanda-t-il.

— Mes bons amis ! J'allais gagner une fortune ! Figurez-vous que Marsin et moi avions parié sur la plus rapide de ces bêtes que nous venons d'acquérir !

— Un pari, vraiment ? Avec ces nouveaux chevaux ? demanda, suspicieux, Canonnier, que vous alliez crever avant d'arriver !

Berthier qui ne quittait pas Marsin des yeux dit ironiquement :

— Une course ? Un pari ? Sur la frontière la plus dangereuse ? Pas mal trouvé, Marsin ! Vraiment si tu as quelque esprit, emploie-le dorénavant à épargner ton capitaine et ton cheval.

Sur le moment, la suspicion de mes hommes ne me parut

pas justifiée non plus. Cependant j'étais encore mal remis de ma blessure et sûrement incapable de me défendre en combat, si nous avions été attaqués.

Nous montâmes en voiture près de nos trois compagnons et j'aperçus Marsin qui levait à deux reprises son chapeau en direction de la portière, comme un signal. De ce moment, il me devint suspect mais je n'en dis rien.

J'appris dans le détail la trahison de Marsin et sa fuite précipitée par Jambon, tandis qu'il m'aidait à revêtir mon déguisement de Persan. Divernois donnait un bal costumé pour l'anniversaire de sa fille, dont chacun, en son for intérieur, ne pouvait s'empêcher de penser que ce serait le dernier. Il avait prié tous ses amis de Savoie, de France et de Suisse. Odile m'avait envoyé un billet pressant, je l'aurais peinée en ne me rendant pas à sa dernière fête comme elle l'écrivait elle-même. Elle perdait de plus en plus de forces, prise par d'affreuses quintes de toux qui la gardaient allongée durant plusieurs heures. Divernois avait consulté tous les médecins d'Europe qui s'étaient retirés un à un sans laisser d'espoir. Odile était une jeune fille parfaite : douce, tendre, pure ; on ne pourrait que la regretter ! Je savais que ce dernier bal était la concrétisation d'un de ses plus vieux rêves d'enfant : elle s'était fait faire une robe extraordinaire, composée de feuillets et de planches de l'*Encyclopédie* de monsieur Diderot strictement reproduits. J'étais le seul à partager ce secret avec son père qui m'avait demandé de lui rapporter quelques objets nécessaires à la confection du chef-d'œuvre.

Le printemps revenait timidement après un des hivers les plus rudes que nous ayons connus. Toujours indécis quant à la forme que j'allais donner à mon combat contre la Ferme maintenant, j'avais évoqué avec Bélissard la possibilité de ne pas reprendre le commandement de la prochaine campagne. Il me demanda par amitié de taire mes projets et de poursuivre sans hâte l'organisation et l'approvisionnement comme à l'ordinaire.

Je laissais vagabonder mes esprits sur tout cela, profitant de cette fin de convalescence, tandis que Jambon dans le rôle de soubrette disposait un immense turban de cachemire sur ma tête en me disant :

— Alors que Bélissard et Marsin s'installaient dans des chambres voisines, à l'auberge d'Hermance, pour y attendre le tabac commandé, les compagnons décidèrent de suivre le valet de Marsin. Ils trouvaient bizarre qu'il se rendît ainsi quotidiennement à la poste. Ce soir-là, pour en avoir le cœur net, ils se postèrent sur son chemin, l'interceptèrent, demandèrent à voir son courrier, et l'autre refusant, ils le lui prirent de force et le portèrent à Bélissard.

— M'as-tu bien grimé ? l'interrompis-je. Je ne voudrais pas que l'on me reconnût du tout. Rajoute encore de cette pâte ocre sur mon front et sur mes mains et fixe bien la gaze au turban de sorte que je puisse l'abaisser sur mon visage comme un masque. Donne-moi de l'eau de fleur d'oranger.

— Alors, capitaine... savez-vous à qui elle était adressée ?

— La fleur d'oranger ? C'est un parfum qui s'adresse à tous les sens.

— Non ! La lettre de Marsin ?

— N'oublie pas les bagues, toutes sortes de bagues ! Quels vêtements y a-t-il dans mon bagage ? Il faut que je puisse me changer quand même, car je vais rester quelques jours dans les environs de Chambéry.

— Bon sang, capitaine !

— Oh ! diable, jeune homme, quelle humeur ! Je t'écoute.

— Eh bien, cette lettre était adressée à Fischer auquel Marsin rendait quotidiennement compte de vos faits et gestes, et ce depuis le début. Quand vous êtes parti candidement acheter des chevaux à Romont avec quelqu'un que vous ne connaissiez ni d'Ève ni d'Adam...

— Marsin avait une lettre de recommandation de Lasnet qui est un homme sérieux, non ?

— Je ne sais comment il a réussi ce tour de passe-passe. Peut-être a-t-il tourné sa veste récemment ? Que ne ferait-on pour de l'or ? Donc lors de cet achat de chevaux, il avait déjà organisé votre enlèvement en postant deux complices sur le chemin du retour, à l'endroit où vous deviez « faire la course ». Et si Canonnier et les autres n'étaient pas tombés du ciel...

— Tu veux dire qu'ils étaient venus exprès à ma rencontre ?

— Bien entendu ! Vous croyez au bon dieu, maintenant ?

— Non ! mais les anges gardiens me tentent. J'ai un faible pour l'idée des « anges gardiens ». Tiens, toi par exemple, n'es-tu « mon » ange gardien, à moi tout spécialement ?

— Ce n'est pas de tout repos avec des olibrius de votre acabit ! Bref ! Marsin, après avoir raté son coup lors de ce pari, en a immédiatement mûri un autre.

— Bon ! Eh bien celui-ci me semble raté aussi ! Qu'en dis-tu ?

Jambon jeta à tous vents peignes, brosses, et artifices, et se mit réellement en colère.

— Sangdieu, capitaine ! On dirait que vous vous moquez de ce que je vous dis ! On cherche à vous tuer, à vous tendre des guets-apens que vous ne voyez même pas, tant vous êtes pris par autre chose.

— Calme-toi, Jambon. Je commençais à me douter, grâce à vous autres je le reconnais, que Marsin était un faux frère. J'avais déjà pris mes distances et c'est pour cela que je l'ai confié à Bélissard. Mais je ne voulais rien faire sans en être sûr.

— Alors, vous vous en doutiez et vous n'avez rien fait ? Savez-vous que vous avez beaucoup changé ? Autrefois vous auriez fait avouer vous-même à ce fripon sa trahison et...

— C'est vrai, autrefois. Il y a un an, deux à peine. J'étais violent, j'avais peur. La peur est partie, la violence avec elle. Je m'étais laissé enfermer dans l'absurdité de leur barbarie. Dans cette sorte de jeu de cirque où, si l'on n'est pas dans l'arène à faire couler le sang, on est dans les tribunes à le regarder couler. J'ai montré qu'à ce jeu j'étais le plus fort, ma vanité en a été satisfaite, mais je ne me laisserai plus prendre dans ce cercle vicieux auquel on voudrait me réduire car il n'a rien à voir avec le but que je cherche à atteindre.

— Et comment comptez-vous l'atteindre alors ?

— Je ne sais pas... J'ai besoin de réflexion, de temps...

— Pourquoi ne vous alliez-vous pas à ces officiers qui sont pour vous ? À ces soldats qui ne demandent qu'à vous servir, plus tous les autres en France. Faites une vraie guerre ! Vous l'emporterez et les Fermiers seront vaincus.

— Je ne voudrais pas me battre contre mes propres frères, Jambon. Tu sais bien qui sont tous ces jeunes soldats que l'on va nous jeter à la figure. Ce sont des gamins comme toi, des recrues qui ont tiré le billet noir, de cette jeunesse épouvantée qui va se terrer dans les forêts les plus épaisses au jour du tirage, de ces jeunes garçons qui se mutilent pour échapper au métier des armes, de ces recrues forcées conduites à la chaîne comme des malfaiteurs. Des troupes mal entraînées que l'on pousse à l'avant, qui rougissent les champs de bataille... nos frères, Jambon !

— Mais beaucoup sont étrangers. Regardez les dragons de La Morlière ou de Fischer ! Y en a même qui sont noirs... des colonies !

— Sans doute ! Mais n'est-ce pas la même misère qui les traîne sur les champs de bataille ?

23

Jambon m'accompagna au Bourget et fit suivre mon escorte de canonniers. Je n'avais pu lui refuser cette assurance, mais je savais qu'elle ne me protégerait nullement ; il restait à Bouret tant de possibles dans l'art du crime : le poignard, le poison, un serpent ou, que sais-je, une femme ?

Notre voiture attelée de huit chevaux allait grand train. Diane serait-elle de ce rendez-vous ? Comment la trouverais-je dans la cohue des invités déguisés et masqués ? Quel travesti aurait-elle imaginé ?

La fin d'après-midi était douce, déjà nous apercevions les bords du lac du Bourget, ses eaux tranquilles bordées de grands arbres aux bourgeons encore frêles où les oiseaux s'égosillaient à chanter leur victoire sur l'implacable hiver. Au loin, majestueuse, la demeure en pierre des Divernois ressemblait au château de la Belle-au-bois-dormant, éveillé par enchantement : les mille taches de couleurs des robes et des costumes fleurissaient les jardins de parterres illusoires. Sur le lac, aux eaux immobiles, quelques barques glissaient doucement.

La grosse maison bourgeoise à l'architecture massive, surmontée d'un étage et enrichie d'une tourelle, était aussi stricte à l'intérieur que le laissait présumer son apparence rigoureuse. Nous passâmes le porche d'entrée à la suite d'une imposante file de carrosses. Las d'attendre dans ma voiture fermée, je descendis et m'avançai à pied dans l'allée principale, tandis que mes canonniers s'égayaient un peu partout et surtout aux cuisines. J'eus fort à faire pour échapper aux criailleries de

Jambon dont le harnachement iroquois, hérissé de poignards et de flèches empoisonnées, était en parfaite harmonie avec son humeur vindicative.

Le gros des invités se tenait dans le grand salon ouvert sur le lac. Dès l'entrée, je fus assailli de Jules César et d'Arlequin qui détonnaient avec drôlerie dans ce décor austère aux lourds meubles de chêne massif et aux tentures sombres. Le premier moment d'étourdissement passé, je cherchai à identifier Divernois. Il me sembla que cet étrange ermite à l'interminable barbe blanche, cerné de bergères et d'oiseaux des îles, ne pouvait être que lui ; d'ailleurs, à deux pas de lui s'étalaient les planches de l'*Encyclopédie* autour de laquelle s'agglutinaient curieux et envieuses.

Je me dirigeai donc vers eux, sans cesse ralenti par un tourbillon de dominos. Quand j'arrivai enfin au bas de l'escalier où ils se tenaient, je vis le grand œuvre de Diderot happé par une ronde de masques, cerfs et astrologues confondus dans une partie de colin-maillard frénétique. L'ermite jeta un regard inquiet vers le groupe, ce qui me confirma dans mon idée.

Je voulais saluer Odile, lui faire le plaisir de la reconnaître et de la féliciter et, en dernier lieu, lui demander de me désigner Diane si elle ne le faisait pas d'elle-même avec la délicatesse qui la caractérisait. Je me joignis donc au cercle des colin-maillard. C'est à elle que l'on avait justement posé le bandeau, on la faisait tourner, tourner... elle vacillait. Je craignis qu'elle ne tombât, je m'approchai, lui tendis le bras et avec un fort accent rocailleux qui s'accordait à mon costume :

— Saisissez ce bras secourable, belle Encyclopédie, ou vous y perdrez votre latin, lui dis-je. Elle s'accrocha à mon bras, sans me reconnaître. Les autres s'étaient mis à crier et à sauter autour de nous :

— Il est pris le Persan... Le Persan, un gage... Un baiser... Bas les masques... un baiser...

Avec soulagement, ma cavalière enleva son bandeau, sourit en me voyant derrière son masque blanc qui lui cachait entièrement le visage. On nous poussait l'un contre l'autre et je ne sais quelle bergère ou empereur romain indiscret souleva son domino de force : c'était Diane ! Diane encore tout étourdie qui souriait innocemment à ce Persan sauveur.

— Merci, bel étranger, de ce bras secourable et fort à propos !

Les autres trépignaient, nous poussaient, il fallait agir. Je tirai de mon petit doigt une bague de saphir et la passai à l'annulaire de ma cavalière.

— Pardonnez-moi, dis-je en m'adressant à la ronde, je suis étranger et ne saurais me résoudre si promptement à satisfaire à vos règles que je ne parviens pas à démêler... Dans mon pays, on n'embrasse une femme que si elle vous appartient et jamais en public. Ne vous offensez pas mademoiselle, acceptez donc ce présent en guise de gage et mes excuses.

Satisfaits, les joueurs s'éloignèrent vers d'autres proies. Presque remis de ma surprise, je tendis mon bras le plus valide à Diane et l'entraînai vers le lac.

— Voulez-vous me faire l'honneur d'une petite promenade sur ce calme rivage ? Je ne suis savoyard que d'occasion, vos coutumes et vos mœurs m'intriguent fort.

— Si cela est pour vous rassurer monsieur, j'ignore tout de la Perse et de ses Persans ! Les rues sont-elles pavées de pierres précieuses qu'on en fasse si aisément cadeau à la première venue ?

Diane marchait au bras de cet inconnu en toute naïveté, en admirant le saphir qui scintillait à son doigt. Ne se doutait-elle vraiment de rien ? Nous étions parvenus jusqu'à une sorte de tonnelle au bord du lac ; à quelques pas, un Pierrot mélancolique grattait sa mandoline. J'avais cent fois imaginé cette ultime rencontre. J'en avais tourné toutes les pages jusqu'à la dernière, accepté, en esprit du moins, de renoncer à cet amour. Mais ce galop intrépide qui agitait ma poitrine, ce bras d'airain qui m'empoignait la gorge, me disaient combien vaines s'avéraient mes plus fermes résolutions, les mots préparés se refusaient à ma mémoire.

— Diane, murmurai-je, sans contrefaire ma voix, on ne saurait être plus fort que ce destin qui nous pousse sans cesse l'un vers l'autre.

Elle s'était immobilisée, les yeux agrandis, affreusement

pâle soudain. Le soir tombait, frais. Elle frissonna en levant les yeux vers moi. Je relevai la gaze qui masquait mon visage, et nous fûmes là, à nouveau, face à face. Je lui pris la main, la fis asseoir sur le petit banc de pierre, je craignais qu'elle ne s'évanouisse. Je m'assis à terre devant elle et posai ma tête sur ses genoux. Nous restâmes ainsi un long moment, silencieux, nous imprégnant l'un de l'autre. Quand je relevai les yeux pour la regarder, une immense tristesse voilait son regard, y creusait des cernes, émaciait son fin visage jusqu'à la transparence. Une larme jaillit, comme une perle brillante, glissa le long de sa joue, tomba, chaude, sur la mienne.

— Hélas, monsieur, je suis porteuse d'une nouvelle qui ne sied pas à cette soirée où vous étiez venu vous amuser !

— Quelle qu'elle soit, c'est une heureuse nouvelle puisqu'enfin elle vous mène jusqu'à moi. Vous seriez venue jusqu'à Rochefort ?

— Oui !

— Seule ? Je veux dire sans vos deux anges gardiens ?

— De grâce, monsieur, entendez-moi !

— Je vous écoute, Diane.

— Après votre rencontre au Puy, Joly de Fleury, Chossat et Saint-André ont décidé de demander votre grâce au roi. Mon oncle écrivit une longue lettre explicative, dans laquelle il faisait valoir vos qualités, vos talents de chef militaire et combien un homme de vos capacités pouvait être précieux à son roi. Vous a-t-on fait connaître la réponse ?

— J'ai reçu, en effet, une lettre du comte d'Argenson, où il me fait envisager la fin honteuse qui m'attend et m'offre une grâce dans des conditions qu'il ne détaille pas.

Diane, agitée soudain, se leva, se mit à marcher en tous sens :

— Voilà qui est étrange ! Mon oncle a reçu, lui, une réponse formellement négative du comte d'Argenson. Il précise même que non seulement il n'envisage pas de grâce, mais qu'il travaille activement, et avec succès, à vous réduire par d'autres moyens que la clémence. On le sent très avancé dans son projet et très sûr de lui. Avez-vous sérieusement cru à cette grâce ?

— Pour dire franchement, j'en ai tout d'abord été flatté.

Néanmoins, je n'ai pas trouvé assez de sécurité dans ses assurances pour y répondre immédiatement. Diane ? Vous avez parcouru tout ce chemin pour moi ?

— C'est que je craignais, et peut-être n'est-ce que vanité de ma part, que l'on ne vous tendît un piège en se servant de notre crédit auprès de vous... et cette lettre d'Argenson, tout à fait contraire à celle que vient de recevoir mon oncle, sent très fort son Judas. Voyez comme ils ont été prompts !

Elle s'était avancée jusqu'au bord du lac. Elle frissonna à nouveau en regardant les eaux sombres. Je m'approchai, enlevai ma veste de Persan et, comme lors de notre première rencontre, la lui posai sur les épaules, en l'attirant doucement dans mes bras. Diane voyait juste. J'avais en effet attribué à l'influence de son oncle, qui était immense, cette mansuétude nouvelle du ministre d'Argenson. Cette missive qui m'était parvenue la veille de mon départ ne m'avait pas vraiment troublé ni convaincu. J'imaginai bien quelque subterfuge, quelque perfidie. Les espions n'ayant pas réussi, il fallait trouver autre chose comme une « fausse grâce », par exemple. Le procédé était grossier, déshonorant, mais s'agissant d'un brigand, tous les moyens ne sont-ils pas bons ?

— Et vous avez eu raison de croire cela, car c'est un piège, et le seul, sans doute, dans lequel je serais tombé les yeux fermés. J'avais donné toute ma confiance à vos proches qui sont gens d'honneur et quant à vous, mon étoile merveilleuse...

Je l'attrapai, la soulevai de terre et je me mis à tourner, à danser, éperdu, pénétré d'une joie que je laissai enfin éclater :

— Regarde, oh ! lune... et toi céleste voûte, contemple ce présent des dieux qui fait pâlir ta gloire.

Je déclamais, stupide et heureux, quand je sentis soudain sa tête s'affaisser sur mon épaule. Je l'appelai en vain. Je la reposai sur le banc, inerte, les yeux clos. J'eus peur, une peur atroce que j'ignorais. J'étais pris de panique, je lui ôtai son mouchoir de cou, le trempai dans l'eau froide du lac et le passai doucement sur son visage, sa gorge, ses mains. Elle revint à elle, ouvrit grand les yeux, me regarda comme en songe.

— C'est donc bien vous, je ne rêvais pas !

— Que vous est-il arrivé ? Comment vous sentez-vous ?

— Mieux ! La surprise de vous trouver sous ce turban d'Orient, et puis j'ai galopé vite pour arriver jusqu'ici... et... pouvez-vous m'aider à regagner ma chambre ? Je vais me reposer un peu et nous reprendrons ensuite cette conversation. Vous n'allez pas partir immédiatement, entrer en campagne demain, n'est-ce pas ?

— Non ! Je suis ici pour quelques jours et je prendrai tout le temps de vous écouter ma belle amie.

Je la portai discrètement jusqu'à sa chambre, non sans avoir rabattu la gaze sur mon visage. Elle était logée au premier étage, comme moi-même, ce qui me rendit à la fois heureux et perplexe. Divernois avait-il conçu cela à dessein ? Non ! Il ne connaissait rien de la venue de Diane. D'autre part, toutes les chambres étaient situées sur le même étage.

Je la déposai sur son lit et redescendis aux cuisines chercher un remède, des liqueurs. Au passage, je fis signe à mes canonniers de demeurer devant la porte de Diane.

Quand je revins, les bras chargés d'une étagère d'apothicaire et d'une carafe de liqueur de la Côte Saint-André qui était mon élixir souverain, je trouvai Diane au lit, les couvertures remontées jusqu'aux yeux mais avec quelques lueurs de vie ; la robe encyclopédique jonchait le sol et la pièce était déjà tout imprégnée de son parfum.

Je posai le plateau sur un petit guéridon, près d'elle, approchai un lourd fauteuil à haut dossier dans lequel je m'installai confortablement après avoir ôté mon turban. Elle se redressa un peu, l'œil vif cette fois :

— Je ne savais pas que vous aviez les cheveux si joliment bouclés, dit-elle d'une voix enjouée.

Je n'étais pas encore remis de cette terrible peur qu'elle m'avait faite.

— Il y a beaucoup de choses que vous ignorez de moi, Diane ! lui répondis-je en lui tendant un verre de potion. C'est une ignorance dans laquelle vous vous êtes entretenue volontairement et que je ne chercherai pas à combattre. J'ai été pris d'un vieil élan en vous revoyant, d'un de ces accès de cœur dont je ne me méfie pas assez et dont je suis confus. J'avais oublié votre profond silence de ces derniers mois et le mal qu'il m'a fait au jour le jour. J'ai fini par donner un sens à tout cela et par l'accepter, sans pour autant vous en tenir rigueur. Je crois que vous êtes tout à fait sensée de vouloir vous éloigner de mon chemin, et je vous félicite même de votre conduite si ferme. Allons, soyons amis, je vous l'offre sincèrement. J'apprécie votre intelligence, votre sensibilité, votre force de caractère.

Et, pour changer définitivement de sujet, je lui demandai pourquoi elle portait la robe encyclopédique, ce déguisement qu'Odile avait conçu et préparé avec tant de minutie, pour elle-même.

— Je suis arrivée ce matin, sans bagages ; je n'avais pas l'intention d'assister à ce bal. Mais Odile a beaucoup insisté et c'est elle qui m'a littéralement obligée à revêtir ce chef-d'œuvre.

Elle continuait de boire son remède sans me quitter des yeux. J'étais calme. J'avais repris mon sang-froid. Passé le premier moment d'émotion, de surprise et de folle joie incontrôlable, je trouvai à nouveau mes repères ; la vie, l'amour de Diane de Fleury ne m'étaient pas destinés. Je dégageai doucement mon regard du sien. Je me sentais encore vulnérable.

— Il faut vous reposer.

— Je vous remercie, Louis, je me sens bien maintenant.

— Voulez-vous que j'appelle quelqu'un ? Odile ? Divernois ? ou quelque amie ?

— N'êtes-vous pas de mes amis ? Vous vous êtes occupé de moi mieux qu'une nourrice !

Je me levai, un peu nerveux, allai allumer un chandelier.

— Fort bien, alors je vais vous laisser vous reposer.

— Êtes-vous si pressé de rejoindre une de vos conquêtes ?

Je m'arrêtai net.

— En quoi s'est-il déguisé votre... prétendant ? La moindre des choses serait que j'aille l'avertir, mais si vous ne me le désignez pas, cela risque de me prendre toute la nuit, rétorquai-je, grinçant.

— Chossat n'est pas là. Je suis venue seule, à cheval.

— Seule ? À cheval ? Par ces chemins dangereux ? Avez-vous perdu l'esprit ?

J'étais revenu tout près d'elle. Elle me tendit sa main. Elle était glacée... J'avais oublié de faire du feu ou tout simplement de l'allumer car les bûches étaient préparées. Je posai mes lèvres sur cette main.

— Je vais allumer le feu, Diane, vous êtes gelée.

Je me baissai devant la cheminée, allumai les bois qui s'enflammèrent envahissant la chambre d'une joyeuse lumière. Je regardai les flammes s'élancer, victorieuses. J'étais repris.

— Louis ?

— Mmmm...

— Embrassez-moi... je vous en prie !

En un instant, je fus près d'elle. Je la pris dans mes bras.

— Vous vous fatiguez beaucoup pour une convalescente ! Je ne sais si une bonne nourrice vous laisserait...

Je ne pus terminer. Elle tendait ses lèvres vers les miennes. Une vague d'émotion déferlait en moi, se faisait ouragan, effondrait mes derniers remparts.

En l'enlaçant, je sentis, sous la petite chemise de fine batiste, le battement de son cœur s'accélérer, ses seins ronds s'incruster dans ma poitrine ; je lui pris les lèvres, puis la bouche tout entière. Elle m'enlaça à son tour, la petite chemise glissa, dénudant son buste quand elle m'attira à elle. Je baisai ses seins, son cou, ses épaules, puis je m'éloignai pour contempler ce corps. Elle rougit sous mon regard qui la détaillait. Je caressai doucement les deux petits mamelons dressés, y déposai de légers baisers.

— Diane ?... ma chérie... pourquoi es-tu venue ?

Elle posa ses mains sur moi, ouvrit ma chemise et se prenant d'audace à son tour :

— Parce que je vous aime, Louis, dit-elle en me caressant un peu timidement. Je vous ai aimé d'abord comme une chimère, comme un héros de légende dont on berce les jeunes enfants à la veillée. Puis je vous ai vu, ce premier soir, en Savoie, et votre regard ardent n'a pas quitté le mien... puis je suis allée à notre premier rendez-vous, éperdue, certaine que vous me prendriez de force, comme dans les mauvais romans de corsaires...

Ses doigts fins m'effleuraient jusqu'au cœur, je frissonnais de désir retenu. Je m'étais allongé près d'elle, je la tenais nue dans mes bras, je l'écoutais, je voulais l'écouter jusqu'au bout d'elle-même.

— Mais vous ne m'avez pas prise ! À Rodez, je me suis offerte encore et vous m'avez encore repoussée alors que vous accueillez si gracieusement toutes les autres. Je me mis à désespérer de tout, y compris de la profondeur de mes sentiments. Quant aux vôtres ?... je conclus que vous ne m'aviez témoigné qu'une affection condescendante, fraternelle, de celle qu'on accorde aux enfants malheureux. À Vizille, je crus avoir rêvé tant votre apparition eut quelque chose d'irréel. Je me répétais comme en songe la promesse que vous m'aviez arrachée, je dévorais les gazettes où il n'était question que de vous, de vos victoires et de vos conquêtes féminines...

— Dites-moi, ma chérie, murmurai-je en la serrant contre moi plus étroitement, il me semble que vous êtes en train d'établir un calendrier de mes manquements ? Savez-vous que j'en tiens un, moi aussi ? La liste des croupes dont vous ne vous êtes toujours pas expliquée ? Et justement ce serment de Vizille de me rejoindre avant la fin de l'année ?

— J'étais en chemin, le lendemain de Noël, quand l'air retentit du fracas de votre nouvelle expédition. Et quel fracas ! Vous vous étiez affronté aux soldats du roi, à toutes ces armées déployées sur la moitié de la France contre vous et qui ne vous ont ni vaincu ni attrapé. Bref, vous étiez vraiment devenu un héros, qu'aviez-vous à faire de moi ?... que d'ailleurs vous n'aviez pas attendue.

— Pas attendue ? criai-je stupéfait. Pas attendue ? Six mois, je vous ai attendue, guettée, espérée, Diane ! Pas un signe ! Mais si j'avais su qu'enfin vous vous décideriez... j'aurais volontiers remis ma gloire à demain !

— Moi, au moins, reprenait Diane d'une voix de petite fille, je me tenais informée de vous, monsieur. Hélas, à chaque fois que l'on me donnait de vos nouvelles, c'est que l'on vous avait rencontré chez quelque dame galante où, sans doute, vous répariez vos forces, ou soigniez votre cœur las de m'attendre ? Je ne voyais pas de raison de venir interrompre vos convalescences si plaisantes.

Diane me bravait sur un terrain où je n'autorisais personne. Une bûche enflammée tomba à propos, se répandit en étincelles, hors de la cheminée, je dus me lever pour la remettre en place. Elle en profita pour se redresser, assise, les draps remontés, cachant sa nudité, elle continuait :

— Et... dites-moi, monsieur, quel serait votre sentiment si vous appreniez par hasard, qu'en attendant d'avoir le loisir de vous étreindre de tout mon amour, si pour patienter... j'avais épongé mon impatience dans les bras offerts des uns et des autres ? Me croiriez-vous encore amoureuse de vous, sans arrière-pensée ?

Je perdais patience, elle avait le don de me mettre hors de moi.

— Qu'est-ce qu'une petite fille comme vous connaît de l'amour ? dis-je en haussant les épaules négligemment et en revenant vers elle.

— Croyez-vous que ce soit plus supportable pour moi de vous imaginer dans les bras de toutes les femmes que vous rencontrez ? Je déteste les sentiments bas, dont la jalousie, mais comment croire à votre penchant, quand vous le distribuez avec tant de largesse ? Qu'en reste-t-il pour la petite écervelée du moulin, venue sottement s'offrir au très redoutable bandit ?

Je me dominais encore, mais pas pour longtemps. Il fallait agir, l'interrompre. Je lui pris le visage entre mes mains, l'approchai très près du mien. Sa coiffure se détacha, ses cheveux se répandirent sur ses épaules et sur le drap en longues boucles soyeuses qu'elle se mit à lisser en me regardant de ses magnifiques yeux bleu de nuit.

— Diane, ma chérie, que dois-je vous dire que vous ne sachiez déjà au fond de vous-même ? Vous savez que je vous aime, combien je vous aime... Vous connaissez exactement le poids et la mesure de cet amour qui me lie à vous. Ne jouons plus, je vous le demande une dernière fois : Diane, voulez-vous de moi ?

Elle me tendit les bras, je l'enlaçai et, en repoussant les draps loin de son corps, je lui dis encore mon amour :

— Tu ne regretteras plus jamais ni le petit moulin ni Rodez, car nous allons rattraper tout ce retard. Je me ferai pardonner mille fois, si tu le veux, toutes ces occasions perdues... nous voilà ensemble, l'un près de l'autre et pour le temps que nous voudrons, laisse-moi t'aimer et te le dire.

Diane se mit à trembler sous mes baisers. Son parfum d'iris m'envahissait, affolait mon désir d'elle. Je pris le temps de baiser chaque pore de sa peau, je me pénétrai de la douceur de cette chair si tendre, de ses hanches fragiles, de son ventre lisse, de ses cuisses satinées. Je posai ma tête sur sa toison un peu humide, la couvris de baisers légers, puis engageai lentement mes lèvres dans ses lèvres de corail offertes à ma passion. Ses mains se crispèrent sur mes cheveux.

— Louis... Louis... mon amour.

Elle s'était mise à gémir, secouée des soubresauts du plaisir, tout son corps se cabrait sous la houle déchaînée. Quand elle s'apaisa, je remontai lentement, de baiser en baiser, jusqu'à son visage, balayai ses cheveux épars, contemplai ses traits bouleversés de bonheur :

— J'aime tout de toi, Louis, articula-t-elle, abandonnée, enfin.

Je pesai alors de tout mon poids sur elle, consentante :

— Serre-moi dans tes bras, aimons-nous, ma douce, rattrapons tout ce temps perdu que tu me reproches... oui je vais te prendre, nous allons nous fondre l'un en l'autre, nous dissoudre, car je t'aime ma Diane comme je n'ai jamais aimé, comme je ne m'en savais pas capable.

Son odeur m'envahissait, exacerbait mon désir d'elle. Les sens en feu, je pénétrai la douce chair aimée, j'habitai, le premier, ce ventre vierge. Alors les mots trop petits, trop chétifs, trop étriqués n'exprimèrent plus l'immensité de mon bonheur.

Je la pénétrai avec une infinie douceur, sans la quitter des yeux, plongé dans son regard amoureux : je voulais tout d'elle, tout sentir, tout deviner. Soudain, elle m'étreignit, palpitante, nos corps n'en firent plus qu'un, je savourai de tout mon être les délices de l'amour tout en la conduisant aux confins du rivage. J'allais, comme le prince des contes, dans ce verger féerique, aux beautés inviolées, cueillir le fruit somptueux du merveilleux festin.

Nous restions là, amants comblés, étendus l'un contre

l'autre. Les chandelles vacillaient, lançant de petites flamèches rapides, tandis que la musique du bal parvenait jusqu'à nous, étouffée par les lourdes courtines de l'immense lit à baldaquin. Diane, encore secouée des derniers tressaillements du plaisir, cachait sa tête dans mon épaule.

Je la tenais serrée, broyée contre moi :

— Diane... ma tant aimée, mon âme, je t'aime, me crois-tu ?

Elle ne répondit pas tout de suite, puis, relevant doucement la tête vers moi, elle me regarda avec de grands yeux inquisiteurs tout en effleurant de ses longs doigts fins, mon bras, mon dos, mes reins, enfin elle murmura :

— Tu es beau, Louis... Je ne savais pas, je n'aurais jamais imaginé, dans mes rêves de toi les plus fous, que tu pouvais être un amant aussi... aussi magnifique !... Je comprends mieux maintenant...

Elle s'interrompit, ses yeux s'assombrirent, elle détourna la tête, se dégagea de moi et s'assit sur le lit, les draps serrés sur elle.

— Puis-je avoir encore un verre de votre potion magique ?

Je me levai, enfilai ma chemise, allai au guéridon et nous versai un verre de liqueur. Surpris qu'elle n'ait pas terminé sa phrase, je lui demandai en ranimant le feu :

— Ma chérie ?

— Oui, Louis, je vous aime, je vous aime plus que tout et tous, moi !

Ce « moi » ne me plut guère ! Elle s'était arrêtée pour boire une gorgée. Je revins à elle, m'assis sur le lit, regardai ses yeux brillants d'amour, magnifiquement émouvants. Je passai la main sur son front en scrutant son visage, mais elle cherchait à échapper à mon regard, elle me cachait quelque chose, cela m'était insupportable.

— Diane ? Que veux-tu dire que tu n'oses formuler ? Ne crois-tu pas en moi ? Ne vois-tu pas, n'as-tu pas senti dans ton corps l'immensité de mon amour pour toi, mon unique ?

Elle tirait sur ses cheveux comme une petite fille. J'attrapai au vol une de ses mains, lui pris le visage dans l'autre :

— Ma bien-aimée, dis-moi maintenant, tout ce que tu ressens exactement à cet instant ?

— Tout ? répéta-t-elle en rougissant.

— Tout ! exigeai-je en serrant très fort sa main et en m'approchant de son visage jusqu'à le toucher.

Elle hésita un instant, vit que je ne plaisantais pas, détourna son regard, puis, me fixant à nouveau effrontément, elle dit :

— Je me demande combien de femmes vous avez aimé avec... avec cette ardeur... à combien vous avez fait le serment de les garder dans votre cœur en les serrant passionnément entre vos cuisses ?

Cette fois, la provocation était trop grossière, manifeste ! Cette vague de colère, que j'étais parvenu à juguler une première fois, me submergea brutalement. Je pouvais partir sur-le-champ, déserter à jamais notre unique chance de bonheur, et, si je n'avais pas tenu tant à nous, c'est sûrement ce que j'aurais fait.

Au lieu de cela, et avant même que je n'en eusse conscience, j'avais attrapé Diane par les coudes, je l'avais basculée, hissée sur mes genoux, retournée, fesses en l'air. Je me mis alors à lui administrer une magistrale fessée, une fessée grisante, d'amant fou. Je claquai ce petit derrière insolent de toute la force de ma main. Je le voyais avec satisfaction s'échauffer, rougir, tenter de s'échapper.

Les cris et les supplications de mon amante, au lieu de m'attendrir, augmentaient encore le plaisir que je prenais à m'approprier cette partie d'elle-même de manière si outrageante et qui compensait à peine l'affront.

— Louis ! Je vous en supplie, arrêtez ! Vous me faites mal !

— Ne comptez pas obtenir ma clémence à si bon compte, Diane !

Elle se débattait de plus en plus et je la serrais dans mes cuisses de plus en plus fort : ses jolies fesses rondes, hautes, tressaillaient sous mes gifles bien appliquées. Je résistais avec peine à l'envie terrible de les embrasser, de la reprendre.

— Ne bougez pas, ma chérie, c'est inutile. Continuez à me parler en prenant le risque de me déplaire, je suis curieux de voir jusqu'où ira votre insolence.

— Vous évitez de me répondre ! Arrêtez, Louis !

J'arrêtai momentanément, pour reprendre mon souffle et mes esprits, mais je la gardai serrée, dans cette position, offerte. Je caressai lentement ses fesses brûlantes tandis qu'elle me jetait des regards furieux.

— Je n'en ai pas fini avec vous Diane. Vous allez m'avouer toutes vos méchantes pensées jusqu'à la dernière, mon amour ! Je veux des aveux complets.

On frappa à la porte. À regret, je laissai aller Diane qui se jeta dans le cabinet de toilette en fermant le verrou. J'ouvris la porte. C'était Jambon l'Iroquois, un peu dépenaillé, qui venait m'avertir que Divernois m'attendait au petit souper qu'il offrait à une dizaine de ses intimes dans le petit salon.

— Capitaine ! Je... j'ai déposé vos bagages dans votre chambre, au bout de ce couloir ; vous y trouverez vos habits... à moins que vous n'ayez décidé de changer votre travesti de Persan pour celui d'Adam ? dit-il en me considérant bouche bée.

Je haussai les épaules et refermai la porte un peu brusquement. À travers la porte, d'un ton un peu goguenard, il dit encore :

— Dépêchez-vous ! On vous attend !

Je revins vers le lit vide, voulus rassembler mes vêtements, sans y parvenir, hésitai un instant devant la porte close du petit cabinet et partis, le cœur un peu vide.

Je traversai le couloir et regagnai ma chambre. Je ne pouvais plus parler ; cette immense joie et puis cette égratignure... Comment ne m'étais-je pas fait mieux comprendre ?

Sans être aussi vaste que celle de Diane, ma chambre avait aussi cet air majestueux qu'accentuait un mobilier sévère, des boiseries sculptées, de lourds rideaux de velours grenat, un lit imposant.

Comme j'avais oublié la moitié de mon costume de Persan dans le lit de Diane, je revêtis la grande robe rapiécée de toutes parts, la natte et le bonnet qui constituaient l'ensemble de mon second déguisement de « pauvre lettré chinois », en laissant cependant de côté le pinceau en poils de loup, la tablette d'encre et le rouleau de papier de riz. J'avais changé à regret ma chemise froissée et pleine de senteur d'iris pour une autre toute semblable, puis je m'étais aspergé d'eau de Cologne et j'avais enfourné dans ma poche chinoise ma tabatière et ma pipe. Je regagnai vivement le petit salon du rez-de-chaussée, en laissant là-haut trois de mes hommes ébahis de voir maintenant la Chine s'installer dans nos affaires. Passe encore pour la Perse puisque le Persan, ses tapis et ses joyaux, étaient bien en Cour ! Mais la Chine demeurait inconnue, donc inquiétante.

Dans le grand salon et le parc, la fête battait son plein et ne se terminerait pas avant l'aube. Dominos et masques rieurs se pourchassaient sans relâche. Je n'avais pas encore salué Odile, ni son père, j'avais manqué à la politesse la plus élémentaire, Diane me faisait perdre la tête. Je sentais le chagrin me gagner : cette petite piqûre venimeuse qui pince au cœur subrepticement d'abord, puis que l'on découvre bientôt installée, lancinante. Comment Diane pouvait-elle douter de mon amour ? Ne lui en avais-je pas donné le témoignage le plus vif ? S'imaginait-elle que les hommes et les femmes s'aimaient d'ordinaire comme nous venions de le faire ? Dans sa méconnaissance des règles du jeu, elle croyait que je n'avais fait qu'y remplir mon rôle convenu. Mais Diane n'avait ni le cœur sec ni l'imagination pauvre. N'était-ce que l'ignorance totale des usages amoureux qui l'empêchait d'apprécier la profondeur de mon attachement ? J'étais en train de lui trouver une excuse bien pitoyable. L'amour n'a pas besoin d'explication, il se sent, se vit ou n'est pas.

Dans le petit salon de musique, transformé pour lors en salle à manger, les invités s'étaient déjà attablés, sans masque ni domino. Divernois se leva pour m'accueillir, on applaudit mon costume sous lequel, me dit-on, nul ne m'avait reconnu, et pour cause ! Odile, encore plus pâle dans ses voiles de princesse hindoue, me sourit tendrement.

— N'auriez-vous aucune nouvelle de notre Encyclopédie, monsieur le grand voyageur ?

Diane entra à ce moment, les joues encore roses, le visage lumineux. Elle était donc heureuse, et tout cela n'avait été qu'un jeu, une petite vengeance d'amoureuse jalouse. Elle évita avec art de me regarder, se laissa conduire jusqu'à sa chaise, et je pus constater en souriant qu'elle avait peine à s'asseoir. Comme j'attendais debout qu'elle eût pris place, elle ne put faire autrement que de me regarder. Le rouge lui monta aux pommettes. Je m'assis à mon tour près d'elle et, en lui effleurant la main, je lui glissai tout bas, sauvagement :

— Demain, vous ne pourrez plus vous asseoir du tout !

Elle devint écarlate, se baissa comme pour ramasser son mouchoir.

— Je demande une trêve, monsieur !

Et plus bas, elle ajouta :

— Louis... Je vous demande pardon. Que dois-je faire ? Je suis prête à tout.

Je lui saisis la main sous la nappe, la serrai très fort.

— Nous verrons si, pour une fois, vous tenez parole, je n'ai plus guère confiance.

Je me sentais mieux cependant, l'ombre se dissipait un peu. Je regardai les invités, souris à Villars. Il avait abaissé la tête de loup qui terminait admirablement son costume pour pouvoir parler et manger, ce qui l'occupait avec une égale avidité !

— Je croyais que les gazetiers se faisaient plus volontiers renards que loups ? lui demandai-je, ironique.

— L'occasion fait le larron, mon cher ! Comment appelle-t-on votre tenue, en Chine ?... et d'ailleurs n'en avez-vous pas changé ? Il me semblait avoir croisé un Persan qui vous ressemblait comme un frère ?

On apportait un buisson d'écrevisses si volumineux qu'on l'eût pu prendre de loin pour un cardinal un peu obèse, et la truite qui suivait n'avait pas moins de cinq ou six livres. Je remarquai que Diane mangeait avec appétit, ce qui me confirma dans l'idée qu'elle avait pris goût à l'amour, l'un ne va pas sans l'autre ! Je ne pouvais détacher mon regard d'elle plus d'un instant et je rencontrais toujours le sien posé sur moi. Odile nous jetait un œil complice et maître Henni, qui était de la fête, racontait, dans un silence chargé de messages, son voyage en diligence qui lui avait beaucoup plu :

— Depuis que vous les avez harnachés de grelots, Louis,

me disait-il, le voyage en malle-poste prend un air de cavalcade russe des plus joyeux !

Diane voulut se faire expliquer ce que j'avais à voir avec les grelots et Villars, trop heureux, se jeta dans un de ses récits agrémentés de gestes et de mimes qui avaient le don de séduire son auditoire :

— Dans le courant de l'été dernier, vers minuit, un courrier de malle accompagnait à Lyon les dépêches de Grenoble. Suivant l'usage, il était précédé de deux postillons qui tenaient devant eux des porte-manteaux contenant les dépêches. Quand ils atteignirent le pont sur lequel on traverse la Roise, à Voreppe, une décharge de mousquets les abattit d'un coup.

Je repris la parole à Villars car s'il ne racontait pas mal son histoire, je l'avais vécue, je disposais donc d'éléments pris sur le vif.

— J'avais cru, dans le noir, avoir affaire à la maréchaussée. Je m'élançai vers les cavaliers ; quand j'arrivai près d'eux, je m'aperçus de mon erreur : un de ces crimes inutiles que je hais. Il y avait heureusement un survivant. Je lui exprimai tout mon regret et pour que pareille erreur ne se reproduise plus, je lui promis de faire venir pour lui et pour ses hommes des grelots d'Italie. Je lui donnai rendez-vous le mois suivant, même lieu et même heure.

— Et voici comment, reprenait Villars la bouche pleine, depuis lors nous entendons la nuit trotter le carillon du service des dépêches...*

D'Abymes en Ripailles, le souper, arrosé des meilleurs vins de Savoie, entrecoupé d'anecdotes savoureuses, s'égayait. Les esprits s'ouvraient, nous nous offrions mutuellement la meilleure part de ce festin. Un gentilhomme verrier, que je voyais pour la première fois, s'engagea sur le terrain de la chasse dont il semblait raffoler. Nous en étions justement au salmis de colsverts et aux pigeonneaux confits :

---

* Telles furent l'origine et l'époque de l'introduction des grelots en France où ils n'étaient pas encore connus, et où l'on ne s'était servi jusqu'à ce jour que de petites clochettes. (Gustave Vallier, *Archéologie de la contrebande*, à propos de Mandrin.)

— Le meilleur chasseur est encore votre roi Louis XV. Il possède les meilleurs équipages du monde, on dit que son chenil a coûté cent vingt mille livres et que ses chiens anglais valent mille livres pièce. Mais la chasse est par la force des choses une affaire de provinciaux. Les grands veneurs sont des artistes qui donnent le plus beau des spectacles. La Saint-Hubert à Montrevel, en Bresse, réunit dans un décor fastueux tous les gentilshommes de la province. Les écuries tiennent cent chevaux, les meutes ne sont comparables qu'à celles des Condé à Chantilly... Si cela vous tente, nous irons chasser le loup dans ma forêt, et vous me feriez honneur en étant des nôtres, monsieur Mandrin !

— Oh ! Les chasses sont toujours un charmant spectacle. On y trouve les meilleurs danseurs et les plus jolies coquettes. Des chevaliers de Malte dans leur flamboyant habit rouge qui portent très haut leur croix et des petites demoiselles à marier qui les portent très bas, parce que leurs robes ne montent pas très haut ! lança Odile.

— C'est le rendez-vous favori des rieurs, des étourdis, des prompts de la langue, des ardents du regard, tous véritables héros de romans ! acheva Diane, en riant avec son amie de leur beau couplet.

— Mesdemoiselles, renchérissait le jeune homme un peu offensé, il y a aussi parmi eux des veneurs émérites, des hommes spirituels, des jeunes gens aussi sensibles que monsieur Rousseau. J'insiste, viendrez-vous ?

Je jetai un coup d'œil à Diane. Le jeune homme la couvait des yeux ; en m'invitant, il espérait sans doute la décider aussi.

— Monsieur de Barneuil, votre invitation est très aimable, mais...

Diane hésitait. Elle s'avançait prudemment, en me jetant de rapides coups d'œil. Je compris que cette distraction la tentait. Le chevalier de Barneuil était fort beau, il joignait à cela beaucoup d'élégance. Diane continuait :

— J'aimerais beaucoup visiter votre verrerie... On la dit très moderne et vos œuvriers très talentueux ? Si j'en juge par les verres dans lesquels nous buvons en ce moment, le compliment est mérité.

Le chevalier était d'une espèce d'homme assez rare en vérité, qui vivait en hôte des forêts sans être homme des bois. Mais ce qui me plaisait surtout c'était le vivant paradoxe du gentilhomme travaillant de ses mains : seule exception n'entraînant pas la dérogeance*. Fier de son art et de son ouvrage, le « gentil » verrier, orgueilleux de son savoir, était d'autant plus attaché à sa noblesse que les agents du fisc ne cessaient de la contester. Et puis le verrier était volontiers itinérant ; quand il avait nourri son feu de toute une forêt, il allait ailleurs en dévorer une autre, cela faisait de lui un être un peu cosmopolite, plus ouvert, d'esprit et de cœur. J'en avais rencontré quelques-uns en Vivarais et comme cette confrérie entretenait des liens étroits, il s'avéra bien sûr que monsieur de Barneuil les connaissait également.

— Décidément, monsieur le chevalier, j'ai bien envie d'aller chasser ces loups dans votre forêt, dis-je en riant franchement. Mon Dieu, ils ne doivent pas être plus difficiles à traquer que les gâpians !

Au fromage, le chevalier avait conquis tous les invités, il fut décidé que nous nous rendrions ensemble à sa chasse, les dames en voiture et les hommes à cheval si le temps s'y prêtait. Ce genre d'homme, vaillant et gai, me plaisait, j'aurais souhaité m'en faire un ami. En avais-je encore le temps ? Je restai songeur. Pourquoi soudain ce sentiment du temps se faisait-il si angoissant ?

— Comment vous remettez-vous de vos blessures, monsieur Mandrin ? Je vous presse de venir à ma chasse, sans même m'inquiéter de votre état...

Le regard de Diane pesa sur moi. Dans le feu de l'amour, elle n'avait rien remarqué ; d'ailleurs il ne me restait de tout cela qu'une légère raideur du bras. Elle s'adressa à moi ouvertement pour la première fois de la soirée :

— Cela est vrai, monsieur ! Cette blessure était grave... au

---

* Les aristocrates ne pouvaient « travailler » sans déroger, c'est-à-dire perdre leurs privilèges.

Le gentilhomme verrier était une exception, les arts du feu étant considérés comme « nobles ».

point de vous tuer ? Vous n'en avez pas moins pris le risque de partir seul, à cheval, dans une neige verglacée et vêtu de votre cape écarlate qui vous désigne d'office...

Je l'interrompis sans sourire, presque gravement mais mon regard chargé d'amour me trahissait :

— Une personne à qui je portais la plus fervente affection et que je voulais empêcher de s'engager dans une affaire dangereuse, alors que je la suppliais de renoncer à son projet où sa vie était fort compromise, me répondit ceci, qui m'a ouvert le chemin : « *Je fais ce que je sais le mieux faire.* »

Diane m'entendant citer ses propres paroles rougit, tourna son regard vers Villars qui, flairant un faux pas, se jeta à son aide :

— Vous cachez à merveille votre peine si vous en ressentez encore. On ne saurait dire, à vous voir, lequel de vos bras a été touché.

— Peut-être même n'est-ce pas au bras que j'ai été le plus atteint ? répliquai-je.

Villars partit dans un de ses rires à rebondissements si communicatif. Je jetai un coup d'œil à Diane, vis qu'elle s'était plongée dans la contemplation de son assiette vide. Odile, la fine, la douce Odile, nous regardait l'un et l'autre, le sourcil un peu froncé. Elle dit :

— Monsieur Tchang, personne ne vous dit jamais jusqu'au bout ce qu'il faut, moi je vais l'oser : à vous faire blesser ainsi sans cesse, qu'y gagnerez-vous ? Au mieux la gangrène ! On vous enlèvera bientôt un bras, puis un autre et tous vos membres s'envoleront comme feuilles au vent.

— Bah ! Ce n'est pas ce que je crains le plus.

Divernois me voyant m'égarer dans la rêverie chercha à me ramener.

— Alors, êtes-vous content de votre nouvelle recrue, ce Marsin que Lasnet nous a vivement recommandé ? Fait-il du bon travail ?

— Excellent ! mais pour monsieur Fischer.

Diana sursauta si vivement qu'elle faillit verser son verre sur ses genoux. J'attrapai le verre, le reposai calmement en la couvrant d'un regard chaud. Tout le monde était resté pantois, fourchette en l'air et bouche ouverte. Divernois ouvrait des yeux immenses, bientôt l'inquiétude se peignit sur son visage.

— Comment pour Fischer ? Un espion ?

Je contai vite avec quelle subtilité Fischer avait réussi à immiscer Marsin dans mon quotidien. La dernière lettre de l'espion, saisie par mes hommes, montrait à l'évidence qu'il avait tenu un compte exact de tous mes faits et gestes, déplacements, localisé mes entrepôts, donné le nom de mes fournisseurs et contacts, la nature des marchandises, bref ! Rien n'y manquait.

— Tout est à refaire... mais il me sera difficile de changer de fournisseurs.

Le chevalier de Barneuil, qui était homme de décision, me dit bien directement :

— Non seulement vous êtes fort riche, monsieur Mandrin, mais vous êtes homme d'esprit et de goût ; votre compagnie est très recherchée ici en Savoie, mais aussi en Suisse. Quant au roi Charles-Emmanuel de Sardaigne, il se refuse à vous livrer à la France... Pourquoi ne pas prendre les devants, quitter cette route dangereuse, bifurquer vers quelque autre entreprise ?

— Certes, chevalier ! Je suis riche, il est vrai. Je vis ici presque normalement et je pourrais mener sans souci jusqu'à la fin de mes jours cette vie oisive des roitelets de salon en exil... renoncer, alors que la vraie difficulté se présente. Ce serait reconnaître que j'ai eu tort ou que j'ai peur ! Pire, désespérer peut-être tous ces pauvres gens qui ont cru en moi.

— Beaucoup vous admirent, vous approuvent et cela même dans l'entourage de Louis XV, mais combien ont en eux l'énergie nécessaire pour vous suivre ?

— Ah ! Ils seront les premiers à me louer si je réussis ou à me renier si j'échoue. Qu'importe ! L'admiration des ventres mous n'est pas mon affaire. Cependant, au point où en sont venues les choses aujourd'hui, il est évident que je ne peux plus mener mon combat avec une poignée d'hommes, si bien entraînés soient-ils. Que vaudraient mes deux ou trois cents hommes contre les six mille soldats du roi, ou plutôt des Fermiers ?

Un silence grave planait sur l'assemblée. Je ne voulais pas assombrir cette fête et je dis plus légèrement en forme de conclusion :

— Mon but ne changera pas, mais ma stratégie, elle, est à reconsidérer et je m'y emploie.

Après souper, on donna la comédie. Un petit théâtre avait été aménagé dans les communs, où les hôtes se transportèrent, éclairés par les torches des domestiques. Odile avait pris mon bras d'autorité. Diane était à celui du chevalier, trop heureux de l'aventure. Notre hôtesse nous fit passer par l'entrée réservée aux comédiens, de sorte que nous nous trouvâmes placés au plus près de la scène, sur le côté du parterre, illuminé de myriades de lampes à huile colorées, chefs-d'œuvre du maître verrier, sans doute. Masques et dominos s'étaient revêtus de leurs capes et manteaux ; l'assistance ainsi emmitouflée ressemblait à une mystérieuse confrérie dans l'attente de quelque magie. Villars n'était plus qu'une féroce tête de loup, Divernois un ermite enfoncé dans son capuchon. Je me penchai vers Diane, ma somptueuse, serrée dans sa cape de fourrure, et lui dis à l'oreille :

— Contre qui conspire-t-on ici, femme de peu de foi ?

Diane sortit sa main de sa cape et la blottit dans la mienne :

— Qui cherchez-vous, mademoiselle ? interrogeai-je.

Le parterre des spectateurs était bruyant, disert, faisait des remarques haut et fort sur le costume ou les répliques des bergers et bergères qui se poursuivaient dans les buissons de papier du décor. Je serrai la tendre petite main. Barneuil faisait de son mieux pour nous épier dans l'obscurité, tandis qu'Odile faisait de son mieux pour le distraire.

— C'est vous que je cherche, Louis... Vous m'avez ignorée pendant tout le souper... se peut-il que vous ne me pardonniez pas une seule réflexion malheureuse ?... que vous vous mettiez à douter totalement de moi ?

— Ma chère, n'inversons pas les rôles ! Ce n'est pas moi qui doute de vous, bien le contraire.

— N'est-il pas vrai que vous séduisez toutes les femmes ?

— Quelques-unes...

— Vous leur faites l'amour sans les aimer ?

La perfide revenait à pas comptés vers son point de départ. Elle avait bien choisi le lieu et le moment !

— Mais oui, mon aimée, dis-je, la bouche à son oreille parfumée, je fais l'amour pour le plaisir. Mais je vais vous avouer que je ne m'en suis jamais autant donné et que je n'en ai non plus jamais autant reçu que ce soir. L'intensité de l'amour n'a pas de jauge, elle se mesure à l'aune du cœur des amants. Réfléchissez à cela, ma colombe, et tâchez d'évaluer si vous le pouvez ! La nuit vous portera conseil. Regardez cette comédie instructive : ce pauvre berger, le benêt, qui croit voir sa bergère dans le moindre buisson, dans la plus pure étoile...

Le gros de la foule se retira après le spectacle et quelques derniers tours de danse. Odile, vite épuisée, me demanda de la raccompagner à sa chambre. Sur le pas de sa porte, elle me dit :

— Ne soyez pas trop sévère avec les jeunes filles, monsieur l'intransigeant. Si l'on ne vous portait pas tant d'intérêt, on ne vous ferait aucun reproche. Si malhabile soit-elle, la remontrance est encore un aveu. Diane pleurait quand je l'ai quittée, et je n'aime pas cela. Je ne l'ai guère vue pleurer de ma vie. À demain, mon ami.

Cette exquise enfant qui s'en allait vers la mort sans lâcheté me bouleversera. Dans sa perception accrue par l'affreuse imminence, elle ne songeait qu'aux autres. Je lui baisai la main, ému, sans mot. Elle me lança un regard affectueux et profond et referma doucement sa porte.

J'allai jusqu'au fond du couloir, sautai la haie infranchissable de mes canonniers endormis, ouvris la porte de ma chambre. Une main puissante me happa à la gorge :

— Doucement, le Normand, dis-je.

Il relâcha son étreinte et se rendormit aussitôt. J'ouvris les rideaux et la croisée sur la nuit étoilée. Le firmament scintillait comme un immense point d'interrogation : Diane ne s'étaitelle donnée que pour mieux se reprendre ? Que voulait-elle de moi ? Ni prince ni charmant, je m'étais fait homme et libre. Vagabondes amours et frivoles cortèges, effacés avec l'aurore, avaient jusqu'alors suffi à mes sens. Dans la nuit la plus sourde, du fond du désespoir le plus farouche, Diane m'avait ouvert et offert son cœur, sans fausse pudeur. Déchirant l'obscur horizon, elle m'avait attiré à la source lumineuse. La barque lancée se romprait-elle sur le premier écueil ? L'aurais-je appelé de tous mes vœux, ce passé, ce temps de la non-connaissance de l'être aimé, de l'ignorance du plaisir des chairs confondues, qu'il se fût dérobé, rivière sans retour.

— Quel secret dessein partagez-vous avec les astres ?

Dianc se tenait derrière moi. Comment avait-elle franchi le Normand, réussi sans bruit à venir jusqu'à moi ? Elle avait posé sa tête contre mon dos, elle me tenait enlacé ; je sentais sa bouche, ses seins, tout son corps palpitant contre moi. Je passai mes bras autour d'elle, par derrière, l'amenant encore plus près.

— Je suis venue vous dire bonsoir, puisque...

— Votre défiance monstrueuse m'a peiné, ma chérie, elle m'a atteint dans ma chair, je l'ai ressentie comme une trahison.

— Je suis venue vous demander de m'aimer telle que je suis, sotte, jalouse, fragile. Je ne peux plus me passer de ton amour, Louis...

Je me retournai. Je voulais la voir, la prendre dans mes bras, cette femme unique qui me tenait au cœur d'une violente passion. Je saisis, hissai jusqu'à mes lèvres, ce petit tas d'étoffe si précieux, la serrai contre moi, enflammé à nouveau d'impérieuse volupté.

Je la déposai sur le lit de velours sombre, dégrafai sa robe, glissai mes mains sur les épaules, le cou, les seins durcis de désir, puis je dégageai tout son corps, l'effleurai de longues traînées de baisers. Les fesses encore endolories tressaillirent sous mes caresses.

— Pardonne-moi, mon amour, mais tu avais outrepassé les limites de la malhonnêteté.

— Oh ! ce n'est rien ! Au fond, je vous croyais la main plus rude, monsieur le bandit ! me souffla-t-elle, moqueuse, provocante à nouveau.

— Pécheresse ! N'y revenez pas. Vous pourriez bien vous en repentir.

Je ne pus finir ma phrase, Diane trouvant seule le chemin de la sensualité, éveillait mon désir de fougueux baisers audacieux qui balayèrent jusqu'à l'ombre de mon dernier doute.

L'amour affame les amants, il ne les apaise pas. Nous creusâmes de plus en plus profond cet abîme à l'inquiétante transparence.

Au petit matin, quand les premières lueurs du jour percèrent à travers les courtines, Diane, allongée sur moi, s'endormit. Je la posai tendrement sur le côté et me levai. J'allai jusqu'à la fenêtre et l'ouvris. La brume s'élevait lentement au-dessus du lac ; ce jour serait beau, je m'éveillerais et je m'endormirais dans les bras de la femme que je chérissais. Mes rêves les plus fous se lèveraient avec les aurores. Tout était à venir.

24

— Je gage que la maison seigneuriale de notre chevalier joint aux charmes de l'antique simplicité ceux de l'élégance mondaine. Logement charmant, chère excellente, société choisie et diverse, conversations de bon ton, promenades à pied, à cheval et en voiture ; jeux, charades, poésies, chanteurs peut-être ? Ne faut-il pas de bons poumons pour souffler le verre ?

Divernois et sa fille s'amusaient franchement de ma description idyllique, tandis que Diane m'observait d'un œil moqueur. Avait-elle décelé un brin d'inquiétude ou de jalousie dans mon propos ?

— Mon cher, vous êtes à la fois au-dessus et au-dessous du vrai, répliqua Divernois qui avait l'air entiché du chevalier. Les verriers sont des gens étranges, hors du commun. Ils forment une confrérie assez unie à travers l'Europe et, de par leur art, ils côtoient les souverains et les grands de ces Cours. Le chevalier a effectivement une belle demeure seigneuriale, dont il a fait un palais de verre : tout y scintille, tout y miroite, les parquets sont faits de dalles de verre de couleur, et comme il joint à son talent quelques connaissances d'optique, le jeune Lalande, qui promet d'être un de nos grands astronomes, lui confie la confection de ses lentilles et de ses miroirs pour ses lunettes astronomiques.

— Lalande aurait-il découvert quelque nouvelle galaxie où il ferait meilleur vivre que dans la nôtre ? demandai-je.

— Ah ! je ne sais si cela est même concevable ! Mais c'est lui qui a établi à dix-neuf ans, et pour la première fois, « la parallaxe de la lune ».

— Grâce à quoi ?

— ... nous pouvons déduire, évaluer la distance exacte de la Lune à la Terre.

— Alors ? Combien de relais de poste d'ici à là-bas ?

— Il s'attache maintenant à faire de même avec des milliers d'étoiles.

— Ce jeune savant n'a-t-il pas un père receveur des tabacs à Bourg ?

— Son père, François de Lalande, oui.

— Hélas ! Je crains de lui avoir laissé un mauvais souvenir. Je suis passé lui déposer du tabac l'an dernier. Si j'avais su que son fils travaillait à nous rendre le ciel enfin accessible, je ne l'aurais pas importuné !

— Voilà une compagnie instructive qui va nous plaire. Monsieur de Barneuil me semble un homme de grand fond, dit Odile toujours juste. Loin de ces gens qui n'ont que la façade, où l'entrée sent le palais et le logement la cabane.

Le voyage fut tout ainsi, rapide et gai. En quelques heures, la voiture allant bon train, nous pénétrâmes dans la forêt qui entoure toujours la fabrique du verrier, où un chef de coupe surveillait les bûcherons abattant des arbres qu'ils transportaient ensuite dans des chariots tirés par des bœufs. Puis nous franchîmes une première enceinte gardée par une petite maison où un maréchal-ferrand et un charron travaillaient respectivement à la réparation des cannes à souffler et des moules en bois. Au loin apparaissaient les bâtiments conséquents de la fabrique, coiffée d'un nuage de fumée.

— Pourrons-nous visiter l'atelier où l'on souffle le verre ? demanda Diane.

— Certainement, répondit Divernois, il en sera très honoré. Peut-être ne nous dévoilera-t-il pas tous ses secrets cependant !

— Quels secrets ? Y a-t-il des secrets dans la fabrication du verre ?

— Bien sûr, mon enfant, et très jalousement gardés. Des secrets dans la fabrication des couleurs par exemple ; ce vert très pâle qui teinte très légèrement le cristal est obtenu par l'utilisation des cendres du bois brûlé ; pour les autres couleurs, je ne sais comment il les obtient, peut-être ne le sait-il pas lui-même, car il a son alchimiste auquel il commande sa couleur. L'homme lui fournit la poudre mais pas la formule. Le chevalier a étudié en Angleterre et en Hollande d'où il a rapporté des techniques de gravure : en émail blanc ou coloré, ou d'or, tel le verre de Newcastle, et cette décoration très particulière à points et piqûres, dite « en pointillé » des Hollandais.

— Le chevalier de Barneuil n'est-il pas « maçon »* ?

— Sans doute ! Mais je ne saurais vous dire à quelle loge il appartient. Peut-être à celle des « deux sœurs » comme monsieur de Voltaire. Tout ceci est très en confidence.

Notre hôte nous accueillit fort jovialement et, sans même que nous ne l'en ayons prié, nous proposa la visite de son atelier avant le dîner qui était sur les midi. Odile voulut absolument se joindre à nous, mais le maître verrier la dissuada d'entrer à l'intérieur tant la fumée était épaisse, l'atmosphère étouffante. Les hommes et les femmes au labeur travaillaient d'ailleurs à demi vêtus. La précision et le rythme de leurs gestes réguliers, dans cette fournaise, avait quelque chose d'hallucinant.

La bâtisse carrée était pourtant vaste, mais des gueules du four conique, construit en briques à feu, s'échappaient des gaz brûlés à l'odeur suffocante. Cependant, devant chacune de ces ouvertures, travaillait un compagnon, le mors de la canne d'abord posé à l'ouvreau de manière à faire rougir le métal.

— Lorsque l'on juge la température de la canne convenable, le cueilleur la plonge dans le verre en fusion qui se trouve dans le creuset à l'intérieur, et cela sans jamais cesser de tourner. Ainsi, il enroule le nez de la canne d'une boule de pâte de verre que l'on appelle la « paraison ». Sur une petite tablette de marbre, il la fait rouler pour lui donner une forme cylindrique centrée.

Le chevalier nous expliquait au fur et à mesure tandis qu'un homme accomplissait devant nous ces gestes précis. Mais c'est lui qui prit en bouche la canne, alourdie de la petite boule de

* Adepte de la franc-maçonnerie, association internationale, en partie secrète.

pâte rougeoyante bien centrée et souffla : une bulle apparut, harmonieuse, de faible volume, puis il tendit la canne à un autre compagnon. On voyait le verre refroidir, perdre son éclat. L'homme s'assit sur un banc spécial tout en continuant à imprimer à la canne un mouvement de rotation de la main gauche tandis que, de la droite, il travaillait la pâte à l'aide d'un cube de bois creusé.

Grandiose et si précaire, la fragile beauté du verre, née d'un tel concours de connaissances techniques, faisant appel au labeur le plus dur et à l'art le plus raffiné, amenait à la réflexion.

Tous ces efforts, tout ce travail, ces forêts dévastées, cette peine des ouvriers brûlés par le feu, tout ce labeur consumé et consumant pour produire un objet qu'une maladresse, tôt ou tard, ramènerait à son état premier. Tout cela valait-il la peine et pourquoi se la donner ? Le verre signifiait encore autre chose que ce travail artistique, cette perfection obligatoire de l'objet que l'on retrouve chez le potier ; il exerçait, peut-être, à travers le feu qui le modelait, la fascination du danger ; et puis, dans cette transparence, cette lumière, quelque chose signifiait : « Je suis la beauté et je me suffis à moi-même, mais je peux aussi tout embellir, étant moi-même source d'éclat pour tout : la lumière dont je capte les reflets, les couleurs que je fais miroiter, les sons que je transmets, les aliments et les boissons que j'accueille et pare comme les bijoux ornent les corps. »

Si la beauté du verre résidait surtout dans sa fragile transparence, elle ne s'y résumait pas. La complexité de son essence me semblait avoir affaire d'assez près avec l'individu.

Je reposai le verre ciselé que j'étais en train de contempler et me dirigeai vers le chevalier près duquel se tenait Diane, admirative.

— Que désirez-vous voir confectionner ? Les verres à pied ? proposait le chevalier, très à l'aise dans sa fournaise.

— Ces verres à pied ciselés que nous avons admirés chez notre ami Divernois, ont-ils été faits ici ?

— Ici même !

— Faut-il souffler très fort, avoir une grande capacité pulmonaire pour exercer votre art, monsieur ? s'intéressait Diane.

— Fort, non, mais juste, oui. Allons voir confectionner un verre à pied, c'est une technique particulière. La difficulté consiste à façonner les jambes et les pieds. Il faut travailler en série et avec une grande précision, ainsi chacun des ouvriers a-t-il très précisément sa fonction. S'il commet une erreur, se laisse retarder ou distraire, tout l'ensemble est à refaire. Ici nous nous inspirons, pour la jambe, du procédé vénitien, repris par les Anglais.

Au-dessus du four, dans l'arche de recuisson, refroidissaient les œuvres de la journée : chandeliers, plats, carafes, verres, lampes, rince-doigts. Lorsqu'on quittait la salle du four, vers un petit atelier attenant, on pouvait observer le graveur à l'œuvre. Celui-ci était en train de réaliser un paysage en miniature sur un plateau. La précision et la minutie de chacun de ses gestes avaient quelque chose de religieux. Je n'osai pas même lui parler de peur de le troubler. Il travaillait là, au milieu d'un bruit constant de verres cassés, d'appels, de va-et-vient et cependant seul en son royaume. Quelle force, quelle puissance dans l'humanité ! pensai-je.

Les abeilles aussi créent leur chef-d'œuvre à chaque saison, puis meurent. Quel sens fallait-il donner à tout cela ?

— Le village entier travaille à la fabrique ? questionna Divernois.

— C'est bien souvent un travail temporaire qui leur fournit une aide financière appréciable dans les mois creux. Les femmes sont très habiles à certains travaux : la fritte, le mélange du groisil*.

La cloche sonna le dîner. Les compagnons, ouvriers, hommes, femmes verriers quittèrent leurs postes respectifs, ne laissant qu'une seule équipe au four.

— C'est un travail très astreignant. N'arrêtez-vous jamais le four ? demandait encore Diane au chevalier flatté de l'intérêt qu'elle portait à son entreprise.

— Jamais ! Il faut l'alimenter en permanence, jour et nuit ; c'est la responsabilité du tisonnier et de ses aides : chacun des

---

* La fritte et le groisil sont les composants de la pâte de verre.

postes est capital dans la verrerie et relève d'un apprentissage strict.

Un petit chemin à travers bois conduisait au manoir du chevalier, protégé par des rideaux d'arbres successifs qui absorbaient la fumée des fours. Le décor intérieur, comme l'avait annoncé Divernois, composé de mille objets de verre en faisait un palais enchanté. Je remarquai qu'il y faisait très doux, presque chaud, bien qu'aucune cheminée ne fonctionnât.

— C'est Lalande qui m'a donné cette idée ingénieuse, dit le chevalier, et qui mériterait un brevet. La maison est chauffée à partir des fours de la fabrique qui fournissent la chaleur qui chauffe l'eau contenue dans une grosse bouilloire puis, par un système de tuyauterie auquel nous avons travaillé lui et moi, une année entière, nous sommes parvenus à la transporter de la fabrique à la maison. Le procédé est aussi ancien que les thermes romains.

Barneuil ne disait qu'un peu de tout, avare de ses découvertes. Mais il le disait bien, accaparait son auditoire et notamment Diane et Odile, fascinées par l'étrangeté des lieux et la grâce de l'hôte. Mais je n'étais point de reste, car le chevalier avait une sœur, aussi bien tournée que lui et qui ne me quittait pas des yeux. Je m'occupai donc à répondre à quelques-unes des interrogations que je lisais dans son beau regard bleuté.

Après le repas, l'envie me prit d'être seul avec Diane. Nous prîmes le premier chemin à travers bois, il faisait doux.

— Louis... murmura Diane, alors que nous nous promenions dans la forêt tendrement enlacés, n'avez-vous pas le sentiment de perdre votre temps avec moi ?

— Qu'est-ce qui peut bien vous faire croire cela, ma très précieuse ? Ai-je l'air de m'ennuyer ? Suis-je impatient de vous quitter ? Je donnerai cher, au contraire, pour que le reste de notre vie ne soit qu'une longue promenade amoureuse, où je vous tiendrais comme en ce moment, serrée contre moi, votre petite main si fine dans la mienne, tout entier suspendu à vos lèvres...

Nous étions parvenus assez loin pour ne déranger personne

par notre intimité : je pris Diane dans mes bras et nous nous embrassâmes passionnément.

— Qu'allez-vous faire, Louis, après notre retour ?

— Je ne me pose pas la question pour le moment, ma chérie. Un des secrets du malheur est de se poser au mauvais moment, les mauvaises questions.

— Pourquoi ne me répondez-vous pas ?

— Parce que je n'ai pas la réponse. Voyons, que puis-je faire ? Je puis relancer plus activement encore ma guerre contre les Fermes, comme tous nos amis savoyards le souhaitent...

Nous avions repris notre marche à travers bois, je tenais Diane par la taille, je la soulevais presque, tellement elle était légère.

— Je pourrais accepter un commandement aux Amériques ou en Angleterre, ou en Autriche, comme on m'en a parlé. Je pourrais fuir avec vous sur un navire corsaire...

— Ou encore ?

— Diable, ma mie, mon imagination s'épuise !

— Louis ! Vous ne vous dites jamais tout entier. On sent, quoi qu'on fasse ou voudrait faire, que l'on ne saurait percer ce que cache, aux moments les plus heureux, l'ombre qui passe dans vos yeux moqueurs. C'est comme un interdit qui se dresse soudain, vient jeter une poignée de terre sur le feu le plus lumineux. Vous vous assombrissez passagèrement... Oh ! très discrètement. C'est une douleur pressée qui vous cheville, mais si présente, si obstinée, si lancinante.

Ce n'était pas la première fois que la perspicacité de Diane me perçait à jour. Je ne répondis pas et Diane reprit :

— La seule chose que vous ne dites pas, c'est cela qui m'intéresse. Irez-vous jusqu'au bout de votre projet ? Prendrez-vous la tête d'une Fronde ? Remonterez-vous jusqu'à Paris ?

— M'en blâmeriez-vous, mon amour ?

— Non, Louis. Mais je veux savoir quand mon cœur s'arrêtera de battre.

— Qu'il prenne patience ce cœur, car pour lors je suis là et tout à lui.

À neuf heures précises, tous les invités, pour la plupart grands chasseurs, étaient présents. Les portes du salon s'ouvrirent à deux battants : le souper était servi. Le repas léger, dont s'était excusé à l'avance notre hôte, n'avait rien d'une collation improvisée.

On servit d'abord la friture de petites lottes, puis de délicieux feuilletés de ris de veau, puis vint le rôt de selle de chevreuil garni de châtaignes, le tout agrémenté d'un romanée-conti des plus caressants et tout cela enfin, accommodé d'une conversation fournie et spirituelle qui s'engagea, Dieu sait pourquoi, sur le terrain du mariage.

— Le couvent, s'enflammait Odile déchaînée, une cage à serins, d'où l'on sort disposée à ne reconnaître de mode, que la mode et de bonheur, que le plaisir, les parures, et tout ce dont le monde s'entiche et se défait !

— Oh ! Pardon ! répliquait à son tour, saisissant la balle au bond, mademoiselle de Barneuil, quand je suis sortie du couvent pour entrer dans le monde, je savais très bien dire le chapelet, réciter l'Angélus, le Benedicite, les Grâces ! J'avais appris cent manières de me recommander à ma sainte, à mon ange gardien et aux saintes patronnes de l'ordre du couvent ; je m'appliquai à orner en paille ou en papier doré des Agnus Dei et des reliquaires : cela portait le nom pompeux d'enluminure ! Je savais aussi broder sur soie une fleur en or ou en argent, j'ai reçu des leçons de menuet et de contredanse, je fais excellemment de profondes révérences... il ne me manque qu'un mari !

— Tant qu'il ne vous manque que cela, il ne vous manque pas grand-chose ! conclut vertement Diane que la conversation agaçait.

L'un des invités m'intriguait, un vieux docteur en médecine qui voyageait beaucoup, et qui avait l'air de bien connaître Diane qu'il ne cessait d'observer de son œil vif. Il l'appelait « madame la comtesse » avec déférence et presque ostentation, ce qui ne laissait pas de me surprendre puis finit par m'intriguer, quand je remarquai que Diane faisait tout pour l'éviter. Le vieux docteur, sur cette dernière réplique sans appel de Diane, la fixa, cette fois, comme un ciel sans lune et dit :

— Je ne sais, madame, si les demoiselles sont portées à autant de sagesse que les dames de votre rang et de votre situation. Il me semble à moi, qu'elles ont conquis le droit aujourd'hui de choisir leur mari et même de l'aimer, ce qui était autrefois du plus grand ridicule.

Diane eut l'air franchement embarrassée, elle opéra une prompte retraite et fit un petit signe de connivence à Odile qui s'empressa de prendre la parole :

— Le mariage n'a guère cessé de se conclure au pas de charge, dans la province notamment, monsieur. Regardez cette jeune fille, dit-elle en baissant le ton et en nous indiquant du regard une jeune femme en bout de table, il y a un mois à peine, elle jouait encore à la poupée, mais il a suffi d'un dîner où la jeune étourdie a rencontré pour la première fois le jeune homme qu'on lui destinait. Au dessert, il était déjà question de mariage, au café on l'a sommée de prendre une décision en caressant le père, d'ailleurs le contrat n'était-il pas tout préparé ? Dans le fumoir, les hommes sont allés le signer et la noce eut lieu trois jours plus tard.

— Où est donc l'heureux homme de cet accouplement ? demandai-je en observant que la jeune femme en question avait l'air de s'ennuyer à mourir.

— Ah ! j'oubliais la fin : il est parti pour les Amériques le lendemain de leur rencontre, on les a mariés par procuration, la petite fille n'est dame que sur le papier ! termina Odile.

— Comment sont les mariages de chasseurs, chevalier ? lança Divernois, sachant fort bien que le chasseur gagnerait sur le futur époux, du moins dans la conversation. Chasse-t-on avant ou après la noce ?

Le petit docteur continuait d'observer Diane. Je tentai de l'interrompre :

— Connaissez-vous bien mademoiselle de Fleury ?

— La comtesse ? Ah ! Qui ne connaît la plus jolie dame de ces dames ? commença-t-il. Mais je n'eus pas le temps d'éclaircir le mystère, Odile renversa opportunément son verre sur ma manche...

À la fin du repas, le chevalier invita les hommes à discuter des préparatifs de la chasse en compagnie du chef d'équipage et des quatre piqueurs.

On avait remis un « noir », un pigache, une superbe bête à laquelle ces messieurs semblaient plus intéressés qu'au loup ravageur dont voulaient se défaire les paysans alentour. L'un des veneurs, très excité, s'emporta :

— C'est un voyageur, un vagabond. Nous pourrions servir la bête au fusil si vous pensez que nous manquerons de temps pour courre ?

— Non ! C'est une bête digne d'une grande poursuite ! Mais ce loup, cette bête féroce qui dévore tous les moutons qu'en ferons-nous ?

— Nous pourrions la prendre en fin d'après-midi ou nous partager ?

— Non, dit le chevalier, nous risquons de nous gêner ! Allons, votre avis, messieurs ?

Il en fut décidé pour ou plutôt contre le loup. Il avait décimé trop de poulaillers à cinq lieues à la ronde et les laboureurs en avaient grande frayeur.

La nuit fut courte et enflammée. Une folle équipée d'amants heureux. Au petit jour, Diane s'assoupit dans mes bras, son corps si doux abandonné sur le mien, rendu, livré à mon amour. Ma joie était si forte de la tenir ainsi sur moi, chair contre chair, que j'en tremblai de bonheur, immobile. Que cet instant soit éternité, me suppliai-je moi-même. Je m'arrachai une promesse : jamais cette femme que j'aimais n'aurait à rougir de son amour ; désormais tous mes actes, toutes mes pensées lui seraient voués.

Le lendemain, les dames chassant, on ne devança pas l'aube, on s'assembla à huit heures dans la salle à manger. Les hommes portaient l'habit à la française en drap bleu céleste, galonné sur toutes les tailles, culottes de daim blanches, veste de casimir chamois, bottes à chaudron, chapeau à lampion relevé d'argent comme l'habit, couteau de chasse à fourreau de velours rouge. Nous étions une quinzaine de chasseurs en comptant Diane qui avait revêtu la même tenue que la nôtre par « commodité » dit-elle. Avec son opulente chevelure retenue par un nœud de velours noir, elle ressemblait à un jeune page. Elle se plaça près de moi et me murmura :

— Restez plus ou moins à mes côtés pendant la chasse, Louis.

— Que craignez-vous ? Que je ne me sauve profitant d'une échappée ?

— Il y a quand même ici des têtes inconnues qui vous observent curieusement depuis hier soir et je n'aime pas cela !

— N'avez-vous pas confiance en notre hôte ?

— Si ! Mais je le crois naïf. Peut-être ignore-t-il combien l'on paierait pour votre capture. D'autres ici ont l'air mieux informés.

— Comme ce petit docteur à l'œil chafouin qui a l'air d'en savoir beaucoup sur vous aussi ?

— Ferez-vous comme je vous demande ? me pressa Diane.

— Que devrai-je faire, mon beau page, pour vous plaire ? Prendre votre si merveilleux corps comme rempart ?

— Louis, je vous en prie, faites comme je vous dis ! insista-t-elle en rougissant, mais sans quitter mon regard lourd de désir.

— Bien, je me livre à vous, pieds et poings liés, mon amour, murmurai-je en baissant le ton. Je vous préviens toutefois que j'ai l'intention de me montrer le plus encombrant et le plus embarrassant possible. Et où sont donc nos amis, Divernois et la sœur du chevalier ?

— Odile ne se sent pas bien ce matin, son père est resté auprès d'elle. Il nous faudra sans doute repartir plus tôt que nous ne le pensions... Quant à mademoiselle la verrière, elle n'est pas chasseresse, ne vous déplaise, monsieur le séducteur impénitent... elle va se morfondre en guettant votre retour de son balcon, jusqu'au dîner !

— Attendez que nous soyions perdus dans la sombre forêt, mademoiselle l'incorrigible jalouse...

Une bousculade nous interrompit et les chasseurs se retrouvèrent tous sur le perron.

À nos pieds, impatiente et muette, se tenait la meute d'une trentaine de chiens suisses tenus par les valets de chiens ;

rangés en avant, quatre piqueurs, la bride de leurs chevaux passée dans le bras gauche, la trompe prête à sonner dans la main droite, tandis que les palefreniers retenaient avec difficulté les chevaux piaffants.

Enfin les trompes, sur un signe du chevalier, sonnèrent le départ.

La marche dura quelques instants. Animée d'abord par les conversations et les sonneries, elle se fit plus silencieuse à l'approche du rendez-vous. Les valets de limiers vinrent nous avertir que la bête était remise près de là, le long d'une petite rivière. Après un temps de poursuite au petit galop où je contemplai les longs cheveux de Diane flottant de-ci de-là, au rythme de sa monture, et son beau profil pur dans la douceur de ce matin calme, la course se fit soudain plus rapide et dispersa les cavaliers.

Les trompes sonnaient de tous côtés, les veneurs nous croisaient en criant : les chiens avaient rabattu l'animal dans un canton de petite étendue. Mais le loup chercha un change et trompa les chiens. Il fallut alors du temps pour remettre la meute sur la voie, piqueurs et valets s'affairaient, tandis que les chevaux soufflaient.

On redistribua les relais, la poursuite reprit, la meute nous menant cette fois avec une vivacité inouïe. La bête, qui n'avait pas épuisé tout l'arsenal de ses ruses, perçait en avant avec une grande vigueur, si bien que les chiens perdirent encore la voie. Cependant le défaut fut relevé, et lorsque l'animal déboucha en plaine, il n'avait que quelques longueurs d'avance.

Le coup d'œil était magnifique : le loup, épuisé mais fier dans sa course dernière, devançait la meute qui redoublait de vitesse et d'aboiements ; de tous les points de l'horizon les chasseurs cherchaient à les rejoindre pour l'hallali désormais imminent, tandis que les trompes ne cessaient de retentir, joyeuses, mêlées aux acclamations des cavaliers qui leur répondaient. Soudain le loup fit face, la meute étonnée resta à l'arrêt une seconde ; alors la bête solitaire, traquée de toutes parts, s'affronta, sauvage.

La beauté du loup dans son dernier combat contre cette meute de chiens domestiques me frappa si fort l'imagination qu'elle m'émut presque jusqu'aux larmes. Décidément, j'étais plutôt fait pour la chasse aux gâpians !

On sonna « la mort du loup » et la retraite fut joyeuse. Les paysans accouraient sur le pas de leur porte et nous saluaient en nous remerciant, lançaient des acclamations heureuses à la vue de l'animal porté sur un brancard de feuillages. Les trompes sonnaient des fanfares, Diane chevauchait toujours près de moi, légère, irréelle. Nous fermions la marche, loin derrière les autres. Au loin nous entendîmes les trompes encore. Diane, interdite, s'arrêta, regarda autour d'elle, ouvrit sa jacquette, sortit de sa ceinture deux pistolets, m'en lança un :

— Avez-vous entendu ? Ils sonnaient le changement de forêt !

— Ah ? Je ne connais pas le langage des trompes, dis-je moqueur et curieux de cette inquiétude soudaine de Diane.

— Mais c'est le changement de royaume qu'il aurait fallu sonner car nous sommes en France ! Hâtons-nous Louis, et tenez-vous sur vos gardes !

Un temps de galop frénétique que Diane mena tambour battant nous ramena près des autres, nous reprîmes nos allures de chasseurs satisfaits et je lui demandai :

— Diane, il faut que vous m'appreniez les usages ; dois-je vous appeler, comme ce vieux bonhomme de la Faculté, madame la comtesse ? Avez-vous été mariée ? Cela m'intrigue, je l'avoue, car il m'a semblé que vous étiez vierge ?

Elle avait un peu rougi à mon dernier propos. Elle se tourna vers moi et je lus dans ses yeux un mystère qu'elle ne voulait pas partager :

— Il n'y a rien là qui vaille la peine de vous tracasser, Louis. Non, je n'ai jamais été mariée. Peut-être un jour vous raconterai-je mon enfance et ces années où je ne vous connaissais pas. Elles me semblent si vides aujourd'hui, si inutiles ! Ma vie n'a pris un sens qu'à notre rencontre, Louis... depuis que je vous aime, dit-elle, dans un sourire profond de tout son être.

Nous nous avancions à pas prudents dans la vie l'un de l'autre comme on s'enfonce avec circonspection dans ces forêts des tropiques que l'on dit si belles et si dangereuses. Chaque vague franchie se refermait derrière nous, nous entraînant ensemble dans son sillage et nous éloignant davantage du rivage.

Peu à peu, je comprenais que c'était Diane qui me menait aux confins de moi-même, comme si l'idée qu'elle se faisait de moi s'imposait, forçait les barrages de mes réticences et de mes craintes. Ce n'était pas hasard si cette femme-là m'était devenue si chère entre toutes, elle me conduisait au-delà de moi-même, transcendance de l'amour. J'irais.

L'état d'Odile empirant d'heure en heure, nous reprîmes la route immédiatement, sans participer au dîner des chasseurs. Nos chevaux étaient frais, nous pouvions être à Genève sur le soir. Nous avions étendu Odile sur une banquette, son père à ses côtés, tandis que Diane et moi chevauchions deux de mes meilleurs chevaux.

Au débouché de Bellegarde, alors que nous allions bon train, Diane et moi précédant le carrosse, trois hommes à cheval, de mauvaise mine, harnachés de toutes sortes de fusils et de sabres, nous barrèrent le chemin.

L'attaque était si imprévue et si propice pour les assaillants qu'elle ne pouvait pas ne pas avoir été soigneusement mûrie. Mais dans la meilleure organisation se glisse toujours une faille qu'il appartient à l'adversaire de déceler. Dans notre précipitation à ramener Odile à Genève, nous n'avions pas eu le temps de changer de costume, si bien que nous portions toujours nos habits de chasseurs. Nos assaillants, un instant confondus par notre tenue, hésitèrent à se jeter sur l'un ou l'autre des cavaliers. J'en profitai pour forcer l'allure, criai au cocher de s'arrêter et à Diane de se mettre à couvert.

La voiture s'arrêta pile, mais Diane, tirant l'épée et les pistolets de sa selle, me rejoignit botte à botte. Je n'eus pas le temps de protester, les balles nous sifflaient aux oreilles. En même temps que je visais le plus proche des trois, j'aperçus le second qui tombait sous la balle de Diane tandis qu'elle se jetait, l'épée au clair, sur le troisième. Debout sur ses étriers, elle le désarçonna en quelques secondes. Je restai pantois ! J'avais livré de nombreuses et terribles batailles avec de redoutables compagnons hardis au combat, mais cette toute jeune femme, à peine sortie de l'enfance qui se battait avec une telle hardiesse et une telle précision, venait de me donner une leçon, la plus belle et la plus déterminante que j'eusse jamais reçue.

Diane, la botte sur la gorge du troisième larron à terre, l'interrogeait :

— Qui t'a payé ?

L'autre ne résista pas très longtemps, c'était d'ailleurs inutile et dangereux !

L'histoire fut ainsi vite éclaircie : Fischer, ne se consolant pas d'avoir perdu Marsin, avait appris par des bavardages de tavernes que je me rendais à la chasse à Châtillon et avait tout simplement posté son petit patronage d'accueil au meilleur endroit, avec mission expresse de me ramener vif, ce qui compliquait terriblement le travail de ses mercenaires, prompts à tirer et à fuir.

Mais il fallait nous assurer que le reste du chemin n'était pas semé d'autres embûches, comme nous l'affirmait le survivant. Nous le reposâmes, dûment ligoté sur son cheval et nous reprîmes notre route, Diane à l'intérieur du carrosse et moi à la place du cocher qui fit, lui, office d'éclaireur. Nous fûmes bientôt à Genève et sans encombre. Un message m'attendait, me demandant de me rendre au plus tôt chez Gauthier à Carouge.

Je quittai les Divernois au petit matin, avec la promesse de revenir au plus tôt. Diane m'accompagna jusqu'à la grille et en lui baisant une dernière fois la main, je lui dis gaiement mais le cœur serré :

— Eh bien ! comtesse, laissez-moi vous remercier de m'avoir sauvé la vie et vous féliciter de votre connaissance des armes. Je savais que vous étiez cavalière mais j'ignorais que vous tiriez aussi l'épée et le pistolet avec tant d'habileté ! Si la carrière des armes vous tente et qu'il se trouve des places vacantes dans ma compagnie, je vous le ferai savoir.

— Vous me flattez, monsieur le capitaine général des

contrebandiers de France, cependant... je ne vous ai pas sauvé la vie, vous n'auriez fait qu'une bouchée de ces trois gredins. Je n'ai fait que sauver ma peau et celle de nos amis. N'étions-nous pas dans la même embarcation ?

— Bon ! Voilà que vous allez tout me refuser maintenant ! En tous cas, je puis vous assurer que je réfléchirai à deux fois avant de vous provoquer en duel. J'aime mieux vous savoir pour moi que contre moi !

Nous essayions de nous quitter sur un rire pour conjurer les augures, mais Diane perdit totalement son sourire quand j'enfourchai Gavotte.

— Au revoir, Louis. Je suis heureuse et fière de vous connaître, quoi que vous fassiez, je sais que ce ne sera ni bas, ni vil, ni médiocre. Je vous aime...

SIXIÈME PARTIE

L'immortalité

25

En chemin, j'eus l'impression d'avoir rêvé ce temps de l'amour. J'errai dans les jardins de la volupté, possédé d'une ardeur aveugle, d'une faim inassouvie ; je n'avais pas prévu ces terribles nuits et jours à venir où je ne tiendrais pas Diane dans mes bras.

Tout ce que l'on sent est faussé par ce que l'on ne sent pas, il en est de même de tout ce que l'on vit. Si la vie ne m'avait pas beaucoup gâté, du moins avais-je su beaucoup en obtenir. Je n'étais pas sûr qu'elle eût encore quelque chose à m'offrir.

Comme à l'accoutumée, l'auberge de Gauthier était très animée quand j'y pénétrai en cette fin de matinée de printemps rayonnante. Deux paires de bras vigoureux me saisirent aux épaules, à peine entré : Chossat et Saint-André, tout crottés !

— Soyez les bienvenus sur cette terre accueillante, messieurs ! leur dis-je en les serrant dans mes bras comme de vieux compagnons. Ils avaient l'air tout étonnés de me voir évoluer là, fort à l'aise, salué par les chalands.

Je les invitai à passer dans l'arrière-salle où nous nous attablâmes devant un bon broc de vin de Moselle et quelques pâtés de lièvre que Nicole réservait à ses préférés.

— Quand êtes-vous arrivés, messieurs ?

— Ce matin. Nous avons couru après Diane sans parvenir à la rejoindre, expliquait Saint-André, tandis que Chossat ne me quittait pas des yeux.

— Nous étions absents quand elle a subitement décidé de se rendre chez son amie Odile. Comme elle ne nous avait pas laissé entendre qu'elle voulait entreprendre ce voyage, nous ne sommes revenus qu'hier soir à Belley où nous avons appris...

Saint-André reprit la conversation en main :

— Les relais de chevaux sont presque entièrement réquisitionnés par les nouveaux renforts d'armées déployés à la frontière. Les gouverneurs des provinces frontalières, informés de votre retour en Savoie, craignent que vous ne vous engagiez dans une nouvelle campagne et ils ont fait venir des soldats de toutes parts pour vous empêcher de passer. Il n'y a pas un trou d'épingle entre la France et la Savoie qui ne soit gardé, protégé, renforcé, barricadé !

— Ainsi, dis-je, pour changer de sujet, vous avez été retardés par ma faute. J'en suis au regret d'autant que j'ai grand plaisir à vous revoir, mais pourquoi avez-vous l'air si pressés ? Étiez-vous inquiets ? Je puis vous dire que votre cousine et amie se porte bien ; elle est en ce moment chez les Divernois à Genève, au chevet d'Odile qui s'affaiblit de plus en plus.

Je ne sais si mes précisions rassurèrent Chossat, mais à nouveau, Saint-André ne lui laissa pas le temps de s'exprimer :

— L'aubergiste, qui a l'air très au fait de tout ce qui vous concerne, nous avait déjà rassurés, dès notre arrivée ce matin.

— Nous avons aussi entendu le récit de votre dernière campagne par ce gazetier de vos amis, Villars, dit enfin Chossat en souriant à demi, vous avez été héroïque monsieur, mais cela devient une habitude. Vous êtes-vous remis de vos blessures ?

— Et vous, chevalier, ce bras ? demandai-je à Chossat toujours aussi galant et gracieux qu'on l'aurait dit évoluant dans un salon de Versailles.

Chossat leva et baissa le bras plusieurs fois comme une poule d'eau qui cherche à s'envoler. Ce drôlet de petit vin de Moselle égayait les cœurs, chantait dans les têtes, bref ! faisait du bon travail pour moi, car Chossat riait presque. Décidément j'aimais bien ces hommes. Je finissais par me sentir malheureux pour Chossat l'éconduit, tout en me réconfortant à l'idée que si Diane ne l'aimait pas, je n'y pouvais au fond pas grand-chose. Eussé-je refusé son amour, qu'elle ne lui en aurait pas porté davantage. Il n'empêche que j'eusse préféré qu'il s'agisse d'un autre.

— Merci de votre galanterie, messieurs, je sais combien elle vous honore, et je sais aussi que vous vous êtes compromis jusqu'à demander ma grâce au roi.

— Et voici la réponse, termina Saint-André en sortant un pli de sa veste qu'il me tendit.

À l'égard de l'amnistie que vous demandez pour Mandrin, comme il a été condamné à mort pour fausse monnaie, il ne doit point espérer de grâce, et d'ailleurs il serait de mauvais exemple de traiter avec des gens de cette espèce... Je suis, Monsieur...

Comte d'Argenson.

— Tout ceci est faux n'est-ce pas ? demanda Saint-André anxieux. Vous n'avez jamais été convaincu de faux-monnayage ? Ne vous confond-on pas avec votre frère Pierre ?

Je ne les entendais plus. Soudain, l'image de mon doux Pierre, de sa tête sanglante fichée sur le piquet en haut de la colline, s'imposait. Ce crime faussement imputé à Pierre et dont on cherchait encore à tirer profit en l'utilisant maintenant contre moi. La cruauté, la calomnie, la duplicité contenues dans ces trois lignes infamantes, toute cette mauvaise foi calculée, vinrent en cet instant à bout de mes dernières hésitations. Je n'avais aucune place dans ce monde d'acrobates corrompus, je leur appliquerais ma loi du talion, j'arracherais leurs masques fissurés de mensonges, j'en frapperais leurs visages jusqu'à la convulsion. J'entrerais en guerre contre leur obscène tribu qui défigurait l'humanité d'opprobre et de déshonneur. Je la lèverais cette armée de la vengeance, je n'avais que trop tardé. Le plan s'échafauda immédiatement dans mon esprit, comme s'il y sommeillait de longue date : je disposais en Savoie de trois cents hommes sûrs, mais à peine la frontière franchie, nous serions rejoints par des centaines et peut-être des milliers d'autres et il y aurait parmi eux beaucoup de soldats et plusieurs de leurs officiers qui n'attendaient que cette guerre ouverte pour se joindre à nous.

Pourquoi avoir tant attendu ?

Gauthier me secouait le bras, sans doute depuis tout un moment :

— Mon cher capitaine... capitaine ? Ce messager, cet officier étranger qui demande à vous parler de toute urgence depuis deux jours est là à nouveau.

Chossat et Saint-André m'observaient, le visage empreint d'une attention grave, je leur devais une explication :

— Il s'agit effectivement d'un odieux mensonge, mais un ministre doit-il s'embarrasser de cette chimère que nous appelons l'honneur ? Il m'a fait parvenir à moi, dans le même temps, une lettre de grâce que voici.

Je sortis à mon tour et exhibai sous leurs yeux cette magnanime missive dans laquelle on m'offrait la liberté et la vie au nom du roi de France.

Gauthier renouvela son annonce :

— Capitaine, il est là, dans la grande salle, en grand uniforme. Il ne veut rien boire ni manger, il est là, raide, les doigts serrés sur son bonnet !

Chossat et Saint-André avaient lu et reposé la lettre et se regardaient consternés. Enfin, Saint-André me demanda qui était cet officier et pourquoi il désirait tant m'entretenir. Je lui répondis presque légèrement. Ma décision prise, si lourde de conséquences pourtant, venait de me libérer du dernier relent d'humeur sombre.

— Il s'agit d'un officier autrichien délégué par la reine de Hongrie, Marie-Thérèse, qui veut m'enrôler dans son armée !

— Quel est son nom ? demanda inopinément Chossat.

— Mais... je n'en sais rien, lui dis-je en riant, et vos soupçons en éveillent soudain en moi. Il doit me présenter aujourd'hui une lettre de sa souveraine m'offrant un commandement dans des conditions détaillées et précises.

D'un seul coup je voyais avec étonnement Chossat prendre mes intérêts à cœur. Son respect du roi avait-il été si fort entamé par ces lettres contradictoires du ministre de Sa Majesté ?

— Prenez garde, monsieur ! Méfiez-vous des offres qui vous sont faites par des gens que vous ignorez, me dit-il, sentencieux.

— Merci de votre sollicitude, chevalier ! Je vais aller parler à cet homme. Vous aurez tout le loisir de l'apercevoir et de nous entendre à travers ce petit volet qui donne sur la grande salle. Nous nous retrouverons ensuite.

Dans un coin, très à l'écart des autres hôtes attablés pour dîner, l'officier de Sa Majesté autrichienne en grand uniforme était très impressionnant par sa stature conséquente et son aspect rigide. Quand j'arrivai près de lui, il se leva, raide, claqua des talons, les yeux fixés au loin. Je lui fis signe de s'asseoir face à moi. Il refusa net, restant debout, l'air respectueux.

— Je suis Louis Mandrin, monsieur l'officier. Vous souhaitez me parler ?

— Monsieur le capitaine, Sa Majesté la reine Marie-Thérèse m'a remis pour vous un sauf-conduit et cette somme d'argent pour votre voyage. Elle vous attend dans les plus brefs délais : je suis chargé de vous conduire à elle.

Il parlait sans me regarder avec un fort accent allemand ou autrichien, les yeux toujours fixés sur la ligne d'horizon. Il me tendit une bourse et le sauf-conduit.

— La lettre de Sa Majesté ?

— Sa Majesté a jugé qu'il n'était pas nécessaire de vous faire une proposition écrite, peut-être compromettante pour vous, mais je suis chargé de vous transmettre toute sa considération : vous serez reçu à Vienne dès votre arrivée et on vous remettra votre commandement. Quand partirons-nous ? Je tiens une voiture et des chevaux à votre disposition.

— Monsieur, j'attendrai la lettre de Sa Majesté la reine. Je ne me rendrai pas à son invitation sans y avoir été expressément convié par elle-même. Nous sommes très à cheval sur la galanterie, nous autres Français ! À vous revoir, monsieur l'officier.

Je le plantai là avec la bourse bien remplie qu'il tenait toujours du bout des doigts, et je rejoignis mes deux visiteurs dans l'arrière-salle.

Je les retrouvai littéralement étouffés de rire, tandis que Gauthier leur versait de conséquentes rasades de vin. Ils me regardaient tour à tour en essayant de me dire quelque chose sans y parvenir et retombant à chaque fois dans le même fou rire. Finalement Chossat se leva et mimant l'officier autrichien me dit :

— Za, z'est fraiment très zintéressant comme brobozition !

Leur bonne humeur me gagna, je me mis du côté des rieurs, toujours intrigué cependant. Comme Gauthier avait eu la généreuse idée de faire suivre les pâtés de lièvre par un jambonneau au mâcon, j'entamai mon repas en patientant.

— L'ennui, essayait d'articuler Saint-André, c'est que cet officier est allemand et qu'il appartient au régiment de Fischer !

— Je ne savais pas que vous aviez des dons de divination mon cher Saint-André, ou alors vous le connaissez ? lui demandai-je un peu ironique.

— Je ne sais où il avait trouvé son déguisement d'officier autrichien, mais il était parfait ! Zauv... les boudons ! ! ! À mon avis, ils devaient manquer au travesti et la lingère lui aura recousu ceux dont elle disposait. Brave femme !

Je les regardai, stupéfait. Le rire les avait repris, ils me tapaient sur l'épaule à tour de rôle, comme si nous étions amis de toujours.

Le repas avait été conséquent et si bien arrosé que notre délicat chevalier s'endormit sur la table, la tête dans ses bras. Nous nous trouvâmes donc pour la première fois, Saint-André et moi-même, face à face. J'eus le sentiment qu'il attendait ce moment depuis longtemps.

— Malgré toutes ces nouvelles alarmantes, vous persistez dans l'idée d'une prochaine expédition ? me questionna-t-il, direct.

— Les grands de Savoie ne me protègent et ne me soutiennent que dans la mesure où je leur fais faire des bénéfices. Il faut dire qu'ils placent beaucoup d'argent dans mes expéditions et toujours avec bonheur !

— Tant que cela sera, vous serez pour eux un homme précieux ?

— Ce n'est qu'à ce prix que l'on me fête. Mes intimes portent les plus illustres noms : marquis de Saint-Séverin, Piolenc de Thoury...

— Le gendre du lieutenant général Marcieu ?

— Oh ! je ne m'en émeus guère ! Ici l'argent a encore moins d'odeur qu'ailleurs...

— Mais... votre but n'est pas d'enrichir ces gens, monsieur Mandrin ?

— Non. Je me sers d'eux comme ils se servent de moi, dans la plus cordiale entente.

— Pourquoi persister dans cette voie ?

— Ce rejet de grâce, et surtout la façon dont il est formulé, tombe à point nommé pour m'affermir dans la certitude que la route que je me suis tracée ne souffre aucun détour.

Je regardai le beau visage de ce jeune homme qui m'en évoquait tant un autre. Ce soir, il la verrait et lui rapporterait sans doute notre conversation. Je désirais en être compris.

— J'aime notre pays, Saint-André, et je ne crois pas lui avoir manqué en m'en prenant aux Fermes. Aux temps de ma jeunesse, elles m'ont volé quarante mille livres, ce qui représentait plus que toute ma fortune car il m'avait fallu beaucoup emprunter pour les réunir.

— Mais comment avez-vous perdu une telle somme ?

— Oh ! L'histoire est banale et mérite peu d'attention.

En lui retraçant à grands traits l'histoire des mulets pour l'armée d'Italie, j'eus l'impression de parler de quelqu'un d'autre, tant je me sentais différent de ce jeune provincial naïf dont je contais les pauvres mésaventures. Que de chemin parcouru depuis ! Mon histoire l'émut pourtant, ses protestations véhémentes me surprirent et me réchauffèrent le cœur.

— Mais c'était du vol pur et simple ! Avez-vous fait valoir vos droits ?

Saint-André était de ces hommes confiants et ouverts qui disent tout haut ce qu'ils pensent tout bas.

— Je fus assez naïf pour le faire ! Plusieurs années s'écoulèrent dans un grand dénuement où j'avais entraîné ma mère et mes frères et sœurs, puis la famine s'abattit sur notre village.

— Mais ces quarante mille livres ?

— Je m'étais juré que je les leur ferais rendre au centuple.

— Cela est fait ?
— Oui.
— Alors ?
— Alors, dites-vous ? Eh bien je reste sur ma faim. Le sentiment d'une œuvre inachevée. N'y a-t-il pas encore à leur faire rendre tout ce qu'ils ont volé à nos campagnes ? Tout ce qu'ils pillent chaque jour, chaque heure, aux plus pauvres des pauvres ? Car c'est sur eux que sont prélevés les deniers du royaume. Vous êtes noble, vous ne payez pas d'impôts. Vous n'avez pas de gâpians à vos trousses pour surveiller nuit et jour ce que vous mangez, ce que vous buvez, ce que vous portez comme tissus, quel tabac vous fumez et de quel sel est salée votre soupe. Ces suppôts du fisc, les avez-vous jamais vus procéder ? Ces gens-là vous guettent à la sortie des églises le dimanche pour vous arracher la pipe de la bouche et le fichu de la tête, dans le but, prétendument, d'en vérifier la provenance. Ils sont investis de tous les droits et de tous les pouvoirs. Le vol pur et simple n'est pas le moindre de leurs attributs, ajoutez-y la concupiscence, la jalousie, la haine, la perversité, la concussion, le meurtre et l'impunité, vous n'en n'aurez pas fait le tour.
— Il est vrai que l'on ne peut rester indifférent à tant d'iniquité et je crois voir où vous voulez en venir... toutefois ne vous laissez pas abuser, griser par vos succès.
— Ni endormir par la lâcheté ordinaire. Il se trouve qu'il y a une cause à défendre. Je ne m'en suis pas investi de bon cœur. Mais ma conscience m'en impose la responsabilité. Voilà tout. Ce n'est ni orgueil ni vanité. Pour lors, personne d'autre n'est entré en lice, que je sache ? Défendre les petits, les miséreux, les apeurés, les craintifs, les soumis, les faibles n'est pas à la portée de tout le monde.
— Il y faut sans doute une grande dose de générosité, de courage...
— Et peu d'illusion...
Une amertume que je ne pouvais partager avec un étranger, fût-il le mieux intentionné du monde, me montait aux lèvres. Je connaissais mieux que quiconque mon pire ennemi : cette légitime lâcheté des pauvres dressés à la servitude, poltrons,

couards, pusillanimes, esclaves dociles que domine la peur, si prompts à tourner leur veste. Qui leur en ferait grief ?

Saint-André s'agitait, je voyais bien qu'il cherchait à me dire quelque chose. Soudain il me fixa droit dans les yeux :

— Vous êtes amoureux ?

— Oui !

— Savez-vous de qui vous êtes amoureux ?

Saint-André allait un tout petit peu trop loin, à dessein sans doute, mais j'avais depuis longtemps perdu l'habitude que l'on s'ingérât dans mes affaires, je ne le tolérerais pas davantage de lui.

— Monsieur, lui dis-je, essayant encore de demeurer civil, que cherchez-vous à me faire entendre ?

— Diane, ma cousine, est descendante d'une des plus grandes familles de France et de plus elle est... mais peut-être ne vous en a-t-elle rien dit ? Enfin... le monde est intolérant : elle a déjà fait deux scandales à la Cour que l'on a eu vite fait d'attribuer à son penchant pour vous. Si cela venait aux oreilles du roi...

— Sachez, mon cher, que je n'ai point d'autre règle de mes actions que ma propre conscience : je suis plus redevable à mon propre jugement qu'à tous les préceptes. Je crois qu'il en va de même pour Diane.

— Je me répète, monsieur : le monde est intolérant. Faites en sorte de demeurer dans la plus grande discrétion. Ce scandale d'une dame de France, de son nom accolé au vôtre dans un vent de révolte, ne ferait que précipiter votre chute et entraîner la sienne. Imaginez que le comte d'Argenson, qui ne s'embarrasse pas d'être un honnête homme, vienne à l'apprendre ? Il s'en trouverait renforcé contre vous, on lui donnerait carte blanche et alors tous les moyens seraient bons pour vous abattre.

Ils l'étaient déjà, oh combien ! La naïve mise en garde de Saint-André me toucha. Dans un élan qui me surprit moi-même, car j'en étais avare, je lui dis :

— Je conçois votre souci, Saint-André, et croyez bien que je le partage. Diane est chez Divernois et tant qu'elle y restera, elle sera à l'abri. Faites en sorte qu'elle y demeure dans les temps prochains car je vais repasser la frontière très bientôt, et cette fois ce sera définitif.

— Comment cela, définitif ? me dit-il avec un haut-le-corps en se penchant vers moi l'œil interrogateur.

— Finies les petites expéditions contrebandières, je vais lever une armée et entrer en France où je soulèverai une Fronde et ce ne sera pas celle des princes cette fois. Nous mettrons un terme à tous ces abus qui n'ont que trop duré, et si je dois mourir, au moins ne sentirai-je pas la charogne ! Adieu, jeune homme, prenez soin de vous et de celle qui nous est chère.

Je le quittai sans lui laisser le temps de me répondre. Non que je craigne qu'il ne m'affaiblisse, mais parce que je savais ce qu'il allait me dire. Qui ne connaît les faibles défenses de l'homme contre la mort ? Je n'avais pas l'intention d'ailleurs de mourir, je voulais au contraire, de toutes ces vérités qui justifient le désespoir, rejeter l'esclavage, la soumission dont on s'était tant servi contre nous. J'avais des obligations de survivant, ma mort serait vaine si je ne la regardais pas en face, si je n'en faisais ma chose, mon alliée.

Au matin du 1er mai 1755, j'allai rendre visite à mes chefs. Ce fut la dernière fois que je les vis. Je leur demandai sans autre explication, ils en avaient l'habitude, de réunir le double d'hommes, d'armes et de chevaux et davantage encore s'ils le pouvaient. Bélissard, que je rencontrai le dernier, me perça à jour :

— Sais-tu le détail de la mort du contrôleur des Fermes, Le Roux de la Motte ? me demanda-t-il à brûle-pourpoint.

— Pas du tout, si ce n'est que le Piémontais s'y intéressait fort avant mon départ ?

— Mais avant ton départ, tu as été tenu au courant du dessein de ce La Motte d'acheter la confiance d'un chef contrebandier qui, en trahissant les nôtres, lui ferait avoir la bande et surtout toi ?

— Dis-moi l'histoire, ami, elle me concerne je vois.

— La voici : le contrôleur ayant fixé son choix sur le Piémontais, probablement parce qu'il n'a que vingt-deux ans, se met en relation avec lui par l'intermédiaire des Perrin de Pont-de-Beauvoisin. Il lui promet sa grâce, et lui fait donner un sauf-conduit que ceux-ci lui portent. Le Piémontais fait mine de se méfier encore un peu, très peu. Il prétend se rendre au rendez-vous de La Motte mais sur la rive savoyarde du Guiers, tandis que l'autre lui parlerait de l'autre rive, côté français, au pré Saint-Martin. Là, le Guiers fait un coude, sur la rive française, l'herbe y est haute et touffue au milieu des saules et des aulnes : les derniers feux du soleil se sont éteints, il fait presque nuit, il est entre sept et huit heures du soir. Le Piémontais est là avec deux amis. Les Perrin arrivent suivis de La Motte, l'appellent : nos trois compagnons tirent sur La Motte tous trois ensemble et font mouche. Trois blessures dont le contrôleur ne s'est pas remis. Il est mort ce matin.

— Voilà une excellente nouvelle ! Tu donneras quarante louis d'or au Piémontais et à ses amis pour les récompenser.

Il m'avait entraîné dans son jardin pour me parler à l'aise. Il fumait toujours sa grosse pipe en regardant s'échapper les volutes, songeur.

— Belle Humeur ? Que comptes-tu faire cette fois ? Pourquoi veux-tu réunir tant d'hommes et tant d'armes, je croyais que tu souhaitais être léger en campagne ?

— Ça ne sera pas une campagne !

— Bah !... campagne ou expédition, si tu préfères ! Mais quel genre d'expédition ?

— Punitive !

— Comment cela ?

— Sans quartier !

— Contre ?

— Contre les Fermes, toute leur organisation. Contre leurs employés, leurs gens d'armes, leurs juges, leurs tribunaux, tous ceux qui les soutiennent, les protègent, en bénéficient. En un mot, toute leur engeance, jusqu'au dernier.

Il me dévisagea en silence un long moment. Il marchait de long en large d'un pas plus lourd, soudain.

— Je savais que tu en arriverais là, Belle Humeur, tôt ou tard ! À qui en as-tu parlé ?

— Personne, hormis toi !

— Garde-toi bien d'ébruiter ton projet. Tous ces espions qui se multiplient, tous ces guets-apens qui échouent, toutes ces fausses lettres, ces prétendues propositions. Il me semble que les choses se précipitent ; un jour ou l'autre, demain peut-être, alors que tu t'y attendras le moins, ils tenteront un coup de force. La Savoie n'est qu'un tout petit pays face à la France, un territoire facile à violer. Ne t'approche plus des frontières, ne va plus en Novalaise. Prends mon avis, Belle Humeur, et garde-toi de tous et de toutes.

— Je ne peux pas ne pas aller à Rochefort-en-Novalaise : j'y ai toutes mes armes, mes chevaux, mes fonds et Jambon ! Et puis c'est le château de Piolenc de Thoury, j'y suis doublement à l'abri.

— Tu n'es plus à l'abri nulle part. Quand comptes-tu traverser ?

— À la mi-mai.

— Combien d'hommes ?

— Huit cents de ce côté et d'autres nous rejoindront en France.

— Difficile d'entrer à mille sans nous faire remarquer !

— Nous pénétrerons séparément, chacun de notre côté, le même jour, à la même heure : les renforts royaux ne pourront pas se porter secours. Nous nous regrouperons ensuite. J'ai mon plan. Il est bon, nous vaincrons.

— Cela a l'air vrai, comme tu le dis, Belle Humeur. À te revoir. Garde-toi !

Mes préparatifs presque terminés, j'eus envie de revoir Diane. J'en sentais en moi la nécessité impérieuse ; mais comment éviter que cette rencontre ne ressemblât à des adieux ?

Levant une armée pour m'affronter en un combat définitif à la Ferme, j'avais peu de chance d'en sortir vainqueur et aucune de revenir vivant. Cependant, ce combat que j'avais fait mien ne mourrait pas avec moi : un autre après moi et puis un autre encore le reprendrait. Je n'aurais fait peut-être qu'ouvrir le chemin, petit cours d'eau tenace, qui deviendrait bientôt rivière, fleuve, océan déferlant fougueusement, ravageant ces moissons vénéneuses dont se gorgeaient nos affameurs.

Je renonçai à me rendre à Genève, à serrer Diane dans mes bras, non que je craignisse qu'elle n'usât de son amour pour m'affaiblir dans mon dessein, mais par crainte de moi-même : la violente passion que je lui portais me tenait si fort au cœur, que la seule idée d'une longue séparation aurait pu ébranler mes plus opiniâtres résolutions. Je passais mes jours à tenir les rênes de ma pensée pour qu'elle ne vagabonde pas sans cesse jusqu'à elle ; et les nuits à souffrir de cette insupportable absence.

26

Le contrôleur général des Fermes mort, Bouret d'Érigny revint à l'attaque. Il fit tinter ses poches pleines d'or aux oreilles indigentes des colonels Fischer et La Morlière.

— Messieurs, l'heure n'est plus aux atermoiements ni aux bonnes manières. Nous avons affaire à des assassins, à des ennemis du roi. Et contre ces gens-là, tout est permis. Il n'y a plus ni frontière ni respect qui tiennent ! Que diable, ce Mandrin dort paisiblement à une lieue à peine de notre bord. Il y complote en toute impunité contre son pays et nous le laisserions préparer son prochain forfait en toute impunité ?

Bouret d'Érigny cachait mal sa peur d'être le « prochain forfait », comme il disait, ce qui ne manquait pas d'amuser les deux soldats qui faisaient mine de ne pas comprendre ses allusions.

— Que voulez-vous au juste, Monseigneur ? interrogea La Morlière. S'il s'agit de faire franchir une frontière amie à notre armée, pour aller s'emparer de ce brigand, cela ne se peut. Violer une frontière en temps de paix est chose gravissime, Monseigneur. Vous ne l'ignorez pas ?

— Allons, allons ! Pas de grands mots. Vos « croque-moutons » ne sont pas si regardants... et puis, comme vous dites, c'est très près, on peut s'y tromper... se croire encore en France, surtout dans les champs, les vignes... Rien ne ressemble plus à une vigne savoyarde qu'une vigne française, n'est-ce pas ?

Le misérable Bouret s'embrouillait, cherchait ses mots d'esprit, voulait mettre les rieurs de son côté, mais sa tentative besogneuse ne faisait pas illusion auprès des colonels. Cependant, le bougre connaissait son monde. Il sortit une bourse de sa poche :

— Voyons, combien vous faut-il pour cela, en comptant large ? Mille livres ? proposa Bouret.

Fischer et La Morlière baissèrent du nez sur la maigreur du gain. La Morlière qui avait l'échine souple et l'âme avide s'expliqua :

— Excellence, vous n'ignorez pas qu'en qualité de militaires nous avons des règles à respecter. Traverser une frontière, même la frontière savoyarde, sans l'autorisation de Sa Majesté Charles-Emmanuel, est un crime dont nous devrons répondre en haut lieu.

— Déguisez vos hommes ! Que sais-je ? Qu'on ne reconnaisse pas le soldat, ni le Français, suggéra Bouret qui s'y connaissait dans l'art de la pantomime.

— Mais, Excellence, ils auront à parcourir du chemin à découvert en Savoie, avant d'atteindre le repaire du bandit qui sera sans doute bien gardé.

— Deux mille livres, messieurs, et je veux ce Mandrin pieds et poings liés à la prison de Valence avant la fin du mois. Gardez-vous bien d'avertir quiconque de notre entreprise, notamment le gouverneur Marcieu, ou le baron d'Espagnac ou quelque autre trop à cheval sur les principes qui entraverait notre plan sous prétexte d'honneur mal placé.

Le ténébreux stratagème de ces mercenaires consistait à procéder à mon enlèvement de nuit et dans le château de Rochefort-en-Novalaise. Il suffisait de traverser une rivière et de faire pénétrer cinq cents « croque-moutons » en terre étrangère sans autorisation et sans état d'âme. Avec de l'or pour récompense, quel miracle n'accomplit-on pas ?

Le gouverneur demeura dans l'ignorance, la frontière fut violée dans la nuit du 10 au 11 mai par les cinq cents Argoulets, la gueule brûlante d'alcool. La Morlière resta sur le bord français du Guiers qu'il fit franchir à ses hommes, à la nage, à minuit.

Avant de les jeter à l'eau, La Morlière commanda à ses Argoulets de quitter leurs uniformes, vestes écarlates et bonnets noirs, trop compromettants. Tous les effets abandonnés restèrent cachés au bord de la rivière, sous les arbres. Les Argoulets en petite chemise, coiffés de foulards, le visage noirci de suif se jetèrent à la baille en même temps que leurs traditions militaires déjà passablement endommagées.

Les cinq cents soldats défroqués du roi de France sous le haut commandement de leurs officiers Diturbide-Larre, Duverger, Durand, Saint-Amour, tous déguisés et dégoulinants, posèrent un pied vainqueur sur le sol savoyard où les attendait de la belle besogne.

Ainsi ficelée, la troupe de valeureux s'avança en ligne droite à travers les blés, les vignes et les tabacs vers le château de Rochefort où je dormais seul et paisible sous la haute protection de Jambon. La nuit était claire, si j'avais eu des guetteurs, ils auraient aperçu de loin cette horde dépenaillée foulant les blés, car le château dominait la plaine. Mais je n'avais pris aucune précaution, je dois l'avouer ; pire, en admettant que je me fusse méfié, mon imagination ne m'aurait pas conduit jusqu'à une telle somme de honte et de forfaiture.

Les « La Morlière » parvinrent donc sans encombre jusqu'à la porte du château qu'ils franchirent sans peine. Ils réveillèrent à coups de plat de sabre puis à coups de crosse et de bâton le fermier et la fermière ; et après avoir saccagé leur logis, volé leur argent, violé la petite servante, ils obtinrent qu'on leur désignât ma chambre.

L'atmosphère soudain emplie d'une odeur putride de croque-moutons m'éveilla. J'aperçus comme en songe cinquante baïonnettes pointées sur mon lit, mais c'est à la voix que je reconnus la situation : celle du vaillant Diturbide-Larre, trop heureux de sa revanche après son échec à La Sauvetat.

— Eh bien ! Mandrin ! Ah ! Ah ! Voilà le fruit de ton imprudence ! claironnait-il.

Toutes ces trognes noircies, ces corps à moitié dénudés sur lesquels se plaquaient chemises et chausses trempées, tout cela ressemblait trop à une bouffonnerie ! Le spectacle était si irrésistible que j'en éclatai de rire bien que la situation me parût sur-le-champ irréversible :

— Diable ! C'est carnaval aujourd'hui ? demandai-je, hilare encore, à Diturbide un peu honteux sous son masque de suif.

Il cessa de fanfaronner et s'en prit à ses gens :

— Saisissez-vous de lui ! Qu'attendez-vous ! Qu'il se sauve ?

— Oh ! Rassurez-vous, monsieur... euh... voyons comment faut-il vous appeler ? En quoi vous êtes-vous déguisé ?

Le fou rire m'avait repris, cette farce entre l'ignoble et le grotesque me paraissait tellement inconcevable que je ne pouvais rassembler mes esprits. Les baïonnettes m'en fournirent l'occasion :

— Oh ! là ! Doucement, criai-je furieux à l'un des officiers dégalonnés qui me poussait hors de mon lit. J'ai la cheville foulée, une mauvaise chute de cheval, j'irai à mon allure, pas davantage.

Tandis que ces cinquante-là se saisissaient de moi et du pauvre Jambon, les quatre cent cinquante autres cassaient, ravageaient, saccageaient tout ce qu'ils ne volaient pas, comme il est de coutume chez les hommes de guerre.

Le retour ne fut que pillages et violences : ils massacrèrent le maître d'école de Rochefort à coups de baïonnette, deux paysans qui regardaient passer l'infernal cortège furent écrasés sous leur charrette, l'aubergiste tiré d'une balle au cœur sur le pas de sa porte. Puis les Argoulets, violant le droit d'asile, pénétrèrent dans l'église où de pauvres gens affolés s'étaient réfugiés, les en firent sortir à coups de sabre et les exécutèrent sur le seuil. Et comme si cela ne suffisait pas encore, on pilla les magasins, on détroussa les passants... À cinq lieues à la ronde, la Savoie ne fut plus qu'un vaste champ de bataille ravagé par l'ennemi. Cependant, de l'autre côté du Guiers, à l'abri, La Morlière attendait ses gens.

C'est ainsi que les idéaux clandestins d'hommes avachis ou cupides pesèrent de leurs griffes d'airain sur ma destinée.

On nous transporta en charrette, cernés d'une formidable escorte, jusqu'au tribunal des Fermes de Valence, où le juge des Fermes, Malaval, frétillait d'impatience.

Le colonel La Morlière, victorieux, tant pour disparaître,

quitter les lieux de son forfait, que pour se soustraire à d'éventuelles représailles, se mit tout aussitôt en route pour Paris afin d'y porter de vive voix son rapport au comte d'Argenson. Il tenait tout autant à lui donner personnellement les détails de ses hauts faits d'armes qu'à toucher le substantiel complément à ces deux mille livres fermières, sans oublier quelque avancement dans cette ingrate carrière militaire.

Il fut moins bien reçu qu'il ne l'espérait. À peine assis dans le cabinet du ministre de la Guerre, celui-ci lui fit comprendre qu'il ne fallait pas songer à se montrer en public, ni réclamer quoi que ce fût pour l'instant. Puis le comte d'Argenson lui dicta une fausse lettre en la datant du 11 mai et de Pont-de-Beauvoisin :

— Voici ce que vous auriez dû m'écrire au lieu de vous précipiter ici, d'autant que vous avez laissé commettre de nombreux forfaits en territoire étranger ! Écrivez :

« *Il court ici et dans les environs un bruit, lequel consiste à rendre qu'une quantité de gens inconnus sont allés hier, vers les onze heures du soir du côté de la Savoie, qu'ils y ont enlevé, sur les deux heures, Mandrin et un autre de ses camarades qu'ils conduisent actuellement à Valence. On rend encore que les mêmes gens inconnus en ont tué une huitaine et blessé plusieurs autres. Si j'apprends, Monseigneur, quelque chose de plus particulier sur cette nouvelle, j'aurai l'honneur de vous en faire part. J'ai celui de...*

La Morlière.

Le comte d'Argenson à qui cette lettre écrite dans son bureau même était adressée, s'en fut au plus vite la porter au ministre des Affaires étrangères. Ce dernier en tira deux copies qu'il envoya l'une à l'ambassadeur sarde et l'autre à l'ambassadeur du roi de France auprès de Charles-Emmanuel. Mais la missive, conclue à la hâte, souffrait de quelques négligences ; alors on en conçut un autre exemplaire, agrémenté de mensonges nouveaux et autres « détails authentiques », de sorte que si, après cela, la Cour de Sardaigne s'avisait encore de soutenir que des officiers et des soldats français avaient enlevé Mandrin, commis des exactions, crimes et brigandages en Savoie, c'est que, indubitablement, elle n'était pas de bonne foi !

Bien entendu, le comte de Marcieu, à qui fut d'abord adressée la plainte de la Cour de Sardaigne, fut stupéfait de la réclamation. Il convoqua La Morlière et, en son absence, Diturbide-Larre qui lui ficela un superbe poulet :

— Une troupe de contrebandiers ont pris dispute ensemble au sujet du partage de leurs biens, de sorte que les plus forts ont forcé les plus faibles à se jeter en France !

— Ils ont forcé Mandrin ? Expliquez-vous ! Je n'ai pas entendu dire que Mandrin soit des plus faibles et qu'aucun de ses hommes ne puisse le forcer à quoi que ce fût !

C'était gros, c'était énorme, mais une fois dit, il fallait persévérer :

— Cependant, Excellence, j'ai ramassé ainsi Mandrin en France. Et j'ai même fait tirer sur cinq ou six de ses compagnons qui se sauvaient. Voilà monsieur, les circonstances, et c'est un coup du ciel que le hasard m'ait conduit du côté où ces gens fuyaient.

Le « coup du ciel » était une trouvaille admirable et Diturbide en fut trop fier pour ne pas l'écrire à La Morlière, toujours occupé à se faire valoir dans les antichambres.

Et tandis qu'à Paris on cherchait à gagner du temps, à retarder par toutes sortes de mensonges l'information, à brouiller les pistes et embrouiller la Cour de Savoie, ici, à Valence, on m'interrogeait sans relâche, car avant que la Cour de Savoie ne fût informée plus exactement, il fallait que les Fermes aient eu le temps d'assouvir leur vengeance.

27

Est-il besoin de dire que le juge Malaval, président de « la chambre ardente* », et flanqué de six assesseurs, siégeait souverainement ? Qu'il ne prononçait que des condamnations sans appel et que la peine ne variait qu'en horreur dans le supplice et en raffinement dans la cruauté ?

Ce Malaval, gros, gras, impotent, tout contenu dans une figure visqueuse et sournoise, prenait plaisir à ma compagnie, me questionnant jusqu'à dix heures par jour, me donnant du « monsieur », m'offrant un siège. Notre premier entretien fut cependant assez rude pour lui.

— Vous êtes bien le nommé Louis Mandrin, né à Saint-Étienne-de-Saint-Geoirs en 1725 ?

— ...

— Répondez !

— À la question : comment dissimuler la sombre réalité de cette entreprise ? C'est vous qui allez devoir en répondre auprès de la Savoie.

— Il sied bien, à cette heure, à un bandit de votre espèce de se moquer de ses juges ! Continuons. Vous avez été condamné à mort par contumace, une première fois le 21 juillet 1753, puis, au lieu de vous soumettre à la justice de votre pays, vous avez fui.

— Oui ! J'ai pris la liberté de déserter le joug infernal

---

* Nom donné à ce tribunal spécial des Fermiers généraux, créé à leur demande en 1733.

auquel j'étais tout naturellement destiné et que vous appelez « la justice de mon pays ».

— Non content de cette première ignominie, vous vous fîtes alors le défenseur des déserteurs.

— L'impôt tout court et l'impôt du sang constituent effectivement deux de mes ennemis.

— Vous reniez donc tout ce qui constitue les vraies valeurs ? Votre roi, votre devoir, votre pays ?

— Juge, ne pose que les questions que tu as les moyens de poser !

Le bouffon des Fermes gesticulait d'impatience sur son siège roulant, considérant, furieux, ses assesseurs impuissants, frappait son pupitre de rage :

— Niez-vous que l'impôt et l'armée sont les devoirs d'un bon Français ?

— L'impôt et l'armée sont le châtiment de la pauvreté. Avez-vous réfléchi à ce qui peut diviser un pauvre « français » d'un « pauvre » tout court ? Il est bien certain qu'ils sont frères d'infortune.

— Expliquez-vous !

— La raison d'État qui les fait s'entre-tuer sur un champ de bataille n'est que le résultat d'intérêts politiques, de luttes de pouvoir entre les grands. Je n'ai pas de souvenir d'une guerre qui ait profité aux pauvres, aux villageois, aux laboureurs...

— Vous offensez le roi...

— Je termine. Ces pauvres gens, qui jouissent de ce privilège de la pourriture des champs de bataille, ces laboureurs de tous pays que l'on arme les uns contre les autres pour des querelles vaniteuses ou des rivalités d'influence, en leur faisant croire que c'est pour leur intérêt, tout cela n'est qu'une immonde hypocrisie, d'autant que c'est avec leurs écus qu'on les envoie se faire se tuer !

— Je ne comprends pas. Vous-même étiez reconnu de tous pour votre réel talent militaire, à tel point que les armées royales ne sont point parvenues à vous battre ?

— C'est que je suis animé d'une haine raisonnable.

— Oui ! Ah ! Ah ! Vous cherchiez à vous enrichir et vous

vous êtes tout naturellement jeté dans la contrebande. Une haine purement lucrative !

— C'est curieux, je ne me reconnais dans aucun des destins que vous me proposez.

— Vous craignez de répondre aux questions ?

— Si, tenez ! Je vais vous répondre ! Quand vous me parlez des soldats de France...

— Oui ?

— Voulez-vous parler de cette bande de pillards sanguinaires qui ont violé de nuit et subrepticement la frontière, après avoir ôté leurs uniformes et noirci leurs visages, un capitaine à leur tête, un colonel pour instigateur, le ministre de la Guerre en coulisse et les louis d'or de la Ferme dans leurs poches ?

— Passons, passons... Vous êtes là, c'est l'essentiel.

— Voulez-vous parler des Argoulets de La Morlière, ce ramassis de vermine grouillante ? Est-ce cela, l'armée du roi ?

— Cessez !

— Si je descends avec vous jusqu'à la familiarité, monsieur le suppôt de la Ferme, c'est pour que vous vous éleviez au moins jusqu'à la sincérité !

— Procédons. Donc, dans l'incapacité de subvenir à vos besoins et à ceux de votre famille, vous devenez un voleur... Le travail vous rebute, vous oubliez le commandement de Dieu : « Tu ne voleras point ! »

— ... qui exige un corollaire : « Tu ne te laisseras point voler ! » Et dans quelle mesure faut-il ne pas voler afin de ne pas se laisser voler ?

— Quels sont les fauteurs de vos crimes ?

— Les Fermiers généraux, les receveurs, les gâpians... c'est-à-dire la corruption, la haine, l'ambition, la vénalité.

— Et en pillant les coffres du royaume, croyiez-vous contribuer à enrichir « vos frères dans le malheur » ?

— J'ai le goût des plaisirs modestes que vous ne sauriez apprécier.

— Le tribunal peut tout apprécier, monsieur.

— Eh bien tenez ! Je vais vous faire une confidence ! L'un de mes grands plaisirs...

Ils s'étaient tous rapprochés de moi, l'oreille tendue, Malaval presque souriant. Je crus qu'il allait nous faire servir une collation tant il paraissait prêt à déguster un mets savoureux.

— ... serait de voir l'abolition de la souffrance humaine afin de n'être plus contraint d'en contempler le spectacle repoussant.

Je sentis bien que je l'avais déçu, trompé dans son attente, lui qui ne jouissait plus d'autre chose que du malheur des autres.

— Vous insultez Dieu, me répliqua-t-il, se faisant le porte-parole du père céleste, qui a créé le malheureux et le mal pour son rachat.

— Un dieu gros et gras comme vous, Malaval ? demandai-je perfide.

Il se mit à suffoquer, malade de colère, je le frustrais de la plus grosse part de son plaisir.

Il me fit raccompagner dans mon cachot et, pour se venger, me fit exposer aux visiteurs, enchaîné de toutes parts sur un banc de pierre dont je ne pouvais m'éloigner d'un pas tant les fers étaient serrés et les chaînes courtes.

Cette deuxième journée m'amena, dans le flot des curieux, quelques distractions, telle cette dame patronesse richement vêtue qui me susurra :

— Pensez au salut de votre âme, monsieur...

— Allez prendre des poses sur votre prie-Dieu ! lui rétorquai-je, et rendre grâce au Seigneur qui est si bon et permet à votre époux de saigner les pauvres.

Un autre suivit, il sanglotait :

— Je suis auteur et acteur d'une pièce qui vous a présenté en Arlequin au Théâtre de France. Je vous connais mieux aujourd'hui et tel que je vous vois, j'ai honte !

— Cette mascarade n'était pas en mon honneur, mais tu faisais rire, l'homme, après tout, n'est-ce pas ton métier ?

— Non ! Pas à ce prix ! Je vous en demande pardon à genoux.

Ainsi les heures et les jours se sont-ils succédé depuis mon emprisonnement. Les premiers temps, je n'étais pas inquiet, j'étais même amusé, curieux. Je ne doutais pas un instant que la Savoie ne me réclame à cor et à cri à la France qui ne pourrait faire autre chose que d'accéder aux exigences des lois frontalières, et, si Malaval dans son prétoire était tout-puissant, la politique extérieure dominait toutefois les intérêts des Fermes.

Chaque jour, on me faisait traverser une petite cour pour me rendre de mon cachot à la chambre du secret où se tenaient les juges. Dans cette cour, les curieux s'entassaient, pressés, comprimés les uns aux autres et refoulés brutalement par les gardiens. Leur curiosité passive me parut dégoûtante et je le leur dis à plusieurs reprises, mais ils revenaient toujours, remplacés par d'autres et d'autres encore : s'il est des miroirs pour le visage, il n'en est pas, hélas, pour l'esprit !

Sur le troisième jour, à ma demande, on m'amena Jambon. Il se jeta dans mes bras, suppliant :

— Capitaine, qu'allez-vous faire ? Ils vont nous supplicier ! Je vous en prie, demandez notre grâce au roi.

— Jambon, lui dis-je calmement mais fermement, je ne désespère pas de la Savoie, du moins pas encore ! Nous ne sommes ici que de peu de temps et je sais ce temps bien rempli par nos amis. Prends patience.

Le défilé incessant des visiteurs et des curieux collant leur nez aux barreaux de mon cachot n'aurait été qu'obscène ou pitoyable si, de temps en temps, il ne s'y était glissé une tête amie. Villars fut un des premiers.

Je le vis, tout ému, qui cherchait à me serrer la main à travers les barreaux grillagés. Il avait les bras chargés de pâtés, de saucisses, de gâteaux, de bouteilles de vin de Savoie et de flacons de Côte-Saint-André :

— Voici des présents de tous vos amis qui ne vous oublient ni ne vous abandonnent, murmura-t-il et plus bas, il ajouta : recevez la dame d'Église qui demandera à vous voir, c'est une amie.

— Voyons, dites-moi des nouvelles de tous.

J'évitais de donner des noms à l'oreille attentive des gardiens qui ne perdaient pas une miette de mes conversations, et pourtant ils me brûlaient la langue. Villars le comprit et se lança dans une description aussi instructive pour moi qu'ennuyeuse pour eux.

— Eh bien, voyons, par où commencerai-je ? Par Sa Majesté Charles-Emmanuel qui n'a été dupe de rien et menace de rompre les relations diplomatiques avec la France et de renvoyer l'ambassadeur de Louis XV si on ne lui restitue pas les hommes enlevés sur son territoire. Et toutes ces lettres mensongères qu'on lui a transmises n'ont fait qu'accentuer sa colère. D'autre part, le comte de Marcieu a beau vous porter peu d'affection, il apprécie encore moins les manières dont on a usé envers lui. Or il a le pouvoir de s'interposer et d'arrêter la procédure.

— Et pourquoi ne le fait-il pas, à votre avis, Villars ?

C'est alors, à ce moment, que j'entrevis que tout était perdu. Il est vrai que Marcieu était homme d'honneur, le seul assez puissant et assez honnête pour contrevenir aux ordres des Fermes ; s'il ne l'avait fait, c'est que nul ne le pouvait désormais.

— J'aime vous entendre parler, Villars... mais laissons tout cela ! dis-je soudain très las.

— Mais pas du tout ! Marcieu va s'interposer. J'en suis convaincu et vos amis aussi.

— Villars ! Qui mieux que vous ne sait que la monnaie d'échange des politiciens, c'est le mensonge ?

— Mais il y a des faits sur lesquels on ne peut mentir ! Bien sûr, les courriers sont longs, mais le roi de Sardaigne s'indigne et vous réclame !

— Qui sait ce que l'autre aura offert en échange ? Qui sait ce que les Fermes ont brandi comme menace ? « Tous ces hommes artificiels conçoivent des chimères, accouchent de tromperie* », c'est vous qui me l'avez appris.

On nous arracha à notre rêverie philosophique pour me conduire à nouveau au prétoire.

Malaval, tout guilleret, m'accueillit d'un grand salut, me fit asseoir et procéda à l'audition de « témoins ».

— Faites entrer le garçon perruquier. Monsieur Mandrin,

---

* Baltasar Gracián : *L'Homme de cour*, 1647.

vous reconnaissez en ce garçon perruquier, l'un de vos espions ?

Le pauvre bougre, sans doute maltraité depuis un bon moment, tiré, traîné par ses geôliers, faisait peine à voir.

— Certes. Je l'ai forcé à entrer à mon service sous menace de mort. J'avais besoin de lui pour me raser.

Désappointé, Malaval qui n'avait pu trouver que des témoins de troisième ordre, cherchait à en tirer l'impossible.

— Faites entrer le témoin suivant. Et celui-ci, n'a-t-il pas reçu quatre louis d'or de vous ?

— Tu fais bien de soutenir que tu ne les as pas reçus, l'homme, puisque après te les avoir présentés vingt fois inutilement, je les laissai sur la table et te forçai à les prendre... Je l'avais pris pour me servir de guide dans la route que je voulais tenir et bien qu'il protestât qu'il ne la savait pas, je le gardai.

Malaval s'impatientait. Il voulait pouvoir faire noter des noms sur ses registres. Mais cela ne lui rapportait guère pour lors.

— Quels sont les noms de vos complices, alors ? me lança-t-il furibond.

— Je n'en ai pas meublé ma mémoire pour les livrer aux tribunaux.

— Dans vos entreprises, vous avez été soutenu par les subsides de puissances étrangères ?

— J'avais assez de ressources en moi-même.

— Je m'efforce, monsieur, à vous traiter le mieux du monde, et cet interrogatoire...

— ... n'a que l'insupportable défaut d'être une piètre farce plus ou moins réussie.

Il s'impatientait, le pauvre ! Il jetait ses feuillets à terre, tapait sur la table...

— Le tribunal fait preuve d'attentions à votre égard et voilà notre récompense ! Je vous ai fait envoyer un prêtre pour vous soutenir, vous lui avez craché au visage.

— Tous ces masques de secours...

Un messager entra qui portait un pli scellé pour Malaval. Il le lut, se mit à chuchoter avec ses assesseurs qui hochaient du chef en me regardant par en dessous.

— Que vous conseille Bouret d'Érigny ?

Malaval se redressa comme sous le fouet :

— Comment savez-vous qu'il s'agit de son Excellence ?

— Voyons, laissez-moi deviner ? Vaut-il mieux bâcler ce procès en trois jours ou me faire assassiner dans mon cachot ? Ou peut-être encore m'empoisonner ?

Il prenait mal la plaisanterie, le malheureux ! Il eut un haut-le-corps d'homme intègre bafoué :

— À quoi croyez-vous donc ?

— À l'improbable réconciliation de l'individu et du monde.

Je ne sais par quel stratagème, l'un de mes visiteurs parvint à me faire passer la *Gazette de Hollande* qui disait ceci au sujet de mon enlèvement :

« ... Informé de la férocité, de l'iniquité de cette commission de Valence, l'ambassadeur sarde, monsieur Sartirana, a fait diligence afin que soient punis les militaires qui se sont compromis dans cette violation de territoire. Le ministre de la Guerre français, le comte d'Argenson, a fait arrêter quatre employés des Fermes pour calmer les esprits... Mais Sa Majesté Charles-Emmanuel n'est pas dupe, voici la réponse qu'il a adressée à l'ambassadeur français : la punition des coupables ne peut passer pour une réparation. On ne peut s'empêcher d'imaginer que ces mêmes gens, punis dans un temps avec éclat, peuvent être récompensés dans un autre, avec profusion... La seule remise des contrebandiers peut être une satisfaction. »

C'était le premier message concret d'espoir. Mais jusqu'où irait la fermeté de Charles-Emmanuel ? Nous étions déjà au 20 mai, Malaval soutenant son train d'enfer, sans produire aucun témoin valable contre moi, gagnait du terrain. Le sérieux de son interrogatoire se jugerait au nombre de pages non à la minceur des preuves. En dépit donc du ton optimiste de la *Gazette*, je n'avais plus qu'un infime espoir. En aurais-je eu si je n'avais pas aimé Diane ? Ma douce, ma tendre Diane. J'imaginais son tourment à me savoir là, je reculais jusqu'au soir l'immense tentation de ne livrer ma pensée qu'à elle. Il me fallait chercher une solution pour me sauver. Mais comment ? Ne serait-ce que pour scier un seul maillon de ces chaînes, il m'aurait fallu plusieurs jours ! Acheter un gardien ? Ils changeaient sans cesse, je ne reconnaissais jamais aucune figure, et puis tous les soldats postés tout autour ? Mais plus que tout cela, car rien n'est impossible, une complicité se trouve ou se crée, me manquait le temps.

Chaque jour, Malaval me faisait envoyer un ou deux contrebandiers qu'il avait condamnés au supplice, pour me faire leurs adieux. C'était une de ses « bontés » qu'il me réservait. Je leur donnai les derniers louis de ma bourse afin qu'ils achètent à leurs bourreaux une mort plus rapide.

Enfin le 23 mai, à ma surprise, il se fit transporter dans mon cachot sur un fauteuil porté par deux hommes qui transpiraient à grosses gouttes.

— Puis-je entrer, monsieur Mandrin ? Je suis venu voir si l'on vous traitait bien ? Si vous aviez le désir de quelque chose ?

— Plumes et papier.

— Voilà qui est simple ! Qu'allez-vous écrire ?

— Mes mémoires.

— Déjà ? Ah ! À ce propos, j'ai fait mander pour vous le père jésuite Gasparini. C'est un Italien de mérite.

— Le dernier était bien gras pour venir me parler de pénitence !

Malaval faisait des mines, prenait des poses, chassait les insectes, puis finalement, de cet air sournois, patelin, qu'il affectionnait particulièrement :

— Il y a dans mon antichambre, une grande dame chanoinesse de Remiremont qui s'est émue de votre malheur et demande à vous parler seule à seul... Je lui ai fait valoir que vous prisiez peu les gens d'Église, à part quelques petits curés de campagne de vos amis, mais elle insiste. Que lui dirai-je ? Je ne voudrais pas que vous la traitiez mal, ni que vous l'insultiez ?

Mon premier accès d'humeur passé, la dame patronnesse

n'étant pas mon fort, je me souvins de l'avertissement de Villars et acceptai l'entrevue. Malaval, tout heureux de ce retour à la bienséance, chercha à en tirer profit.

— Je suis venu en ami, en frère, en dépit de la lourde tâche qui m'incombe, croyez que je n'ai nulle haine envers vous, monsieur, bien au contraire. Je serais heureux d'alléger votre peine en quoi que vous me demandiez.

Ce sinistre bouffon ne manquait pas d'audace ! Que cherchait-il à obtenir de moi avec cette feinte bonhomie ? Que peut vouloir un homme qui a tourmenté tant d'âmes, rompu tant d'os, brisé tant de corps, saigné à blanc tant de cœurs, si ce n'est puiser encore une nouvelle variété de jouissance dans la contemplation de sa prochaine victime ? Malaval errait dans les geôles comme un gourmet se glisse dans les cuisines, soulevant les couvercles, humant le fumet, s'imprégnant de l'odeur avant de déguster le mets. J'eus envie de lui en faire perdre le goût :

— Puisque nous voilà en veine de confidences, mon cher juge, il me revient une anecdote amusante. À trois reprises, il me fut possible de vous faire assassiner...

— Où cela ? Comment cela ? me questionna-t-il, la voix soudain chevrotante.

— Bah ! Le détail importe peu.

— Vous renonçâtes à ce projet par...

— Par humanité, oui ! Quoi de plus remplaçable en effet qu'un juge ? Venimeux, certes ! Mes camarades insistaient, prétendant que vous étiez de la race de ces charognards qui se repaissent du sang des gibets...

Il était devenu blanc et au lieu de gesticuler comme de coutume lorsque je lui parlais franc, il restait immobile. Enfin la parole lui revint plus purulente encore.

— J'aurais pu vous faire appliquer la torture, les brodequins, je ne l'ai pas fait.

— Ne vous pressez pas ! Nous serions ensuite dans l'impossibilité de poursuivre cette discussion amicale.

Il redressa le tas de graisses avachies qui lui servait de buste et me lança, menaçant :

— Sachez pour votre gouverne que j'ai reçu des ordres précis du contrôleur général des Fermes : nos interrogatoires seront clos sous peu. La sentence rendue, sera exécutoire sur-le-champ.

— Je ne savais pas que c'était le contrôleur général des Fermes qui dirigeait le royaume ?

— Je suis curieux de voir si vous serez aussi fanfaron quand le bourreau vous brisera par huit fois chaque membre... Car nul doute que vous serez roué vif comme un homme de rien !

— Un homme qui a vécu pour quelque chose ne meurt jamais pour rien, lui rétorquai-je, et c'était là ma conviction.

Il fit signe à ses valets qui firent virevolter la chaise à porteur et disparurent en emportant leur vil fardeau.

Quelques instants après, on vint me chercher pour me conduire dans l'oratoire où attendait cette dame chanoinesse. Elle devait avoir bien de l'influence pour qu'on l'ait autorisée à me voir seul dans cette antichambre de la mort qui servait de dernier confessionnal aux condamnés. Mes gardiens me firent entrer dans ce lieu qui ressemblait à une cellule de moine, où il n'y avait pour tout mobilier qu'un prie-Dieu, un tabouret et une immense croix et attachèrent mes chaînes aux anneaux fixés dans le mur. La chanoinesse était là, agenouillée sur le prie-Dieu, le visage enfoui dans ses mains, comme plongée dans une profonde prière.

Je n'avais jamais vu une de ces dames de chapitre en grands atours. Le spectacle était impressionnant de splendeur majestueuse : elle portait une immense robe de soie noire couverte d'un manteau d'Église de la même étoffe, bordé de large hermine et terminé par une traîne grandiose que soutenaient deux pages immobiles, et sur la tête un petit chapeau noir, surmonté d'hermine blanche et festonné d'une lourde mantille qui ne laissait rien voir du visage.

Enfin elle se releva, me fit signe de m'asseoir sur le petit tabouret jusqu'où m'autorisaient mes chaînes, congédia les geôliers tandis que ses pages leur remettaient une bourse pleine. Tout ce manège m'intriguait et j'étais de plus en plus curieux de savoir ce que « cette grande dame d'Église », comme disait pompeusement Malaval, pouvait me vouloir et quelle était la commission dont elle était porteuse. Les geôliers sortis, nous nous trouvâmes face à face, ses deux jeunes pages, toujours muets, tout de noir et blanc vêtus comme elle, se mirent en travers de la porte. Elle s'approcha de moi et je lui dis en riant pour couper ce silence un peu trop cérémonieux :

— Dites-moi, madame, combien y a-t-il de logis d'ici en paradis, car il ne me reste que six livres à dépenser sur la route ?

Elle s'était tant approchée qu'elle me touchait presque maintenant, mais je ne distinguais toujours rien de ses traits. À ma stupéfaction, elle s'approcha jusqu'à me toucher et souleva son voile en mettant un doigt sur sa bouche. Le soir tombait, un dernier rayon de soleil cherchant son chemin à travers les épais barreaux du soupirail vint mourir à nos pieds, sur la dalle froide : c'était Diane.

Mes yeux se brouillèrent. Ignorant mes entraves, je m'élançai le cœur défaillant, ébloui de ce bonheur trop grand. Mes chaînes brisèrent mon élan, me jetèrent à terre, mais Diane avait tendu ses bras qui accueillirent ma tête. Je sentis un flot de larmes chaudes qui inondait mes cheveux.

— Pardonne-moi, mon amour, d'avoir tant tardé, murmura-t-elle.

J'avais enfoui si profond dans mes rêves les plus fous l'enivrante amour, repoussé de ma pensée l'insigne espérance de revoir jamais ce visage tant aimé, que j'eus un instant l'idée d'être déjà mort et enveloppé dans le vaporeux linceul parfumé d'iris, éternel prisonnier des bras de mon amante.

— Ne parle pas, mon aimée, ne dis rien. N'es-tu pas le plus beau cadeau que le ciel m'ait jamais accordé ?

Diane passait sa douce main odorante sur mon visage en me contemplant avidement de ses grands yeux sombres mangés de chagrin. J'avais été trop léger, trop infatué de ma bonne étoile. Je l'avais quittée sans rien emporter d'elle que ce petit mouchoir de cou de Rodez. Diane m'aida à me soulever pour me reposer sur le petit tabouret et s'assit elle-même sur le prie-Dieu en tournant le dos à l'huis indiscret. Ses pages se précipitèrent pour arranger sa traîne encombrante qui recouvrait entièrement le sol, comme un papillon de nuit.

— Est-ce à ce déguisement que nous devons le bonheur d'être réunis et seuls ici, mon âme ?

Je tenais ses mains serrées dans les miennes, elle tremblait, tout son être palpitait comme une voile à la douce brise et la soie de sa robe répercutait en petites ondes imperceptibles cette houle qui déferlait dans nos entrailles.

Elle baissa les yeux en rougissant et me dit :

— Louis, ce n'est pas un déguisement : je suis chanoinesse de Remiremont comme ce vieux fouineur de petit docteur à Châtillon brûlait de le dire. Ne me reproche pas de ne t'en avoir rien dit moi-même, je n'ai pas choisi cet état, on me l'a imposé. Orpheline, on me maria à Dieu à sept ans dans ce beau costume de veuve qui n'exige rien d'autre que l'apparence, m'assure des revenus honorables et m'ouvre les portes les plus obstinées, m'autorise à la Cour d'où je reviens.

D'un seul coup, je me remémorai toutes ces allusions, ce cortège de sous-entendus des uns et des autres auxquels je n'avais prêté aucune attention, et jusqu'à la remarque de Saint-André, toute fraîche encore dans mon souvenir. Mais pourquoi ne m'avait-il pas dit cela plus clairement ? Qu'eussé-je fait de plus ou de moins ? Mon amour pour Diane, quel qu'il fût, ne souffrait aucun détour. Diane continuait, comme si cette révélation n'avait aucune importance :

— Le roi, qui ne peut me refuser audience, m'a reçue. J'ai tenté de l'éveiller de sa torpeur en lui faisant valoir que ses gens avaient commis une erreur politique grave en vous enlevant avec des violences sur la population savoyarde, dans ce moment où la flotte anglaise harcèle les côtes de France, où l'Anglais cherche à s'allier à Charles-Emmanuel. Mais Louis XV est un faible, aisément manipulé par sa paresse et par les mensonges complaisants de ses ministres. À peine m'a-t-il entendue. Le comte d'Argenson lui a fait valoir à son tour que la Cour de Sardaigne s'accommoderait d'excuses et qu'il n'est nul besoin de vous rendre à la Savoie, ce qui désobligerait trop les financiers.

Diane, je le compris à sa pâleur, se faisait grande violence pour rester calme. Elle devait être à bout de forces. À quel prix avait-elle livré ce combat contre le roi et ses ministres pour me sauver ? Sans compter qu'elle avait dû mener un train d'enfer pour aller et revenir à cheval de Versailles en si peu de jours. Elle faisait appel à toutes les ressources de son cœur et de son âme pour se tenir encore debout. Je fus à cet instant ébloui de son amour. Il emplit tout à coup, illumina ma vie de feux inconsumables dont le temps ni les hommes n'auraient raison.

Je me laissai glisser contre elle, posai ma tête sur ses genoux, j'étais trop heureux pour que la stupeur que provoquait ces révélations prît le pas sur l'extase du moment. Je ne savais rien d'elle ou presque, mais je connaissais son cœur et son corps si ardent à l'amour et qui s'était offert tout entier, que j'aimais passionnément et qui n'appartenait qu'à moi. Notre passion, novice encore, n'aurait pas le temps de se faner, de s'écorner çà et là des flétrissures du temps.

Je demeurai là, plongé en elle, respirant son ventre, ses cuisses, me pénétrant de son odeur, je l'enfermai dans mes bras enchaînés, je lavai mes blessures, je m'élançai, triomphant, vers l'infini : j'aimais, j'étais aimé et cette corde tendue ne cesserait de vibrer sous l'archet.

J'étais perdu et victorieux, invaincu, invincible.

Quand l'huis claqua brutalement, nous signifiant la fin de notre étreinte, Diane me dit encore d'une voix voilée :

— Plutôt que d'aller voir le roi, j'aurais dû lever une armée et te faire enlever. Nous n'en avons plus le temps. Malaval m'a dit en confidence qu'il prononcerait sa sentence demain et la ferait exécuter au plus vite. D'ici là, je vais aller voir le gouverneur du Dauphiné, Marcieu, qui est le seul à pouvoir encore arrêter tout cela. Et si nous ne réussissons pas, Saint André et Chossat qui m'accompagnent sont prêts à tenter l'impossible.

Nous nous tenions debout, enlacés l'un contre l'autre, éperdus.

— Diane, mon amour... Je voudrais te dire... mais comment dire l'indicible ?

— Je t'aime Louis. Je n'ai cessé une seconde de t'aimer depuis notre première rencontre. Tu es en moi, vivant, immortel, il n'est rien qui puisse nous séparer.

Des coups impatients ébranlaient la porte qui laissaient ses deux petits pages impavides ; ils avaient tiré leurs épées qu'ils croisaient, empêchant l'entrée.

Diane joignit ses lèvres aux miennes, nous échangeâmes nos cœurs tandis que s'immobilisait le temps.

Au soir du lendemain, Malaval, empressé, vint dans mon cachot se faire le plaisir de me lire sa sentence :

— ... En conséquence, vous êtes condamné à être roué vif, après avoir été appliqué à la torture. Les débris de votre corps seront exposés aux fourches patibulaires. Nous sommes samedi 24 mai 1755, mettez ordre à vos affaires car je ne saurais surseoir à votre supplice qui aura lieu lundi matin sur la place des Clercs de notre bonne ville de Valence.

28

Gasparini, le père jésuite, était entré à pas feutrés. Nous nous étions entretenus déjà, à deux ou trois reprises, et comme, dans ces conversations, il faisait surtout appel à son intelligence et à ses connaissances, nous avions passé de bons moments d'où le remords et la pénitence étaient exclus.

— Je suis venu souper en votre compagnie, mon fils, me dit-il d'emblée, si toutefois cela ne va pas à l'encontre de vos souhaits ?

— Tout au contraire. J'ai à vous confier ces quelques feuillets dont je crains qu'ils ne tombent en de mauvaises mains. Ce n'est ni une confession ni un testament, mais le récit fidèle de ma vie que je destine à mon ami Villars. Je souhaite que vous les lui remettiez en mains propres et en confidence, lorsque j'en aurai achevé la dernière page. Le ferez-vous ?

— Je vous en fais le serment.

Il dressa une sorte de couvert, ouvrit une carafe de Crépy et s'assit en face de moi. Après avoir avalé en silence une ou deux bouchées, il me regarda pesamment et me dit plus bas :

— Je viens de rencontrer madame la comtesse de Fleury. Elle s'est entretenue avec le gouverneur, le comte de Marcieu...

J'ai fermé les yeux et je t'ai vue, mon âme. Tu allais au grand galop, Diane chasseresse, élancée sur tes étriers, tendue au-delà de ta monture. Chossat et Saint André à tes côtés peinaient à te suivre. Marcieu vous aura reçus, j'en suis sûr, mais avec condescendance, après vous avoir fait longuement attendre, suprême marque de mépris pour n'avoir pas su enfouir dans tes seize quartiers de noblesse l'intérêt que tu portes à un bandit ; et peut-être, sûrement, pour se donner le temps de se composer le visage d'un homme qui ne peut plus se regarder comme un gentilhomme.

J'essayais de ne pas trahir d'émotion mais, quoi que je fisse pour ne pas la laisser transpirer, je savais que cela ne servait pas à grand-chose. Gasparini d'ailleurs ne me regardait pas.

— ... Voulez-vous que je vous résume leur entretien ?

J'acquiesçai de la tête. Gasparini n'était pas contre moi, ni vraiment pour moi ; c'était un jésuite, un homme à part, dans une caste à part.

— Voici leur conversation, je vous la rends intégralement, telle que la comtesse et ses deux amis me l'ont mandé :

Marcieu après les avoir salués froidement, les fit asseoir et leur dit :

— « Madame la comtesse, messieurs... je suis au regret de ne pouvoir vous aider, croyez bien que cette affaire me déplaît fort et à tous égards ! Soyez convaincus que s'il était en mon pouvoir, bien que je comprenne mal l'intérêt que l'on porte à ce Mandrin, si je pouvais vous être agréable en quelque manière, je le ferais. Hélas, tout cela s'est fait sans mon consentement ! »

Le chevalier de Chossat qui portait sa croix de Saint-Louis, altier, hautain, a fait remarquer à cet homme fragile qu'il se déshonorait :

— « Monsieur le gouverneur, lui dit-il en le regardant droit dans les yeux, le jugement de ce tribunal des Fermes vient d'être rendu ce matin même ou il va l'être sur l'heure, la sentence sera exécutée au plus tôt. Il est en votre seul pouvoir, en tant que représentant de Sa Majesté le roi de France, car votre parole prime sur celle des juges et des Fermes, il est de votre pouvoir seul, dis-je, de surseoir à l'exécution, d'ordonner que l'on attende les ordres royaux ! »

Saint-André, le cousin de madame de Fleury, perdit à son tour son sang-froid devant le mutisme de Marcieu qui, piqué de toutes parts, tenta de se réfugier sur une hauteur :

— « Votre insistance a de quoi surprendre, messieurs et de votre part surtout, madame la comtesse... »

— « Est-ce là toute votre réponse monsieur le gouverneur,

vous que l'on dit homme d'honneur ? Ne trouverez-vous d'autre excuse à votre manquement que la convenance ? »

J'entendis très distinctement la voix de Diane s'adressant à Marcieu, ce ton cinglant, offensant, et je sais aussi que devant tant d'acharnement le gouverneur ne pouvait que baisser sa garde, avouer son impuissance.

Gasparini me jeta un coup d'œil et reprit en me versant à boire :

— « En toute autre circonstance, leur avoua le gouverneur, j'aurais accédé à votre demande si... inconvenante soit-elle ! Mais pour lors, je ne le puis : jugez vous-mêmes. »

Le billet qu'il leur donna à lire était signé du ministre de la Guerre en date du 18 mai dernier et disait ceci : *« J'espère que ce billet vous fera comprendre suffisamment de quelle importance il est que vous ne témoigniez aucun mécontentement public, quand même tout ceci aurait été exécuté sans vos ordres, car ce sont ceux du roi. »*

Marcieu pour en finir leur dit :

— « Ce n'est pas moi qui suis à la solde des Fermiers généraux comme vous voulez m'en accuser, c'est tout le royaume. »

Alors Monsieur de Chossat tentant l'impossible, jouant sur la honte de cet aveu :

— « Alors, il n'y avait qu'un seul homme pour leur tenir tête ? »

Marcieu se contenta de baisser la sienne, me dit monsieur de Saint-André, tandis que la comtesse, se précipitant au-dehors, enfourchait son cheval sans le saluer.

Gasparini avala une gorgée de vin et planta son regard dans le mien :

— Vous dirai-je enfin, mon fils, la dernière parole de la comtesse de Fleury ? Elle me semble lourde de conséquence pour vous tous. Avant de me quitter, il y a deux heures à peine, elle conclut ce récit par ces mots : « ... puisque nous avons épuisé toutes ressources de la raison, nous ferons appel aux autres... »

J'ai voulu lui demander des explications, mais elle avait déjà tourné les talons. Alors je suis venu vous voir...

Je fermai les yeux et je vous vis, mes amis. Je vous vis tous trois mettant au point, en toute hâte, un stratagème désespéré pour m'enlever à votre tour. Sans doute choisirez-vous un des endroits de ce long parcours que l'on me fera faire à pied pour me rendre sur le lieu de mon supplice ? Parcours bordé de milliers de soldats, jalonné d'une foule épaisse qui ne cesse de s'agglutiner dans la ville depuis plusieurs jours déjà pour assister au spectacle de mon exécution. Votre cœur vous aura dicté chaque mouvement de cette folle entreprise dans laquelle vous êtes déjà engagés, sans une seule chance de réussite. Nul ne saurait réussir un tel exploit dans de telles conditions.

Déjà, les portes de la ville sont fermées, vous courez à la mort, et moi je ne le veux pas.

Je hâterai mon supplice, je déjouerai vos plans pour en conjurer les néfastes effets. Demain tout sera achevé, avant.

— Gasparini ? dis-je, rompant le long silence tendu.

— Mon fils ?

— Faites en sorte que l'on m'exécute au plus tôt... avant l'heure convenue, bien avant.

La nuit était tombée, sombre, dans la cellule sombre. Gasparini se leva et sans me regarder, se dirigea d'un pas rapide jusqu'à la porte. Sur le seuil, il se retourna pour me faire un signe, une quelconque bénédiction ; je reconnus à peine son visage : de ses yeux noirs si perçants, les larmes coulaient à flots.

La voici cette dernière aube dans les coups sourds des bourreaux dressant leur édifice.

Voici que s'ouvrent les abîmes, ma bien-aimée.

Fermons les yeux sur les sanglantes lueurs de cette ultime aurore, allons sans effroi.

Déjà j'entends les rameurs d'Hadès qui frappent en cadence les flots noirs, brûlante écume.

Embarquons vers le dernier rivage.

Le ciel se brouille de glace et de fer tandis que je défaille sous les coups des exécuteurs.

Voici l'heure où tout converge.

Jeunesse, prenez exemple sur moi !

ÉPILOGUE

Le procès et la mise à mort de Louis Mandrin furent exemplaires à bien des égards. La vraie grandeur et le courage dont il fit preuve jusque dans les horribles tourments du supplice frappèrent d'émotion les spectateurs les plus avertis. On verra peu des têtes révolutionnaires de 1789 tomber avec autant de fermeté et de cohérence. Ses dernières paroles, « Jeunesse, prenez exemple sur moi », adressées aux enfants des écoles que l'on avait fait venir au premier rang du supplice, éclairent mieux que toute épitaphe le personnage.

Mandrin vivant était un héros trop populaire, mort il devint un martyr glorieux : aux fourches patibulaires où son corps demeura exposé, la foule défila trois jours durant ; on y déposa des milliers de bouquets et de couronnes de fleurs, on y afficha des vers et toutes sortes d'épitaphes. L'évêque de Valence, qui avait soudoyé le bourreau pour adoucir la fin du grand hors-la-loi, envoya son peintre, André Treillard, afin qu'il prît des croquis de la figure du supplicié. De ces croquis, l'évêque fit tirer un portrait qui fut gravé à Valence.

Des médailles furent frappées à son effigie. Enfin, lorsque la nouvelle de sa mort se répandit, ce ne fut qu'un cri dans tout le pays : « Qu'est-ce que ce criminel dont toute la France parle, qu'un chacun plaint, que tout le monde regrette et à qui une infinité de gens voudraient racheter la vie de leur propre sang ? » (Chevalier de Goudar).

Quand, au début du mois de juin, le bruit de cette mort parvint à la cour de Turin, l'irritation, l'indignation de Charles-Emmanuel ne connut plus de bornes : il renvoya l'ambassadeur de France avec interdiction de reparaître à sa Cour et refusa toutes les bonnes lettres d'excuses de Louis XV. Ce dernier, enfin réveillé de sa torpeur, stupéfait qu'un « brigand » put provoquer un tel fracas, craignant une rupture complète entre les deux États, prit la seule décision qui pût encore éviter un conflit armé : il fit savoir qu'une délégation d'excuses officielles, conduite par un grand seigneur du royaume, serait envoyée en son nom au roi de Sardaigne ; que les hommes pris en même temps que Mandrin seraient reconduits à la frontière et qu'une somme d'argent serait versée pour dédommager les saccages provoqués par les soldats.

Charles-Emmanuel accepta les dédommagements, les excuses publiques et la restitution des hommes, mais exigea la punition des officiers de l'armée royale compromis dans cette violation de territoire.

Le duc de Noailles remplit la mission honteuse d'ambassadeur extraordinaire de Louis XV dans cette affaire déshonorante qui donna naissance à mille satires, chansons, petits vers et quolibets, tandis que, sur diverses scènes de France, on représentait des pièces de théâtre dont Mandrin était le héros.

Quelques jours à peine après sa mort, paraissait à Lyon une oraison funèbre, suivie au jour le jour et de partout, de biographies, de discours, de poèmes, de satires, de nouvelles, de lettres et de pamphlets : une pluie de mandrinades ; tandis que son portrait tiré à des milliers d'exemplaires courait jusqu'au bout des villages les plus reculés, au fond des gorges sombres, au sommet des montagnes.

Les modes se firent « à la Mandrin », les filles se coiffèrent à la Mandrine, les rubans se nouèrent à la contrebandière. Les hommes s'armèrent comme Mandrin. Le pistolet réglementaire de cavalerie et de marine porta le nom de « pistolet à la Mandrin ».

Enfin, gloire unique, Mandrin donna son nom à ses compatriotes : les habitants de Saint-Étienne-de-Saint-Geoirs et des environs s'appellent désormais les « Mandrinots ».

Le mouvement de révolte lancé par Mandrin allait secouer peu à peu la France entière. Les parlements s'enhardirent dans leurs remontrances contre les Fermiers, le roi tenta d'y résister, mais force fut de supprimer de suite les deux cent cinquante « Sous-Fermiers » qui ravageaient les provinces ; le règne des Fermiers généraux eux-mêmes ne prendrait fin qu'à la Révolution.

TABLE

Achevé d'imprimer en avril 1999
sur presse Cameron
par ***Bussière Camedan Imprimeries***
à Saint-Amand-Montrond (Cher)
pour les éditions FLAMMARION

— N° d'édit. : FF777901. — N° d'imp. : 992015/1. —
Dépôt légal : mai 1999.

Imprimé en France